本书获浙江省哲学社会科学规划后期资助项目（19HQZZ30）基金资助

浙江省哲学社会科学规划
后期资助课题成果文库

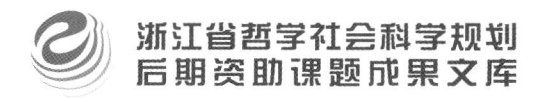

休闲教育的人学之维

金雪芬 著

中国社会科学出版社

图书在版编目(CIP)数据

休闲教育的人学之维 / 金雪芬著 . —北京：中国社会科学出版社，2020.6
(浙江省哲学社会科学规划后期资助课题成果文库)
ISBN 978-7-5203-6625-0

Ⅰ.①休… Ⅱ.①金… Ⅲ.①马克思主义—人学—思想评论 Ⅳ.①C912.1

中国版本图书馆 CIP 数据核字(2020)第 096342 号

出 版 人	赵剑英
责任编辑	宫京蕾
责任校对	秦　婵
责任印制	李寡寡

出　　版	中国社会科学出版社
社　　址	北京鼓楼西大街甲 158 号
邮　　编	100720
网　　址	http：//www.csspw.cn
发 行 部	010-84083685
门 市 部	010-84029450
经　　销	新华书店及其他书店

印刷装订	北京君升印刷有限公司
版　　次	2020 年 6 月第 1 版
印　　次	2020 年 6 月第 1 次印刷

开　　本	710×1000　1/16
印　　张	13.5
插　　页	2
字　　数	226 千字
定　　价	79.00 元

凡购买中国社会科学出版社图书，如有质量问题请与本社营销中心联系调换
电话：010-84083683
版权所有　侵权必究

前　　言

　　休闲教育作为休闲的必要准备，它关系到人格的健康和人的全面发展，而休闲的获得是需要一个学习和教育的过程。展望全球和本国的休闲教育实践发展，休闲所追求的终极目标和休闲教育之本质交织于"成为人"的过程之中，休闲教育源于社会实践的创新，休闲之使人"成为人"与休闲教育之培养"完整的人"的教育使命成全了自由而全面发展的人。

　　本书以辩证唯物主义和历史唯物主义为思想武器，以马克思人学理论为出发点，在现实性和历史、现在和未来延续性上对休闲教育开展系统研究。首先，从本源意义上来看，休闲教育是人的一种实践活动，对休闲教育的思索需要借助人学的方法。当我们从马克思人学的视野对休闲教育进行关照时发现，休闲教育之"建设人本身"是它的一个根本属性。休闲教育为人所需要、由人所创生、被人所推动，在其本质、目标、价值中都蕴含着"建设人本身"的元素。因此，休闲教育是属于人，为了人。其次，人是类、群体、个体有机统一的人，也是存在状态、本质属性和历史发展相统一的人。从人之存在的维度看，休闲教育是人之存在的重要方式之一，休闲教育之目的在于提升人之存在。当前，休闲教育需要结合人之存在的现状，引导大众休闲之健康生命的存在，提升人们优雅休闲性生存的存在方式、促进休闲与教育同一的存在，它也是当代生存境遇之教育的选择。再次，从人之本质的维度看，休闲教育是人之本质生成与人性完善的重要推动力量，休闲教育之目的在于促进人之本质的生成和人性的完善。当前，休闲教育需要结合人之本质的生成现状，塑造和发挥人的主体性，促进"完整的人"之价值目标的实现。休闲教育作为一种实践活动，促进人的能力发展和素质的提升以及人的社会关系的丰富与个性自由的形成。最后，从人之发展的维度看，休闲教育是人之发展的重要手段和途径，休闲教育之目的指向人的自由而全面的发展。休闲教育要在人之发展理念的指导下，实现人的自由全面发展，完成休闲使人"成为人"之目标，以及培养"完整的人"之当代大学的教育使命。

面对新时代休闲教育的当代境遇，从马克思人学的视野出发，提出了休闲教育是践行现代大学教育发展的时代需要，探讨了现代大学休闲教育模式的选择，以及新时代休闲教育的发展态势与当代价值。无论是人之存在的提升、人对自身本质的占有，还是人之发展的实现都体现为人不断获得"完整的人"的过程。因为，人之存在、人之本质、人之发展三者是内在统一的，它们同人之成为"完整的人"从根本上说是一致的。休闲教育承载着其美好理想和终极目标追求，它提升人之存在、推进人对自身本质的占有、促进人的自由而全面的发展，最终归结于"成为人"的理想实践的致思路径。

作为综合性研究，休闲教育研究分别是思想政治教育、教育学、休闲学研究的重要组成部分。同时，从马克思人学的维度来研究又具有相对的独立性，它分别超出了思想政治教育、教育学、休闲学研究的边界，其研究具有自身存在的特殊性。从理论层面上来说，休闲教育的研究转向人学视野的探求对现今社会践行休闲教育的认识，以及所蕴含在休闲教育中的人学思想研究尚有很大的学术空间。

本书无疑是在马克思人学维度之休闲教育理论与实践上的大胆尝试，它不可能是完美的，但正是这种不完美留下了广泛深入的创新与拓展的天地。最幸运的是，能够通过本书与一切关心休闲教育的同人会晤交流，在很大程度上应归功于不遗余力的教育同人和师友，谨此本书面世之际，对教育同人和师友致以崇高的敬意。

目 录

第一章 绪论 (1)
  第一节 问题的提出 (1)
    一 为什么研究休闲教育 (1)
    二 休闲教育研究的视角 (2)
  第二节 研究的意义 (12)
    一 理论意义 (12)
    二 实践意义 (12)
  第三节 本书的特点 (13)
  第四节 研究的基本思路 (14)

第二章 休闲与休闲教育 (16)
  第一节 休闲问题的凸显 (16)
  第二节 休闲溯源与界定 (21)
    一 休闲的词源含义 (21)
    二 休闲的定义 (23)
  第三节 认识休闲教育 (27)
    一 休闲教育的内涵 (27)
    二 休闲教育的发展历程 (37)
    三 与休闲教育相关的概念 (59)
    四 休闲教育的人学之维 (63)

第三章 休闲教育之马克思人学意蕴的逻辑求证 (66)
  第一节 马克思人学思想的发展历程 (66)
    一 萌芽、形成和成熟时期 (66)
    二 进一步发展时期 (69)
  第二节 马克思人学的主要内容 (70)

一　人的存在论 …………………………………………………（70）
　　二　人的本质论 …………………………………………………（73）
　　三　人的发展论 …………………………………………………（74）
第三节　休闲教育发生的人学探源 ……………………………………（75）
　　一　休闲教育为人所需要 ………………………………………（75）
　　二　休闲教育由人所创生 ………………………………………（76）
　　三　休闲教育为人所推动 ………………………………………（77）
第四节　休闲教育蕴含"建设人本身"的元素 ………………………（77）
　　一　休闲教育的本质中蕴含着"建设人本身"的元素 ………（77）
　　二　休闲教育的目标中蕴含着"建设人本身"的元素 ………（78）
　　三　休闲教育的价值中蕴含着"建设人本身"的元素 ………（79）
　　四　休闲教育是属于人、为了人 ………………………………（80）

第四章　休闲教育的人之存在论维度 ……………………………………（85）
第一节　关于人的存在 …………………………………………………（85）
　　一　人之存在的形态 ……………………………………………（86）
　　二　人的根本存在方式：实践 …………………………………（87）
　　三　人的存在是生成的 …………………………………………（89）
第二节　休闲教育之人的存在论维度 …………………………………（90）
　　一　休闲教育是人之存在的重要方式 …………………………（90）
　　二　休闲教育的目的在于提升人之存在 ………………………（96）
第三节　人之存在对休闲教育的现实诉求 ……………………………（102）
　　一　引导大众休闲中人们健康生命的存在 ……………………（102）
　　二　提升人们优雅休闲性生存的存在方式 ……………………（104）
　　三　促进休闲与教育同一的存在 ………………………………（106）
　　四　当代生存境遇的教育选择 …………………………………（108）

第五章　休闲教育的人之本质论维度 ……………………………………（110）
第一节　人的本质与人性 ………………………………………………（110）
第二节　休闲教育彰显人之本质的生成与人性的完善 ………………（115）
　　一　人的本质和人性是在实践中生成的 ………………………（115）
　　二　休闲教育参与完善人的本质和人性 ………………………（117）
第三节　休闲教育的目的在于促进人之本质与人性的完善 …………（119）
　　一　促进人之本质的完善 ………………………………………（119）

  二　促进人性的完善 …………………………………………（122）
 第四节　人之本质对休闲教育的现实诉求 ……………………（124）
  一　休闲教育是塑造和发挥人的主体性的需要 ………………（125）
  二　休闲教育的现实诉求指向"完整的人" …………………（125）

第六章　休闲教育的人之发展论维度 ……………………………（128）
 第一节　关于人的发展 ……………………………………………（128）
  一　人的发展的含义 ……………………………………………（128）
  二　人的发展的内容 ……………………………………………（132）
  三　人的发展阶段 ………………………………………………（135）
 第二节　休闲教育指向人之自由全面的发展 …………………（136）
  一　休闲教育是人之发展的重要手段和途径 …………………（136）
  二　休闲教育的根本目标是人之自由全面发展的实现 ………（139）
 第三节　人之发展对休闲教育目的的现实诉求 ………………（141）
  一　当前中国人的发展阶段 ……………………………………（142）
  二　休闲教育的终极目的 ………………………………………（143）
  三　"成为人"：休闲对大学教育使命的成全 ………………（149）

第七章　休闲教育的当代价值 ……………………………………（160）
 第一节　休闲教育的当代境遇：诘难与回应 …………………（160）
  一　现代大学休闲的困境 ………………………………………（160）
  二　休闲教育的缺位与错位 ……………………………………（163）
 第二节　休闲教育是现代大学教育发展的时代需要 …………（166）
  一　休闲教育符合新时代人才成长的现实需要 ………………（166）
  二　高校肩负着休闲教育的历史使命 …………………………（167）
  二　高等教育未来的创新发展模式 ……………………………（169）
 第三节　休闲教育的发展态势与当代价值 ……………………（179）
  一　休闲教育的发展态势与时代选择 …………………………（179）
  二　走向生态休闲教育的人学启迪 ……………………………（181）
  三　休闲教育的当代价值 ………………………………………（183）

结语 ……………………………………………………………………（189）
参考文献 ………………………………………………………………（191）
后记 ……………………………………………………………………（208）

第一章

绪　　论

第一节　问题的提出

一　为什么研究休闲教育

英国哲学家伯特兰·罗素（Bertrand Russell）有句名言："能否聪明地休闲是对文明的最终考验。"① 休闲作为一种生活方式和生命的状态，与每一个人的生活质量、生存方式息息相关。因而，什么是健康而良好的休闲生活，并达到精神上的愉悦享受是需要休闲教育来引导的。"未来不仅属于受过教育的人，更属于那些学过怎样聪明地利用休闲的人"②，查尔斯·K. 布赖特比尔（Charles K. Brightbill）这句话告诉人们休闲需要计划，需要获得某种技巧，更需要培养一种价值观。理想的休闲必须具有自由性、发展性、个体性和情感性，必须是一个能使人投入其中，不断地学习，并使自己有所改变的连续的过程。而这一过程其实就是一个教育的过程，休闲教育便应运而生。"休闲体现于个体的是一种美德、教养、教育和沉思的能力等方面，同时它可物化到家庭、学校、科学、宗教、艺术等方面，产生出诸如运动、文化活动以及义务工作等多样的休闲行为。"③同时，在具体的休闲行为背后蕴含着丰富的问题情境，人们可以根据自己的兴趣爱好选择相关的休闲行为，这就需要接受相关的知识、技能、情感、价值观等全面的教育。

每个人都有一个梦想，就是获得一种快乐自主的生活，教育作为一项

---

① Russell, B. *The Conquest of Happiness*. London: George Allen & Unwin Ltd. 1930:208.
② Brightbill, C. *The Challenge of Leisure*. Englewood Cliffs, NJ: Prentice Hall. 1960:94.
③ 于光远、马惠娣：《于光远马惠娣十年对话——关于休闲学研究的基本问题》，重庆大学出版社2008年版，第47页。

以人为对象的事业更应深刻地关注人本身的需要，为人的终极发展和终身幸福做出贡献。如果过去的教育是偏重"知识"，即为"工作能力"而准备的教育，而今天的教育的重点更应兼顾到"生活能力"。美国教育哲学家约翰·杜威（John Dewey）提出"教育即生活"。英国哲学家、教育学家赫伯特·斯宾塞（Herbert Spencer）提出"教育就是为完美生活的准备"，所谓"完美生活"不仅包括工作，还应当包括休闲。历史上，休闲教育作为一个术语和一种概念一直有多种不同的含义，不同领域的人对休闲教育的原理和目标的认识也迥然各异。休闲教育的传播有利于人们对休闲的正确认识。我们知道，任何教育的内涵与措施，都有一个基本的哲学观念作为基础，休闲教育亦不例外，以推动中国休闲教育朝更好的方向发展，我们需以正确的哲学观念作为引导，促使政府制定完善的休闲教育政策并规划休闲教育策略，推动具体的休闲教育活动，以达成休闲教育的理想目标。

传统教育太讲究工具性的目标，过度重视知识的获得，休闲与休闲教育不被学校或家长重视，所以孩童一直被告诫着"业精于勤，荒于嬉"，但事实是休闲使个人在自由、轻松的学习环境中，缓解压力，获得生活的乐趣，激发创造力，发挥潜能，促进人格健全与增进自我实现能力。现代社会，休闲日益成为人们生活不可或缺的一部分，教育应当时刻关怀现实的人的发展的需要，予以休闲教育合理的地位。学校应当承担起休闲教育的责任，无论是哪个阶段的人，都应得到良好的休闲教育的指导，以掌握更好的休闲技能来体验休闲的意义，这正是休闲教育对人现实的一种关怀。休闲对个人的生活具有重要的意义，但是如何引导人们过一种有意义的生活，则是休闲教育所要解决的问题。休闲教育是伴随休闲的凸显而出现的产物，人们参与有益的休闲活动也是需要一个教育和学习的过程，休闲教育在人们的休闲生活中的重要性日益凸显出来，它成了"育化人"的重要手段。

二　休闲教育研究的视角

（一）考察休闲教育研究已有的视角

国外对休闲教育的研究已有数十年，他们所研究的学科范畴、教育对象以及教学的方法都比较成熟，以美国为代表的西方国家较早就重视休闲教育的研究，众多的学术团体、研究机构的成立，英美等一些国家的大学中几乎都有与休闲相关的专业课程设置,这些从事休闲教育研究的教育机构都有自己完备的课程设置体系。虽然我国开展休闲教育的研究只有几十年的时间,但也硕果累累。我国休闲教育的研究主要是以所属学科范畴及教育对象两个视角来展开的。

首先,从休闲教育的研究视野来看,基于不同的领域范畴,其研究主题主要集中在哲学和社会学方面。第一,在休闲教育之哲学研究方面,有学者提出了从哲学视角研究休闲教育,[1] 还有一些学者从哲学层面对休闲教育进行分析和探讨[2]。他们以休闲教育为主线,阐述了休闲教育是个体生命意义获得的前提,休闲体验是个体生命意义获得的方法和途径。第二,在休闲教育之社会学研究方面,主要是从休闲教育在促进社会就业方面的作用以及休闲教育与构建和谐社会的内在联系的层面来研究[3],分别提出了通过推动休闲教育促进我国就业问题的解决以及休闲教育作为社会之和谐发展不可或缺的因素。

其次,从休闲教育的对象研究层面来看,主要针对的有中小学生、大学生、成年人和老年人。第一,在中小学阶段研究方面,有学者指出:"学校休闲教育模式的设置分为两种:分别为课程教学模式和休闲咨询模式。其课程与教学中应包括课程的内容和阶段、教学目标、评价方法与师资培训四个方面。"[4] 课堂教学中休闲教育的缺失主要表现在只有知识没有生活的文科教育,片面追求效率的理科教育[5],目前应解决这些问题,使学校休闲教育趋向正规化、实用化。第二,在大学阶段研究方面,主要集中在高等学校休闲教育存在的问题和大学生休闲教育实施方面。"在高校休闲教育存在的问题方面,提出了休闲教育的缺失造成了大学生群体休闲的错位,导致了异常现象的出现,高校休闲教育设施投入不足,大学生

---

[1] 刘海春:《休闲教育的伦理限度》,《学术研究》2006 年第 5 期。

[2] 曹奋志:《不合适的取代——就"休闲教育"的提出与祁靖一同志商榷》,《中国成人教育》1993 年第 11 期。

[3] 参见聂淑华《休闲教育与和谐就业》,《青海社会科学》2008 年第 1 期;刘海春《休闲教育:构建和谐社会的一种路径》,《华南师范大学学报》(社会科学版)2009 年第 1 期。

[4] 参见王燕《学会自由地生活》,硕士学位论文,湖南师范大学,2003 年;马立红《学会生活——休闲教育的缺失及应对策略》,硕士学位论文,南京师范大学,2007 年。

[5] 参见赵宏《学校休闲教育研究》,硕士学位论文,华东师范大学,2004 年。

的休闲质量不高,需政府学校给予高度重视"[1];在大学生休闲教育实施的方面,有学者提出:"把休闲教育纳入高等教育体系中,制定系统的休闲教育实施方案,贯彻于教学活动及课外活动中,并积极开设休闲方面的课程、讲座,同时鼓励学生积极参与。"[2] 第三,在成年阶段研究方面,有学者认为:"现代成人需要如何休闲的指导,成人的休闲教育如何完成,休闲教育是属于社会生活教育的范畴,它是提高教育对象休闲生活品质的整体活动,休闲教育是提倡每个人寻找到适合自己的休闲方式和休闲活动,拓宽了成人休闲教育研究的道路。"[3] 第四,在老年阶段研究方面,有学者提出:"休闲教育如何在老年阶段中的实施,从性别、受教育程度、收入水平等角度进行了一定的对比分析,旨在为相关政府部门合理发展老年人科学休闲,应对老龄化提供一定的参考。"[4]

(二)休闲教育之人学研究视角的出场

马克思主义[5]有着浓厚的人文意蕴,有着丰富的人学思想,它改变了以往对人之研究的抽象性的弊端,从"现实的人"的实践角度开辟了关于人的研究。人学是对人之生存危机和出路的哲学思考。

---

[1] 刘宇文、张鑫鑫:《素质教育视野下的大学休闲教育》,《高等教育研究》2009年第1期。

[2] 参见廖小平、孙欢《论大学生休闲教育》,《现代大学教育》2011年第1期;钱利安、黄喆《加强大学生休闲教育的必要性分析》,《现代教育科学》2012年第1期。

[3] 李盛聪、李燕:《教育的新视野:成人休闲教育》,《成人教育》2007年第4期;祁靖一:《一项不容忽视的成人教育内容——谈我国的休闲教育》,《中国成人教育》1993年第9期。

[4] 参见黄艺农、苏策《老年大学休闲教育功能探析》,《湖南师范大学教育科学学报》2008年第6期。

[5] 今天我们把马克思主义理解成具有普遍指导性意义的理论体系,认为只要掌握了规律,所有问题都会迎刃而解。回到本真的马克思主义理论,一方面指的是要回到马克思、恩格斯等经典作家原初的语境中,深度犁耕其文本的理论意旨,这意味着"回到"是一种历史视域的整合,是将一个有据可循的马克思主义展现在我们的面前,而非盲目地崇古或机械地退回,更不是要把马克思主义理论作为一个现成的解释法典。另一方面,回到事物本身意味着回到我们当下的生存语境中,即从我们的现实生活旨趣出发,与马克思主义理论文本展开创造性的对话,才能使马克思主义理论的当代意义充分呈现出来。参见刘黎明《教育学视域中的人》,科学出版社2010年版,第243—246页。本书所指的马克思人学思想不是马克思主义人学思想,这是因为马克思主义人学思想的范畴十分宽泛,它不仅包括马克思主义创始人的思想,而且包括马克思主义理论继承者和宣传者的思想,更有甚者,西方的一些哲学思想,诸如"存在主义的马克思主义""弗洛伊德的马克思主义"也自命不凡地将自己纳入其中。当然,马克思人学思想与马克思主义人学思想并没有什么本质区别,但需指出的是马克思人学思想指的是马克思主义创始人本人的思想。

（1）人学研究及其基本问题

什么是人学？学术界目前主要持三种观点。"第一种观点认为，人学从根本上看是社会科学，理由是：人虽然具有社会属性和自然属性，但自然属性只是人的自然前提，社会属性才是人的本质属性，而且它制约着人的自然属性；第二种观点认为，人学是一门与自然科学和社会科学并立的独立科学。强调自然科学以自然为研究对象，人学的目的就是全面而系统地认识和理解人；第三种观点认为，人学是一门综合科学，是对从不同方面研究人的自然科学、社会科学的综合，是对人的科学的综合研究。"[1]《人学词典》将"人学"定义为"关于作为整体的人及其本质的科学"，[2]笔者赞成此定义。在对人学的认识中，我们有必要厘清人学与人的科学、人类学、哲学、人的哲学之间的关系，以及清楚地认识人学的研究对象与研究内容。

显然，人学的研究对象是"人"，但并不是关于人的所有问题的研究都是人学的研究对象，当然也不是所有以人为研究对象的科学都是人学。关于人学的研究对象问题，学界的解释各异，如人学是"系统研究人的本质、存在和历史发展规律的理论"[3]，人学是"从整体上研究人的存在、人性和人的本质、人的活动和发展的一般规律，以及人生价值、目的、道路等基本原则的学问"。[4] 这种"整体的人"或"完整的人"，[5] 不能单纯地理解成人的族类总体，人的"完整图景和人的本质"也不应看成所谓的个人的"完整统一"。人是人的各种存在形态，即包括个体、群体和族类的存在形态的有机统一。不论是离开个人的族类，还是离开族类的个人，都只是人之存在的一种片面抽象。因此，所谓"整体的人"或"完整的人"指的是包括人的各种存在形态有机统一的人。"哲学意义上的人学所提供的关于人的'完整图景与本质'即是由人的各种存在形态有机统一的人的图景和本质。"[6] 也有学者认为："所谓人学，就是以人这一特

---

[1] 孙鼎国、李中华：《人学大辞典》，河北人民出版社1995年版，第1页。
[2] 黄楠森、夏甄陶、陈志尚：《人学词典》，中国国际广播出版社1990年版，第1页。
[3] 韩庆祥、邹诗鹏：《人学：人的问题的当代阐释》，云南人民出版社2001年版，第12页。
[4] 陈志尚：《人学原理》，北京出版社2004年版，第5页。
[5] 对"完整的人"的理解将会在本书第五章阐述。
[6] 林剑：《人学研究若干问题综论》，《江海学刊》1997年第1期。

殊社会存在物为研究对象，探讨其生存和发展的最一般规律的科学。"①并且认为："人学是介于人的哲学和人的科学之间的一门交叉学科，带有哲学与科学的双重性质。"②

"人学（hominology）不同于人的科学（the science of man），人的科学泛指一切以人为对象的各种自然科学和社会科学。从人类学、生命科学、心理学、医学，到文学、史学、经济学、政治学、法学、伦理学、社会学、民族学、教育学、管理学、人才学、新闻学，等等。而人学是从哲学这个思维的最高层次上对人自己的反思。"③

人学不同于人类学（anthropology）。Anthropology 源于希腊文，曾亦有人直译为人学。其特点是"根据人类的生物特征和文化特征之综合来研究人，并强调了人类的差异性以及种族和文化的概念"④。人学与人类学不同，人学所涉及的范围比人类学概念更为宽广。

人学不同于哲学，目前学界对此基本持三种观点⑤。我们赞同人学属于哲学的一个有机组成部分、一个分支学科。马克思主义哲学蕴含着自己的人学理论，但是又不归结为人学。马克思人学不是马克思主义哲学的全部内容，马克思主义哲学同时又是世界观，是对人所生活于其中的世界的

---

① 袁贵仁：《马克思的人学思想》，北京师范大学出版社 1996 年版，第 1 页。
② 同上书，第 4 页。与袁贵仁教授人学观点相近的其他学者代表的观点有："人学就是关于人自身的一般本性的理论，或者说人学是人自身的本质及其发展的一般规律的理论。"（陶富源、张传开：《马克思主义哲学论集》，安徽人民出版社 2006 年版，第 7 页）"人学既是关于人性与人的本质的学说"（李中华：《中国人学思想史》，北京出版社 2005 年版，第 6 页）。"哲学就是人学"，"马克思主义哲学就是当代的人学"（武天林：《马克思主义人学导论》，中国社会科学出版社 2006 年版，第 1 页）。
③ 陈志尚：《人学原理》，北京出版社 2004 年版，第 5 页。
④ 参见陈志尚《人学——21 世纪的显学》，《北京大学学报》（哲学社会科学版）1995 年第 3 期。在这篇文章中，陈志尚教授指出了人学所涉及的范畴和概念比人类学更宽广，他指出："在 19 世纪中后期，人类学分化为体质人类学（研究人类的体质形态、身体结构和人类的起源、人种的形成及发展规律）和文化人类学（研究人类行为和文化产生的特征及其形成、发展规律）。在当代，更是深入社会生活各个领域，衍生出众多的应用人类学。人学要研究人的存在、人的本质和人的活动和发展的规律，当然要吸取人类学的研究成果。"
⑤ 第一种观点认为："哲学就是人学。"（参见高清海《人学研究与哲学》，《江海学刊》1996 年第 1 期）第二种观点认为："哲学的当代形态是人学。"（参见韩庆祥《我的人学观》，《江海学刊》1996 年第 1 期）第三种观点认为："哲学包括人学，人学是哲学的一个分支学科。"（参见黄楠森《人学与哲学》，《江海学刊》1996 年第 1 期）。

总的观点和根本看法,尽管这个世界是人的世界。从内容上来说,马克思主义哲学和马克思人学是包含与被包含的关系,但不能把二者等同起来。"马克思人学关注的主要对象应是个人,虽然人类社会也必然涉及,但社会历史是作为个人的环境因素起作用的。唯物史观以社会历史为对象,但其中包含着人的活动,马克思人学应以个人为对象,但其中也包含着社会历史条件。马克思人学和唯物史观在研究对象上是相互包含的。"[①] 我们对人学的定位应该是:"人学是从哲学中分化出来,但仍以哲学思维为主,横跨很多学科的新兴的综合性基础学科。"[②]

学界对马克思有没有独立的人学思想基本上持两种观点。"传统的观点认为,人在马克思那里不能被分解在本体论、认识论、辩证法和历史唯物主义之中,人是整个哲学的中心,由此完全有必要建立一种专门的人学作为整个哲学的核心;另一种观点认为,马克思的思想体系只包括唯物主义历史观、政治经济学和科学社会主义三个基本组成部分,不包括人学。"[③] 持这种观点的学者认为:"马克思人学是指在马克思主义辩证唯物论和历史唯物论的指导下,科学地揭示人的发展规律的科学,它包括人性、人的本质、人的价值、人道主义、人的全面发展等问题,是关于人的统一科学,是从不同方面来研究众多专门学科的统一。"[④] 还有学者指出:"马克思虽没有明确提出要建立一门相对独立的完整的人学理论体系,但从他的全部著述中,可以揭示出其人学的基本框架和结构,所以人学是马克思整个思想体系中的一个不可被取代的相对独立的组成部分。"[⑤] "在马克思那里,所谓人学,就是指专门研究人的科学,是着眼于研究作为主体的人及其本质、存在和历史发展规律的科学。用马克思的话来理解,就是研究在实践的基础上人的本质及其自我实现的历史的科学。"[⑥]

诚然,马克思认为:"人不能被分解在本体论、认识论、辩证法和历史唯物主义之中,相反它是整个哲学的中心,因此有必要建立一种专门的

---

① 武天林:《实践生成论人学》,中国社会科学出版社2005年版,第10页。
② 陈志尚:《人学原理》,北京出版社2004年版,第10—11页。
③ 韩庆祥、庞井君:《马克思的人学理论——对马克思思想体系的一种新解释》,《中共中央党校学报》1997年第1期。
④ 李超:《社会市场经济的人学底蕴》,人民出版社2004年版,第3页。
⑤ 韩庆祥:《马克思人学思想研究》,河南人民出版社1996年版,导言,第2页。
⑥ 孙鼎国:《世界人学史》第4卷,河北人民出版社2003年版,第211—212页。

人学作为整个哲学的核心。"① 他的人学思想潜伏在他的整个思想体系的内在逻辑中。② 除此之外，在马克思理论中，既有对人的本质及价值的思考，也有对人的现实关系（包括人与自然、人与社会、个人与集体、他人等）的考察，既有对人类发展历史的宏观研究，更有对现实关系中人的异化的关注，对人类解放道路的探寻，等等。从以上他的理论中，我们可以发现的确有人学思想的意蕴。

人学不同于人的哲学③，这种人的哲学可以相对划分为"人的本质""人的活动"和"人的发展"三个组成部分进行研究。在这里，从广义的视角来理解人学、人的哲学以及人类学都是以人为研究对象的，但从狭义的视角来理解，即在用什么方法去研究人的问题上是有区别的。人的哲学并不把人的所有方面都作为自己的研究对象，更不会专门以人的某一方面或属性作为自己的对象。人的哲学是从最高的或最一般的层次上研究人，是在考察人的存在方式、活动方式与发展方式的基础上，侧重研究人的存在、人的本质、人的需要、人的价值与人的解放、人的异化等有关人的最一般性的问题，继而逐渐形成对"人的完整图景"的认识。

关于人学的研究对象，学者们的一致看法是："人学的研究对象是整

---

① 李杰：《改革开放以来中国学者关于马克思人学研究综述》，《理论探讨》2010年第5期。

② 马克思的人学思想潜伏在他的整个思想体系的内在逻辑中，如在马克思的历史观中，他将"有生命的个人存在"看成历史活动的起点，充分地肯定了个人的存在和价值。他指出："全部人类历史的第一个前提无疑是有生命的个人的存在。因此，第一个需要确认的事实就是这些个人的肉体组织以及由此产生的个人对其他自然的关系。"（参见《马克思恩格斯文集》第1卷，人民出版社2009年版，第519页）他还强调："并不是'历史'把人当作手段来达到自己——仿佛历史是一个独具魅力的人——的目的。历史不过是追求着自己目的的人的活动而已。"（参见《马克思恩格斯文集》第1卷，人民出版社2009年版，第295页）在其实践观中，马克思认为："人是实践活动的主体，人是通过对对象世界的改造活动才真正实现对世界的解释的，这一被解释的世界不过就是人自身的历史实践活动所造成的属人世界。"在其科学共产主义学说中，他提出"每个人的自由发展是一切人的自由发展的条件"的命题是他关于"人的自由发展"思想的经典表述（参见《马克思恩格斯文集》第2卷，人民出版社2009年版，第53页）。

③ 对"人的哲学"的理解有广义和狭义两个方面。学界较为权威的观点认为：从广义上来说，当代哲学就应当是人的哲学，人的哲学是哲学的当代新形态；从狭义上来说，人的哲学是关于人的问题的哲学思考，它是哲学的一个组成部分，它从哲学的层次，揭示人的生存、享受和发展的一般特性和规律，进一步探讨如何发挥和提高人的主体性，使人的活动既符合客观世界的规律，也符合人的目的和美的规律，创造一个真、善、美的世界，促进人的自由而全面的发展（参见袁贵仁《人的哲学导论》，《北京师范大学学报》（社会科学版）1988年第4期）。

体的人（或完整的人）。但对整体的人的解释却存有分歧。一种观点认为，'整体的人是指一般的人或人的世界'；另一种观点认为，'整体的人是指以类的形式存在的人即人类'；还有一种观点认为，'整体的人是指完整的个人'；也有一种观点认为，'整体的人是指人的各种存在形态的统一'。"① 从学者们的观点来看，人学作为一门独立的学科，其研究对象应是完整的个人，探讨关于个人的一般性问题。

关于人学的研究内容，目前学界主要有以下几种观点。持两块论的学者认为："人学首先应是关于人的总体阐释，目的在于提供一幅关于人的完整图景，其所研究的问题包括人赖以产生、存在和发展的前提条件，这涉及人与自然、人与社会的关系；人的历史，包括人类的进化史和个体的成长史；人的个人生活和社会生活及其各个方面的构成情况。其次，一个部分就是关于人的根本性问题的论证，如对人的本质、本性、价值、地位和人的自由而全面发展等问题的分析和研究。也有学者认为，人学首先应以人类文化的演进为背景建构关于总体的人的理论，解决人的自在自发、异化受动和自由自觉三种生存方式或文化模式在理论和实践上的整合问题，为总体的人或人的总体性的生成提供理论指导。"② 持三块论的学者们主张："人学理论体系应包括人的存在论，涉及人与自然、人与社会；人的本质论，涉及人性和人的本质、人的活动与人的主体性、人的个性、人的需要与利益、人的交往、竞争与合作、人的理性与非理性、人的审美与人的自由；人的发展论涉及人的信仰和理想、人的素质与人的价值、人的权利、做人之道、人的发展及其规律等。前两个部分说明'什么是人'，后一个部分说明'如何做人'。"③ 持四块论的学者们认为：人学理论体系应包括："一是关于人的基本理论研究，如人性、人的本质、人的存在、人的发展、人的需要、人的自由、人的价值等；二是关于人学思想史的研究，特别是马克思人学思想的研究；三是关于人学的学科建设研究，如人学的对象、内容、研究方法、人学与相关学科的关系、人学的基本框架等；四是关于人的现实问题的研究，如人的素质、人的个性、人格

---

① 崔新建：《从开拓走向深化——人学研究的回顾与展望》，《河北学刊》1998 年第 1 期。
② 张军：《近年来我国人学研究述要》，《哲学动态》1997 年第 5 期。
③ 陈志尚：《人学原理》，北京出版社 2004 年版，序言，第 2 页。

塑造、市场经济中的人的问题等。"① 虽然学者们各抒己见，但都把人的存在、人的本质和人的发展作为人学必须研究的内容。当然马克思主义人学理论包含了人的存在论、本质论和发展论的研究内容。

毋庸置疑，人学研究离不开哲学方法的指导，但对人的哲学的研究代替不了对整个人的研究，因为要完成对人的完整把握，就必须对人的各方面进行深入具体的系统研究，这是单纯的哲学研究所不能完成的。所以真正的人学必然是超越哲学的，应该是包含了现有各类有关人的学科内容的一门新的全面而系统地阐释人的各种问题的综合性的大学科。

（2）关于研究视角的说明

休闲作为一种生活方式是需要教育的。其实，休闲教育也是一种生活方式的教育，它包含了道德教育的内容。近些年来，教育界呼吁道德教育要回归生活世界②，从这个意义上来讲，休闲教育就是不仅要反映生活世界，而且还要引导休闲的生活方式。

近些年来，学界对教育学和德育学的研究开始转向对"人"的关注，认为教育或德育对"人"的认识和理解构成了教育学或德育学的基础。在教育学和德育学研究领域中，学界两位学者的代表性的观点引起了广泛的关注。叶澜教授认为，"就教育学而言，其学科发展的内在核心问题是对'人'的认识。教育学基本理论的突破，需要从对'人'的认识的反思开始。从宏观功能的角度看，任何时代的教育都集中反映在不同历史时期社会对人的发展的要求和人对自身价值的追求上。从具体实践角度来看，教育是直面人、通过人和为了人的一种独特的社会事业，人既是教育的直接对象，又是教育过程的重要构成，还是教育成效的终极体现。因此，无论是对教育的宏观规划，还是各类教育实践的进行，都不可能没有对'人'的认识的支撑。在理论上，'人'的问题，既是教育学必须回答的前提性问题，又是教育学建构中不可或缺的核心问题。在一定意义上可

---

① 崔新建：《从开拓走向深化——人学研究的回顾与展望》，《河北学刊》1998 年第 1 期。

② 随着教育改革的不断深入，"回归生活世界"成为当代教育界响亮的口号。当前学界对"教育要不要回归生活？回归怎样的生活？怎样回归生活？"等问题的探讨并没有定论。本书认为关于生活世界的概念之争对休闲教育的实践并不具有实质性的意义，不展开对"回归生活世界"的探讨，我们只有立足于当代休闲教育的实践，回到当代教育和生活的本源，才能澄清回归生活世界的意蕴。

以说,有怎样的'人'的观念,就会有怎样的教育学理论"①。鲁洁教授认为,"德育面对的是人而不是物,即使是物,我们也要显示它背后的人,显示它和人的关系;它面对的是一个个有血有肉的人,是人心,而不是抽象的概念化的人和冷冰冰的理性;它面对的是人的向善之心,它展示的是人对美好生活的向往和对美丽人生的追求"②。她强调,德育要关注对人学的研究,在人学指导下对德育新路向的探寻和发现。从以上两位学者的观点来看,我们可以这么认为,教育学和德育学都需要"人"的科学理论为指导,这正是因为教育或德育始终是以人为中心和目的的。

认识休闲教育的途径和角度很多,从马克思人学的视角来研究休闲教育,本文选取了从人本身出发去认识休闲教育,这不但是受到了社会发展逐渐转向重视"人"的一面的影响,而且也是因为休闲教育与人的存在、人的生活关系密切。基于这样的思考,本文选取了从马克思人学的研究视角,尝试从人的存在角度来分析休闲教育之存在方式,从人的本质角度来分析休闲教育之本质,从人的发展角度来分析休闲之使人"成为人"③的价值目标以及它对休闲教育之本质发展的成全,以达到人的自由全面发展和休闲教育之目标的全面实现。

人学强调"在对人的生活世界的把握中,既注重从外观即人的内在本质力量对象化的世界方面科学研究人,又注重从内在即对人的内在结构的反思方面研究人,既注重人的科学因素(人的外在客观化方面),又注重人的价值因素(人的内在主体方面),……以对人的现实问题的研究带动和促进人的基础理论研究,使人学的理论研究为人的现实问题研究提供核心理念"④。因此,以人学作为休闲教育研究的理论依据,避免了以往研究的抽象化,直面休闲教育在实践中出现的问题,为休闲教育的实践发展提供了理论基础。

我们已步入大众休闲时代,"完整的人"是理想的人的模式,是休闲教育追求的终极目标,也是现代大学教育应该承担的教育使命。"完整的人"拥有完整的生命体验,在道德、情感、能力、身体等各方面都获得了

---

① 叶澜:《教育创新呼唤"具体个人"意识》,《中国社会科学》2003年第1期。
② 鲁洁:《道德教育的当代论域》,人民出版社2005年版,总序,第1页。
③ 对"成为人"的理解将在本书第三章详细地阐释。
④ 韩庆祥、邹诗鹏:《人学——人的问题的当代阐释》,云南人民出版社2001年版,第39—40页。

良好的发展,是一个立体而富有层次的综合体。在生活压力急剧增大和休闲时间逐渐增多的现代社会,人们可以利用休闲来更好地完成"成为人"这一伟大工程。

第二节 研究的意义

一 理论意义

关注休闲教育,需要先关注人。人学研究的基本内容主要有两个方面:"一是综合人学,以达到对'完整人'的研究;二是哲学人学,从完整的人中提升出关于人的本质、存在和历史发展规律的一般哲学理论。"[1]作为当代哲学主题形态的人学,"反映了当今社会对人的深切关切的时代精神"[2]。从一定意义上来说,休闲教育的研究是从人自身的角度出发的,与此同时,我们借助人学研究中对"完整的人"的理解,继而从人类自身发展的需要中探求对现今社会践行休闲教育的认识,以及所蕴含在休闲教育中的人学思想的本质,这是休闲教育研究转向人学视野的主要原因。

人学的"最高功能和根本目的之一,就是为当代人类发展实践提供核心的文化理念,即核心的人文精神"[3]。人学提倡的研究方法是:"以对人的现实问题研究和对人的科学研究带动和促进对人的学理性研究,从对人的现实问题和人的科学研究中提升和确立人的基本理论。"[4] 人学的研究方法不仅有利于提高我们对于休闲教育中的"人"的理解,而且还有助于我们对休闲之"成为人"的理解。

二 实践意义

随着普遍休闲时代的到来,使得休闲与休闲教育拥有广泛的社会基础。加强休闲教育,积极引导健康文明的休闲行为已经成为一个现实

---

[1] 韩庆祥:《世纪之交的中国人学思潮——评当代中国的人学研究》,《上海社会科学院学术季刊》2000年第1期。

[2] 韩庆祥、邹诗鹏:《人学——人的问题的当代阐释》,云南人民出版社2001年版,第76页。

[3] 同上书,第46页。

[4] 同上书,第39页。

问题。

  首先，现代社会的休闲异化现象需要休闲教育来指导。当人们的休闲方式出现问题时，亦需要正确的休闲教育来进行指导，让人们自由选择最合适的自己的休闲活动。同时，人们对休闲理念的正确理解也有待于休闲教育的顺利开展。其次，实现人的自由全面的发展需要休闲教育的指导。当代社会形态、家庭结构、生活方式、人际关系等方面均与传统社会有着显著的区别，科技日新月异的发展，为人类的休闲生活创造了颇多的技术前提，多样化的休闲活动日益渗透到人们的日常生活中，但这些休闲活动并非每个人都生而会之，它首先需要一个学习的过程。可以说，休闲教育的实施与完善关系到人的全面发展。最后，新的教育理念有利于更好地完善与补充传统教育体制的缺陷。传统教育并没有直接阐明家庭、社区与社会在开展休闲教育过程中的重要地位。家庭或者社区的休闲教育的引导作用已被遗忘，而利用现有的社会资源进行休闲教育也是对当代学校教育的必要补充。

第三节　本书的特点

  本书初步形成了对休闲教育的人学理论建构。特点主要体现在，基于马克思人学理论为指导，从人自身作为生存主体为出发点去阐释休闲教育的存在、本质与发展等一系列问题并做出比较深刻的解释，提出了休闲教育之本质为"成为人"的实践观点。通过休闲教育对实践中的"人"的问题的关注，阐释了休闲教育之本质为"成为人"的核心主张。

  在内容上，从人是类、群体和个体三者统合的角度理解人，分析人。本书坚持马克思人学的指导，坚持人是类、群体、个体的有机统一。在对人的分析中，如对人之存在、人之本质、人之发展的分析，都尽量先分别从类、群体、个体的角度展开，以尽量避免在类、群体、个体上不加区别。同时又不忽视三者之间的内在统一关系，指出三者内在融通，是现实的人不可缺少的三个方面，避免过分强调"人"的类、群体的方面或者个体的方面。

  本书深入全面地分析了马克思人学视野下休闲教育之目的在于促进人的自由全面地发展，从人之存在状态、本质属性和历史发展的有机统一来看，休闲教育的人学意蕴不仅体现在人的发展方面，同时还应在人的存在、人的本质方面有所体现。把休闲之使人"成为人"的终极价值目标和休闲教育之本质为"成为人"的过程相结合，彰显了其共同目的都是为了提升人之存在，促进人对本质的占有①和人性的完善。促进人之发展的终极指向是人之自由自觉性的存在，人对本质的真正占有，人之自由全面地发展。

本书以马克思人学的研究视角与研究方法对休闲教育进行关注。关于为何以马克思人学的视角来研究，已在第一章绪论第一节中详细地论述。本书主要从人学的方法与以往教育学以及德育学等研究方法的差异，以区别说明选择马克思人学视域来作为本文的研究视角，继而从"现实的人"出发，对"休闲"与"休闲教育"以及"人"的现实与历史的综合考察基础上所形成的人学理论建构。休闲教育的研究从人学的视域进行关注并与实践紧密相结合，其马克思人学视野研究的实践指向性构成了本书的研究基本特色，亦成为贯串全书的研究旨趣。

第四节 研究的基本思路

本书着重从马克思人学的角度，阐释了休闲教育应有的人学意蕴，从理论上阐析了休闲教育的人学内涵，同时在实践上指明了新时代休闲教育的历史使命和当代价值。

在第一章绪论中主要对研究论题和研究视角作一说明，指出了从马克思人学视角研究休闲教育之可能性的分析。第二章主要对休闲与休闲教育给予认识，厘清与之相关的概念，以更好地把握休闲教育的内涵。第三章

---

① 在不同的历史时期，马克思表达了对人的本质的不同认识。人的本质也是人学研究的主要内容之一。对人的本质的理解在本书第三章及第五章都有详细的阐释。马克思立足于人，对人本质的真正占有就是要扬弃人的异化，这实际上也就占有了人的本质，在他看来，人对自己本质的占有就是对自身需要的全面肯定和发展。在这里，"人对本质的占有"，是指人对自身本质的全面占有和自由发展。休闲教育的出发点和落脚点是人，其终极目标的实现也源于人的本质。休闲教育作为人类的一种实践活动，引导人们休闲的建构与发展，把人培养成一个具有完善人性的、对自身本质真正占有的人。可见，休闲教育的终极价值存在于人的本质发展的客观要求之中。不同历史时期的人有不同的教育追求，应考虑这个时代受教育者的需要和这个时代已有的教育水平，可以说，我们应以当代受教育者为基础来实施休闲教育。为了实现休闲教育的目标，我们还要注意不同历史时期休闲教育实践的不断积累，最终把人培养成为一个具备完整人性，对自己本质完全占有的人，其终极价值在于促进人之本质的丰富和完善以及人的全面发展。

通过逻辑论证进一步指出休闲教育应有的人学意蕴的理论依据。第四章、第五章、第六章分别从人之存在论、人之本质论、人之发展论的维度，阐明了马克思人学视野中的休闲教育之内涵，指出从人学视角考查，休闲教育之目的在于提升人的存在、促进人对本质的占有和促进人的发展，其本质在于使人"成为人"，目标为使人成为"完整的人"。第七章是从人学的视野来理解休闲教育，指出未来中国教育的发展路向以及当前我国大学教育模式的选择和思考是立足于寻求"完整的人"的目标基础之上的。面对休闲教育的当代境遇，提出了休闲教育是践行现代大学教育发展的时代需要，探讨了现代大学休闲教育模式的选择以及新时代休闲教育的发展态势与当代价值。

  本书的基本研究路径为：第一是对现实的人的关注，即从现实性上对休闲教育之马克思人学维度的关注；第二是对休闲教育的终极价值的哲学探寻，即休闲教育的本质是使人"成为人"，通过休闲教育，使休闲主体能够通过自己的努力来维持自己生命运动发展的过程，同时休闲主体通过接受休闲教育，获得应有的和必要的引导，认识自我和完善自我，休闲教育的价值目标是使人成为"完整的人"，这与休闲使人"成为人"的目标是一致的；第三是从马克思人学的维度出发，立足我国休闲教育实践的现状，凝聚休闲教育的社会共识，探索休闲教育的实践途径。遵循建设新时代中国特色社会主义生态文明的需要，从马克思人学的实践性出发，以实现生态文明时代的我国现代大学使命为出发点，更好地发展学校生态休闲教育，在实施学校生态休闲教育的过程中主动承担起创建绿色学校的责任，以实现新时代生态文明建设中高校休闲教育之理论与实践的对接。着眼于现代大学教育使命的要求，我们需要加强休闲教育，以完成现代大学教育使命对人的关注与成全。

第二章

休闲与休闲教育

第一节 休闲问题的凸显

休闲这一话题,从古至今都有人关注,亚里士多德(Aristotle)曾说过:"幸福还似乎包含着闲暇,因为我们忙碌是为着获得闲暇,战斗是为着得到和平。"① 除亚里士多德外,还有许多古代思想家也探讨过这一问题。

把休闲放在学术层面上来研究并形成休闲的学科体系已有一百多年的历史。"休闲学是以人的休闲行为、休闲方式、休闲需求、休闲观念、休闲心理、休闲动机等为研究对象,探索休闲与人的生命意义和价值,以及休闲与社会进步、人类文明的相互关系的一门学科。"② 其核心观点是:"休闲是人的生命的一种状态,是一种'成为人'的过程,是一个人完成个人与社会发展任务的主要存在空间,休闲不仅寻找快乐,也寻找生命的意义。"③

1883年,保尔·拉法格(Paul Lafargue)的著作《懒惰权》(*The Right to Be Lazy*)的发表,被誉为现代休闲研究的直接起点。1899年,标志着休闲学在美国诞生的论著是索尔斯坦·凡勃伦(Thorstein Bunde Veblen)的《有闲阶级论》(*The Theory of the Leisure Class*),凡勃伦认为:"从古希腊哲人的时代起到今天,那些思想丰富的人一直认为要享受有价值的、优美的或者甚至是过得去的人类生活,首先必须享有相当的余闲,避免跟那些为直接供应人类生活日常需要而进行的生产工作来说,都是美

---

① [古希腊]亚里士多德:《尼各马可伦理学》,廖申白译,商务印书馆2009年版,第306页。
② 马惠娣、刘耳:《西方休闲学研究述评》,《自然辩证法研究》2001年第5期。
③ 同上。

妙的，高超的。"① 他指出："休闲已成为一种社会制度，今天的形式是要构成明天的制度的，方式是通过一个淘汰的、强制的过程，对人们，对事物的习惯观念发挥作用，从而改变或加强他们对过去遗留下来的事物的观点或精神态度。"② 继凡勃伦之后，许多学者加入了休闲研究的行列。

1938年，荷兰莱顿大学校长约翰·赫伊津哈（Johan Huizinga）所著的《游戏的人》（Homo Ludens），发展了18世纪德国学者约翰·克·弗·席勒（Johann Christoph Friedrich von Schiller）的"当人是完全意义上的人时，他肯定在玩；人也只有在玩的时候才是完整的人"。③ 赫伊津哈认为："人类的文化的进化与游戏具有很大的相关性，人无法拒绝游戏，游戏作为文化的本质和意义对现代文明有着重要的价值。人只有在游戏中才最自由、最本真、最具有创造力。"④ 他把"游戏"作为"生活的一个最根本的范畴"，从文化史角度对游戏与文化的关系展开研究，他指出："称所有人类活动为'游戏'是古代的智慧，但也有些轻视的意味。……然而，游戏的观念作为世界生活及运作的明确且高度重要的因素，我们也找不到理由漠然置之。……我逐渐信服文明是在游戏中并作为游戏兴起并展开的。"⑤ 赫伊津哈通过对法律、战争、知识、诗歌、神话、哲学和艺术各种文化形态的考察，证明了游戏的文化意义。

1948年，德国哲学大师约瑟夫·皮珀（Josef Pieper）所著的《闲暇：文化的基础》（Leisure：The Basis of Culture），被誉为西方休闲学的经典著作之一，书中他指出了休闲是人的一种精神的态度的观点并强调了作为文化基础的休闲所蕴含的价值意义，他认为"休闲有三个特征：第一，休闲是一种精神的态度，它意味着人所保持的平和、宁静的状态；第二，休闲是一种为了使自己沉浸在'整个创造过程中'的机会和能力；第三，休闲是上帝给予人类的'赠品'"。⑥ 他认为，人并不是有了休闲就拥有了

---

① [美] 索尔斯坦·凡勃伦：《有闲阶级论》，蔡受百译，商务印书馆2009年版，第32页。
② 同上书，第150页。
③ [德] 约翰·克·弗·席勒：《审美教育书简》，张玉能译，译林出版社2009年版，第48页。
④ [荷] 约翰·赫伊津哈：《游戏的人》，何道宽译，花城出版社2007年版，第25页。
⑤ 同上书，第1—2页。
⑥ 参见 [德] 约瑟夫·皮珀《闲暇：文化的基础》，刘森尧译，新星出版社2005年版，第40—47页。

驾驭世界的力量,更多的是由于心态的平和而使自己感受到生命的快乐。"我们唯有能够处于真正的闲暇状态,通往'自由的大门'才会为我们敞开,我们也才能够脱离'隐藏的焦虑'之束缚,在闲暇之中——唯有在闲暇之中,不是在别处——人性才得以拯救并加以保存。"[1] 这本著作为休闲的地位和意义提供了哲学依据,对西方休闲学的研究产生了深远的影响。20世纪60年代,美国著名休闲学研究者查尔斯·布赖特比尔(Charles K. Brightbill)教授的两部著作《挑战休闲》(*The Challenge of Leisure*)和《以休闲为中心的教育》(*Educating for Leisured - Centered Living*),讨论了当今社会对休闲的关注以及推行休闲教育的目的、实质和意义。美国心理学家米哈里·齐克森特米哈伊(Mihaly Csikszentmihalyi)的代表作《畅:最佳体验的心理学》(*Flow*:*The Psychology of Optimal Experience*),提出了"畅"(flow)的概念,即"具有适当的挑战性而能让一个人深深沉浸于其中,以至忘记了时间的流逝,意识不到自己的存在的体验"。[2] 他从心理学的视角对休闲体验的性质进行深入的研究,认为体验"畅"的能力使人们能够超越"工作—休闲"的界限划分,从而使人们不论是在工作还是在活动中都能更积极地去寻求心灵的最佳体验。

另外,美国现代休闲研究的代表性著作:如《人类思想史中的休闲》(*The Evolution of Leisure*:*Historical and Philosophical Perspectives*)、《走向自由——休闲社会学新论》(*Freedom to Be*:*A New Sociology of Leisure*)、《你生命中的休闲》(*Leisure in Your Life*:*An Exploration*)、《21世纪的休闲与休闲服务》(*Leisure and Leisure Services in the 21St Century*)、《女性休闲——女性主义的视角》(*Both Gains and Gaps*:*Feminist Perspectives on Women's Leisure*)等相继问世,休闲慢慢地从幕后走到台前。

在中国,民国时期陈礼江的《建国简师乡村教育及民众教育》一书中所提出的关于现阶段中国乡村社会的急迫问题之一——休闲问题,并提倡有益的休闲[3],可以说他是我国较早提出休闲问题的学者。于光远先生是中国最先提出休闲研究的学者,1983年他指出:"我国对体育竞赛是很

---

[1] 参见[德]约瑟夫·皮珀《闲暇:文化的基础》,刘森尧译,新星出版社2005年版,第46—47页。

[2] Csikszentmihalyi, M., Rathunde, K. & Whalen, S. *Talented Teenagers*:*The Roots of Success and Failure*. New York:Cambridge University Press. 1993:14.

[3] 陈礼江:《建国简师乡村教育及民众教育》,正中书局1938年版,第21—22页。

重视的，但体育之外的竞赛和游戏研究得很不够。"[1] 1994年他又指出："人之初，性本玩，活到老，玩到老，玩是人类的基本需要之一，因此玩得有文化，要有玩的文化，要研究玩的学术，要掌握玩的技术，要发展玩的艺术"，[2] 这里的"玩"指的是正确的休闲方式。在他的倡导下，1995年北京六合休闲文化研究策划中心成立，标志着我国部分学者开始致力于休闲的研究。2002年，中国艺术研究院成立国内第一个专业休闲研究机构——休闲文化研究中心。此后，一些行业或地方的休闲协会纷纷成立，系列休闲研究成果逐步呈现。

首先，翻译了部分西方休闲的研究著作。除前文提到的出版的"西方休闲研究译丛"五本著作之外，索尔斯坦·凡勃伦（Thorstein Bunde Veblen）的《有闲阶级论》最早于1964年翻译发行，被从事休闲研究的学者广泛关注。1989年春秋出版社出版了由叶京等人翻译的曼蒂（Jean Mundy）和奥杜姆（Linda Odum）所著的《闲暇教育理论与实践》（*Leisure Education: Theory and Practice*），为我国教育界从事闲暇教育的研究者开辟了新的视野。之后，翻译出版的主要著作有约瑟夫·皮珀（Josef Pieper）的《节庆、休闲与文化》（*Instimmung zur welt*）（1991）、罗歇·苏（Roger Sue）的《休闲》（*QUE SAIS-JE? LE LOISIR*）（1996）、威廉姆斯和巴斯韦尔（Christine William & John Buswell）合著的《旅游与休闲业服务质量管理》（*Service Quality in Leisure and Tourism*）（2004）、约瑟夫·皮珀（Josef Pieper）的《闲暇：文化的基础》（*Leisure: The Basis of Culture*）（2005）、孙海植的《休闲学》（2005）、克里斯·布尔等著（Chris Bull, Jayne Hoose and Mike Weed）的《休闲研究引论》（*An Introduction to Leisure Studies*）（2006）、迪安麦·坎内尔（Dean MacCannell）的《旅游者：休闲阶层新论》（*The Tourist: A New Theory of Leisure Class*）（2008）、伊安·威尔逊（Ian Wilson）的《休闲经济学》（*The Economic of Leisure*）（2009）、埃德加·杰克逊（Edgar L. Jackson）的《休闲的制约》（*Constraints to Leisure*）以及《休闲与生活质量》（*Leisure and Quality of Life*）（2009）、克里斯托弗·爱丁顿等（Christopher R. Edginton, Peter Chen）的《休闲：一种转变的力量》（*Leisure as Transformation*）（2009）等。2009年，《西方休闲研究译丛》又

---

[1] 于光远、马惠娣：《休闲·游戏·麻将》，文化艺术出版社2006年版，第3页。
[2] 于光远：《论"玩"》，《消费经济》1997年第6期。

增添了三本新书,《休闲教育的当代价值》(Educating for Leisured-Centered Living)、《劳动、社会与文化》(Work, Society and Leisure)及《休闲与生活满意度》(Leisure and Life Satisfaction: Foundational Perspectives)。近年来,相继出版了《西方休闲研究经典译丛》(2010),《休闲与游憩管理译丛》(2008—2012),《旅游新业态休闲译丛》(2014)等译著。到目前为止,我国学者翻译出版的西方休闲学论著对我们了解西方的休闲文化,借鉴西方的休闲理论推动我国休闲研究有一定的积极作用。

其次,出版了系列学术专著。内容涉及休闲思想史、休闲文化、休闲社会学、休闲美学、休闲经济、休闲旅游、休闲心理等方面。以下列举了近年来的代表性专著:如邓伟志的《生活的觉醒——漫话生活方式》(1985),王雅林、董鸿扬主编的《闲暇社会学》(1992),龚斌的《中国人的休闲》(1998),王琪延的《中国人的生活实践分配》(2000),王雅林等主编的《城市休闲》(2003),徐明宏的《休闲城市》(2004),李仲广和卢昌崇合著的《基础休闲学》(2004),章海荣和方起东合著的《休闲学概论》(2005),《中国休闲文化丛书》4卷本(2005),刘晨晔的《休闲:解读马克思思想的一项尝试》(2006),陈来成的《休闲学》(2009),《中国休闲研究学术报告2011》(2012),宋瑞的《全球休闲范例城市研究》(2012),吴文新的《唯物史观视域中的休闲》(2013),潘立勇的《休闲文化与美学建构》(2017),《中国休闲城市发展报告》(2018),《中国旅游发展年度报告》系列丛书,《中国休闲发展报告》系列丛书,等等。除了《中国学人休闲研究丛书》(第一辑)(2005),其中庞桂美的《闲暇教育论》(2005),刘海春的《生命与休闲教育》(2008),浙江大学出版社出版的《休闲书系》系列丛书,张雅静的《休闲文化生活支持体系研究》(2009),孙林叶的《休闲理论与实践》(2010),韩峰的《网络休闲教育背景下的教师素养研究》(2011),于永昌的《休闲教育学》(2014),章辉等编的《民国休闲教育文萃》(2018)等从不同研究主题与研究视野介绍了与休闲教育相关的内容。截至2018年12月,我国出版发行的休闲学学术专著约350部,这些著作无疑推进了我国休闲研究的历史进程。

再次,发表了有关休闲研究方面的论文。截至2018年12月30日,通过中国知网检索,目前公开发表的有关休闲研究方面的论文为28927篇,其中硕士学位论文14390篇,博士学位论文908篇,内容涉及不同学科、研究领域，硕果累累。尽管休闲领域公开发表的学术论文与其他成熟学科、专业领域的成果相比仍捉襟见肘，但其发展的态势反映了我国休闲研究的勃兴之势。

第二节 休闲溯源与界定

一 休闲的词源含义

在古代人类文明的主要发源地，我们几乎可以看到关于休闲概念的文字渊源，它们为现代休闲概念奠定了最早的基础。

在我国，休闲的词源含义可以追溯至先秦时期。就"休"而言，其基本含义有三方面。第一层含义是息止、休息、停止。如《说文解字》训为"休息止也，从人依木"。①"民以劳止，汔可小休"《诗经·大雅·民劳》，《辞海》对其解释为："休息；休养；休假。"②第二层含义是美好、喜庆、福禄、喜悦等。"休"在《辞源》中是这样解释的，"休：美善也，庆也"③，《辞海》中也有相应的解释：休"指吉庆，美善；福禄"。④第三层含义为勿，不要，不必，不用。如南宋《辛弃疾词》中有"闲愁最苦，休去倚危栏"，元杂剧《西厢记》中的"休将闲事苦萦怀，取次摧残天赋才"。就"闲"而言，其本义是"门遮"，在基本义的基础上演变为栅栏、界限、空闲、闲暇、闲静，最后成为闲雅、美好的代称。其一，"闲"的第一种引申义为阻拦、妨碍、栅栏、马厩。《说文解字》训为"闲，阑也，从门中有木"⑤，即我们今日称之为"门闩"。《辞源》解释为："以木拒门也。防御也。"⑥其二，"闲"的第二种引申义有界限、规矩、法度之义。《辞海》中亦有解释为"木栏之类的遮拦物，引申为范围，多指道德、法度"。⑦"闲"表示为一种行为规范，旨在教导人们为人

---

① （汉）许慎：《说文解字》，上海古籍出版社1981年版，第270页。
② 《辞海》（缩印本），上海辞书出版社1999年版，第609页。
③ 《辞源》（正续编合订本），商务印书馆1939年版，第105页。
④ 《辞海》（缩印本），上海辞书出版社1999年版，第609页。
⑤ （汉）许慎：《说文解字》，上海古籍出版社1981年版，第589页。
⑥ 《辞源》（正续编合订本），商务印书馆1939年版，第1554页。
⑦ 《辞海》（缩印本），上海辞书出版社1999年版，第2458页。

处世要遵循规范。如《论语·子张》中有"大德不逾闲，小德出入可也"，《汉书·武五子传》中有"制礼不逾闲"等。其三，"闲"也具有安静、典雅的基本特征。如《楚辞·大招》中的"闲以静只"，《汉书·蔡义传》中的"愿赐清闲之燕，得尽精思于前"。其四，"闲"也指闲暇、空闲，与"忙"相对。如《淮南子·修务训》中有"闲居静思，鼓琴读书"。其五，"闲"本身即是一种美，也可指示一种熟练、优美、高妙之境。如东汉荀悦编撰的《前汉纪》中有"及置酒侍宴，奉觞上寿，辞礼闲雅，上甚欢悦"。我们将"休"与"闲"从词源的含义上关联起来，"休闲"本身意指一种美好的状态，它不是平庸懒散，它是人们在闲暇时间中追求和享受的一种美好的生活。休闲既是闲暇时间中的休息，它更是一种自省与沉思。

在西方，休闲一词经历了漫长的演化过程。"leisure"既可以解释为："休闲"，亦可解释为"闲暇"。考察西方的休闲词源"leisure"，目前有三种观点的解释比较权威，其一为美国《韦氏词典》里对"leisure"一词的词源解释："'leisure'源于古法语 leisire，leisire 是其动词 leisir 的名词形式；而 leisir 来源于拉丁语 licēre，有'被允许'之意，多指工作和职业以外的行为。"[1] 其二为《美国传统英语词典》中对其词源解释："'leisure'源自古法语 leisir，leisir 源自拉丁语 licēre，意为'被允许'。"[2] 其三为《在线词源学词典》中对其词源的解释："1）做某事的机会，自由处理的时间；2）来自古法语 leisir（现代法语 loisir），意为'允许、闲暇、空闲时间、自由意愿、懒散'；3）动词不定式 leisir 的名词用法，来源于拉丁语 licere，意为'被允许'。"[3] 以上三本权威词典对"leisure"的解释

---

[1] Editors of Merriam-Webster. *Webster's Third New International Dictionary of the English Language Unabridged*, Springfield Massachusetts: Merriam-Webster Publishers, 1993: 1292.

[2] Editors of the American Heritage Dictionaries. *The American Heritage Dictionary of the English Language*, *Fourth Edition*. Boston: Houghton Mifflin Company, 2000: 723.

[3] Early 14c., *leisir*, "opportunity to do something" [as in phrase *at (one's) leisure*], also "time at one's disposal", from Old French *leisir* (Modern French *loisir*) "capacity; permission; leisure, spare time; free will; idleness, inactivity", noun use of infinitive *leisir* "be permitted", from Latin *licere* "be permitted" (see *licence*). From http://www.etymonline.com/index.php?allowed_in_frame=0&search=leisure&searchmode=nl. http://dictionary.reference.com/browse/leisure. Retrieved Dec. 20, 2018.

基本相似，这告诉我们，"leisure"词来自古法语leisire（或为loisir），leisire是动词leisir的名词形式，leisir来自拉丁语licēre。

在西方，"scholē"一词是最早具有休闲含义的词语。据《韦氏词典》解释为："school在中世纪英语中写法为scole，来源于古英语的scōl，scōl来源于拉丁语schola，意为'致力于学习、讲座、教育的空闲时间'，schola源于希腊语schola，意为'学术性讨论、演讲、教育'。"①《韦氏词典》的解释能够在《美国传统英语词典》中得到明证，该词典解释为："school来源于scole，scole又来源于拉丁语的scola，该词源于古希腊语skholē。"② 两本词典都认为，"school"一词源于古希腊语，只是写法上有所不同，scholē或者是skholē。其实，scholē或者是skholē还原成希腊语是σχολή。这一界定正如约瑟夫·皮珀（Josef Pieper）所言，休闲"在希腊文里原来叫做σχολή，拉丁文叫做scola，在德文中我们最早叫做Suhule，其意思指的就是'学习和教育的场所'；在古代，称这种场所为'闲暇'，而不是我们今天所说的'学校'"。③ 由此我们可知，最早具有休闲含义的西方词语应是古希腊语σχολή，用拉丁文scholē或skholē表示，由此引申来的scola和英语中的school（学校）、scholar（学者），暗含着休闲和教育的关系。

从以上分析来看，我们可以这样认为：休闲的词源是古希腊语σχολή（scholē）。从目前考证来看，只有把英语"leisure"的词源与最早休闲的词源σχολή结合起来，才能说明对西方"休闲"词源含义的全面理解。

二 休闲的定义

休闲是一个具有多元文化内涵的范畴，由于学科背景、研究的重点不同，学者们对休闲定义的阐释也各有分殊。纵观休闲的定义，我们就会发现大部分含义会出现在四种基本语境中，它们分别是："时间（time）、活动（activity）、生存状态（state of existence）、心态（state of mind）。"④

---

① Editors of Merriam-Webster. *Webster's Third New International Dictionary of the English Language Unabridged*, Springfield Massachusetts: Merriam-Webster Publishers, 1993: 2013.

② Ibid., 1098.

③ [德] 约瑟夫·皮珀：《闲暇：文化的基础》，刘森尧译，新星出版社2005年版，第6页。

④ [美] 杰弗瑞·戈比：《你生命中的休闲》，康筝、田松译，云南人民出版社2000年版，第4页。

从时间的角度来定义休闲，通常被称为"自由时间"或"闲暇时间"。美国学者约翰·凯利（John Robert Kelly）从生活时间角度定义的休闲是："休闲接近于作为超越生存、养生、休息和其他必需的生活所要求的时间以外的时间。"① 法国著名学者让·波德里亚（Jean Baudrillard）指出："休闲并非对时间的自由支配，那只是它的标签。其基本规定性就是区别于劳动时间的束缚。所以它是不自主的：它是由劳动时间的缺席规定的。"② 这一定义尽管强调劳动在休闲中是空场的在场，但他仍然不否定休闲中自由时间这一"标签"。托马斯·古德尔（Thomas L. Goodale）认为："在一个人生活中的角色里，总会有得有失，而在自由时间中或许可以得到某种补偿，当然这并不是休闲的本质所在，休闲应该是给个人和社会带有一种有意义的生活。"③

在我国，也有学者从时间角度来定义休闲。如马惠娣教授认为："休闲是指已完成社会必要劳动之外的时间，它以缩短劳动工时为前提。劳动工时的缩短会使劳动时间更紧凑，劳动条件更好，休闲活动更丰富，对劳动产生更有益的影响，……是人类精神文明和物质文明共同浇灌出来的美丽花朵。"④

从社会活动的角度来界定休闲，可以进一步丰富和发展它的内涵。休闲被认为是拥有一定闲暇时间的人们开展的一系列自由活动的总和。国际休闲和社会科学研究组织（The International Study Group on Leisure and Social Science）的解释是："休闲由许多业余活动组成。每个人可以尽情于自己自由的意愿——既可以休息，也可以自我娱乐、增加知识和提高个人技能，在放开职业、家庭和社会责任后，增加在社会生活中的自由参与。"⑤ 法国社会学家杰弗瑞·杜马兹迪埃（Joffre Dumazedier）指出："休

---

① Freysinger, V. J. & Kelly, J. R. 21st Century Leisure: Current Issues (2nd ed.), State College, PA: Venture Publishing, 2004: 411.

② [法] 让·波德里亚：《消费社会》，刘成富、全志钢译，南京大学出版社2000年版，第178页。

③ [美] 托马斯·古德尔、杰弗瑞·戈比：《人类思想史中的休闲》，季斌等译，云南人民出版社2000年版，第175页。

④ 马惠娣：《文化精神之域的休闲理论初探》，《齐鲁学刊》1998年第3期。

⑤ Krause, R. G. Recreation and Leisure in Modern Society (8th ed.), Jones & Bartlett Publishers, 2008: 41.

闲包括一系列在尽到职业、家庭与社会职责之后,让自由意志得以尽情发挥的事情,它可以是休息,可以是娱乐,可以是非功利性的增长知识、提高技能,也可以是对社团活动的积极参与。"[1] 美国 S. 伊索·赫拉(S. E. Iso-Ahola)教授认为:"具有高度的自由选择和很强的内在动机的活动,才是休闲活动。"[2]

我国学者杨振之等也认为,休闲是"一个人在工作时间之外所安排的一切放松身心的活动,这一定义包含两个要素,即时间段是工作之外,性质是放松身心。只要符合这一范畴的任何活动我们都可以称之为休闲"。[3]

从生存状态(存在方式)的角度来界定休闲,德·葛拉齐亚(Sebastian De Grazia)就是典型的代表之一,他认为,休闲是一种"不需要考虑生存问题的心无羁绊的状态"。[4] 美国学者约翰·凯利(John Robert Kelly)认为:"休闲最好被理解为一种'成为状态'(state of becoming),也就是说,休闲并不仅仅是当前的现实,而是动态的;它包含许多面向未来的因素,而不仅仅是现存的形式、情境和意义。因此,应该通过其行为取向而不应以时空、形式或结果来对休闲加以界定。"[5] 约瑟夫·皮珀(Josef Pieper)相信:"休闲是一种喜庆感(sense of celebration),这样的人能够欣然接受这个世界和自己在这个世界上的位置。"[6] 心理学家约翰·纽林格(John Neulinger)认为:"参与休闲意味着以休闲自身的理由参加一种活动,去做能给人带来快乐和满足的事情,这使人达到了个人存在的最核心部分。"[7] 美国学者杰弗瑞·戈比(Geffrey Godbey)认为:"休闲是从文化环境和物质环境的外在压力下解脱出来的一种相对自由的生活,它使个体能够以自己所喜爱的、本能地感到有价值的方式,在内心之

---

[1] Damazediter, J. Current problems of the sociology of leisure, *International Social Science Journal*, 1960: 12 (4), 522-531.

[2] 马惠娣、刘耳:《西方休闲学研究述评》,《自然辩证法研究》2001年第5期。

[3] 杨振之、周坤:《也谈休闲城市与城市休闲》,《旅游学刊》2008年第12期。

[4] De Grazie, S. *Of Time, Work and Leisure*, New York: The Twentieth Century Fund, 1962: 19.

[5] [美] 约翰·凯利:《走向自由——休闲社会学新论》,赵冉译,云南人民出版社2000年版,第22页。

[6] Pieper, J. *Leisure: The Basis of Culture*, New York: Random House, 1963: 40.

[7] Krause, R. G. *Recreation and Leisure in Modern Society* (8th ed.), Jones & Bartlett Publishers, 2008: 41.

爱的驱动下行动，并为信仰提供一个基础。"① 此观点颇具代表性，被我国学者广泛接受。

我国学者张广瑞、宋瑞认为："休闲是人们在自由支配时间里，可以自由选择从事某些个人偏好性活动，并从这些活动中享受惯常生活事务不能享受到的身心愉悦、精神满足和自我实现与发展，等等。"②

从心态（体验或精神）的角度来界定休闲，这种定义的方法认为休闲是一个主观态度，是一个自主从容、无拘无束的心态，是个人体验与精神的展现，强调了人们进行休闲时，思想上所发生的变化。在现代休闲研究中，德国哲学家约瑟夫·皮珀（Josef Pieper）是最早从心态的角度来界定休闲的学者。他认为，"休闲是一种精神现象，'一种灵魂的存在状态'，强调内在的无所忧虑，一种平静，一种沉默，一种顺其自然的无为状态"。③ 休闲其实并不是刻意而为之的行为，而是顺其自然，在轻松自在中感受生命的快乐。

社会心理学的学者们考察休闲，大多将休闲定义为一种心态，并认为休闲是心灵上的自由或是驾驭自我的内在心理状态。著名的学者代表为米哈里·齐克森特米哈伊（Mihaly Csikszentmihalyi）与纽林格（John Neulinger）。米哈里·齐克森特米哈伊的专著《畅：最佳体验的心理学》（*Flow: The Psychology of Optimal Experience*）从心理学的视角提出了"畅"（flow）的概念，并深入研究了休闲体验的性质。"'畅'是指在工作或休闲时产生的一种最佳体验，类似于马斯洛提出的'高峰体验'（peak experience）。"④ 纽林格认为："休闲有且只有一个衡量标准，这一标准便是心之自由感（perceived freedom）。只要一种行为是自由的，无拘无束的，不受压抑的，那它就是休闲的。体验休闲，意味着沉溺于作为自由行为者和自主选择人的活动。"⑤ 美国学者莫德默·阿德勒（Mortimer J. Adler）指

---

① ［美］杰弗瑞·戈比:《你生命中的休闲》，康筝、田松译，云南人民出版社2000年版，第14页。

② 张广瑞、宋瑞:《关于休闲的研究》，《社会科学家》2001年第5期。

③ ［德］约瑟夫·皮珀:《闲暇：文化的基础》，刘森尧译，新星出版社2005年版，第40页。

④ ［美］杰弗瑞·戈比:《你生命中的休闲》，康筝、田松译，云南人民出版社2000年版，第21页。

⑤ Neulinger, J. *To Leisure: An Introduction*, Boston Allyn & Bacon, 1981: 11.

出:"休闲可以使我们获得更多的幸福感,可以保持内心的安宁。"①

我国学者周国平认为,"在休闲中,人们能更好地享受智力活动本身的快乐。在这个时候,心智的运用本身就是快乐,就成了最大的快乐源泉。这就是古希腊人所看重的智性的快乐。一个善于享受这种快乐的人。他的心智始终处于活泼状态,这样的人是最容易出成就的"。②

从以上这些定义来看,目前国内外学者主要从时间、活动、生存状态(存在方式)和心态(体验或精神)四个维度对休闲进行分析与界定。他们对休闲概念的理解基本上是一致的:认为休闲是人的一种生存状态和生活范式,是一种相对自由的生活。国内外学者对休闲的界定呈现差异,西方学者强调休闲所具有的感悟人生与体察自我、自我发展与自我完善、实现自由等内在价值功能,我国学者对休闲的理解更多强调的是自由时间、自由活动与自我发展。

第三节 认识休闲教育

一 休闲教育的内涵

在第二章第二节我们曾谈到,在休闲的词源学考察中,西方最早具有明确休闲内涵的词语是σχολή(scholē),它并没有成为英语"leisure"一词的词源,而是演进为现代英语词语"school",由此可见,休闲与学校两词语颇有渊源关系。法国学者罗歇·苏(Roger Sue)指出,"休闲在希腊语中为Schole,意为休闲和教育,我们看到这两个概念的接近,一些人继续将他们紧密地联系在一起,认为发展娱乐,从中得益,与文化水平的提高相辅相成"。③ 这种精华含义以一定的受教育程度为前提,从教育的最终目的来看,教育是为了让人类更好地生活,这与休闲的目的不谋而合,休闲学家在谈到休闲问题的时候几乎都无法回避教育的问题。在亚里士多德(Aristotle)看来,对于休闲生活有不同追求的人将有不同的选择,而且这种选择也有高低层次之分,要实现较高层次的休闲,就必须开展休

---

① 马惠娣、刘耳:《西方休闲学研究述评》,《自然辩证法研究》2001年第5期。
② 周国平:《人文演讲录》,上海文艺出版社2006年版,第70页。
③ [法]罗歇·苏:《休闲》,姜依群译,商务印书馆1996年版,第9页。

闲教育,"这里须有某些课目专以教授和学习操持闲暇的理性活动"[1]。可见,亚里士多德从可感触的现实生活出发,强调休闲的功利性价值和重视休闲教育,同时休闲本身也包含了休闲教育。约瑟夫·皮珀(Josef Pieper)作为传统休闲教育的代言人,也提出了教育的目的是培养有教养的人。[2] 20 世纪中期美国学者查尔斯·K. 布赖特比尔(Charles K. Brightbill)认为,为了休闲而实施的教育才是真正的教育。杰弗瑞·戈比(Geffrey Godbey)教授在谈到休闲的未来的时候,也提出在知识作为基本资源的后资本主义时代,休闲的中心地位将会加强,人类将逐步走向可持续发展的生活。[3] 因此休闲与教育是密不可分的,休闲以一定的受教育程度为前提,在学校可以学习及培养休闲技能与兴趣。

1. 国外学者对休闲教育的理解

对休闲教育的英文译法有很多种,如"leisure time education(指闲暇时间里进行的教育活动,也指教会人们利用闲暇时间充实生活、发展个人志趣的本领。目前,国际上已形成较为一致的对现代意义上的休闲教育的认识:闲暇教育旨在让学习者通过利用闲暇时间而获得某种变化。这些变化会表现在信念、情感、态度、知识、技能和行为方面,并且它通常发生在儿童、青年和成人的正式与非正式的教育环境或娱乐环境之中)"[4]。除这种译法外,还有"education through leisure(指通过休闲来进行的教育,把休闲作为教育的一种情景。例如,非正规的学习情景如社区教育、休假、技能培训、夏令营等);education in leisure(指在休闲时间内进行的教育活动,旨在让人们通过利用休闲时间而获得某种变化);education about leisure(指关于休闲的教育,旨在让学习者获得有关休闲活动的知识和技能);education for leisure(指为休闲而实施的教育,把休闲作为一门教育的学科,认为休闲是教育的科目和背景。它意味着尽早地让人参与家庭、学校和社区中的休闲活动,帮助人们培养休闲的技巧和鉴赏力,以使人们的自由时间得到充分的利用。这种理解其实是在教育形式和目的上对

---

[1] [古希腊] 亚里士多德:《政治学》,吴寿彭译,商务印书馆 2009 年版,第 417 页。

[2] [美] 杰弗瑞·戈比:《你生命中的休闲》,康筝、田松译,云南人民出版社 2000 年版,第 175 页。

[3] 同上书,第 391—401 页。

[4] [瑞典] 托尔斯泰·胡森:《闲暇教育》,《国际教育百科全书》第 5 卷,中央教育科学研究所比较教育研究室编译,贵州教育出版社 1990 年版,第 654 页。

休闲教育进行阐释,旨在让人们树立科学的休闲价值观,以及合理利用休闲时间和正确选择休闲方式的能力等,它是个人教育中一个重要的部分,是中小学课程的重要组成部分);leisure education(多数用在学术性较强的研究文章中,指的是一种宽泛的、抽象的概念。不仅指学校中进行的休闲教育,还包括社会中其他各种类型的休闲教育)"①。这些不同的译法反映了人们对休闲教育的不同理解。在关于休闲教育的理论研究中,国内外学者对休闲教育的概念理解始终没有形成共识。

在西方休闲教育的研究史中,美国是最早重视休闲教育并进行研究的国家之一。基于休闲教育的概念体系,美国休闲教育的研究有娱乐科目派和过程派两派主张。娱乐科目派是以里查德·克劳斯(Richard Kraus)为代表,克劳斯继承了美国休闲教育研究的传统,其研究重点主要是考察学校的具体娱乐科目与娱乐活动。他的代表作品主要有"《消遣与学校》(Recreation and the Schools: Guides to Effective Practices in Leisure Education and Community Recreation,1964)、《今日消遣:科目计划与指导》(Recreation Today: Program Planning and Leadership,1966)与《现代社会的消遣与闲暇》(Recreation and Leisure in Modern Society,1978)等"②。娱乐科目派注重研究休闲教育具体的内容与方法,在广大中小学以及大学中有较大的影响。

另一派是以李伯曼(Phyllis Lieberman)、查尔斯·K.布赖特比尔(Charles K. Brightbill)、曼蒂(Jean Mundy)和奥杜姆(Linda Odum)等为代表的休闲教育过程派,这一派代表性著作有:《闲暇生活教育》(1966、1977),《闲暇教育:理论与实践》(1979、1998)。过程派的观

---

① 有学者指出,休闲与教育之间的联系还可以用一些更广泛的方式加以定义。将休闲与教育相连的观点包括"教育为休闲","从教育到休闲","通过休闲进行教育","教育作为休闲","休闲期间进行的教育","关于休闲的教育"。对应的翻译为"education for leisure","education to leisure","education through leisure","education as leisure","education during leisure","education about leisure"(参见[加拿大]埃德加·杰克逊编《休闲与生活质量》,刘慧梅等译,浙江大学出版社2009年版,第88页);还有学者指出,英文中对于休闲教育的译法主要有:"education for leisure, education through leisure, leisure education"(Cohen-Gewerc, E. & Stebbins, R. A, The Pivotal Role of Leisure Education: Finding Personal Fulfillment in This Century, State College, PA: Venture Publishing 2007: 53-54);刘海春《生命与休闲教育》,人民出版社2008年版,第15—16页)。

② 柳平:《美国关于闲暇教育的研究》,《比较教育研究》1986年第5期。

点产生于 20 世纪 60 年代中叶，并在 80 年代发展成为一种占主流地位的闲暇教育理论。过程派强调，"休闲教育更应重视确立休闲价值观和休闲生活方式，主张休闲教育教会人们如何利用休闲的技能固然重要，但是，个人的休闲生活幸福与否，质量高低，决定性的因素不是他们是否掌握了娱乐的技能，而是他们的休闲价值观，它支配着一个人对休闲生活方式的选择。确立一个人的休闲价值观是一个长期的过程。因此，休闲教育是一个过程，通过这个过程、个人获得了对自我、休闲以及休闲与他们自己生活方式和社会组织之间关系的理解"。① 休闲教育过程派要求休闲教育成为"每一位教育者教任何科目的一项任务"，如他们所说的教育者不仅包括各科任课教师，也包括校长、教辅人员等，课程不局限于体育、音乐、绘画等娱乐性科目和课余活动，也包括各科教学。事实上，要实现他们的主张其实是很难实现的。"曼蒂于 1975 年著文指出，如果要将休闲教育付诸实践的话，必需建立一套统一的综合的休闲教育模式。在这种思想的指导下，一批休闲咨询机构的人员、弗罗里达州立大学的研究生和弗罗里达州教育部的成员共同合作研究，设计了一个'休闲教育范围与顺序'的模式，该模式包含一百零七项序列化目标，并附有每一条目标的重点、实现目标的途径及说明。这个模式是美国休闲教育研究的重大成果之一。"② 下面分别介绍这一派别的代表人物布赖特比尔、曼蒂和奥杜姆关于休闲教育的理念。

查尔斯·K. 布赖特比尔（Charles K. Brightbill）建立的休闲教育概念是以休闲活动的参与为基础的。他指出："人们不要从狭隘的、填鸭式的、以证书为目的的角度理解教育，应该是从最本质的、最贴切的意义上理解教育——一种思考和学习的过程。"③ 布赖特比尔指出，"如果我们想要休闲，应当先接受休闲教育。如果不能学会以一种整体性的、脱离低级趣味的、文明的、有创造性的方式来享受新型的休闲，我们就根本不是在生活"④。当然这并不是说应当对休闲活动进行统一管理，重要的并不在于人们是否利用社会提供的有组织的资源，而是在于是否能够创造性地用

---

① 柳平：《美国关于闲暇教育的研究》，《比较教育研究》1986 年第 5 期。
② 同上。
③ 于光远、马惠娣：《休闲·游戏·麻将》，文化艺术出版社 2006 年版，第 49—50 页。
④ ［美］杰弗瑞·戈比：《你生命中的休闲》，康筝、田松译，云南人民出版社 2000 年版，第 300 页。

自己满意的方式来度过休闲时光。布赖特比尔认为，"休闲教育是针对工作及其他维持生计的活动之外的目的的教育。它是让人们正式或非正式地学习利用自由支配时间以获得自我满足，并将个人才能发挥到极致，从而使自由支配时间有助于提升人整体的生活质量。它从价值观、兴趣、欣赏力和技能开始，包括各种休闲技能，让人们能有意识地选择自己的休闲活动"①。休闲有助于保持身心健康、欣赏并表现美的教育的目的。从这意义上讲，休闲是整个教育过程中富有活力的有机组成部分。他对休闲教育的可能性表示乐观，同时他认为："学校必须放弃传统的隔离政策，把休闲教育从课文活动的孤岛带回到正规课程的大陆上来。"②

美国休闲教育家曼蒂和奥杜姆（Jean Mundy & Linda Odum，1979）两位学者在推动休闲教育发展的过程中发挥着重要作用，他们认为："休闲教育是一次使人能够通过休闲来改善自己生活质量的全面运动；帮助人们认识和确定自己的休闲价值观念，休闲态度和休闲目标的过程；帮助人们休闲时做到自我决断，自我充实和积极进取的一个途径；帮助人们自主地确定休闲在生活中的位置；帮助人们从休闲的角度认识自己；帮助人们将自己的需要、价值观和各种能力与休闲和休闲活动联系起来；帮助人们扩大休闲选择的范围，满足人们对高质量休闲活动的需求；帮助人们根据自己的休闲目标确定自己的休闲行为并对自己的行为产生的长期和短期结果进行评价的过程；发掘人们的潜力，提高人们的生活质量；一个从幼龄到退休以后的终身的，持续的教育过程；一次需要多种学科，多种管理机制和服务体系共同发挥作用和承担责任的社会运动。"③ 休闲教育不是："娱乐或娱乐服务的一个新名称；仅仅把休闲内容当作事例在课堂上讲解；娱乐场所和公园专项活动准备计划的简化压缩版；试图用教育工作者的休闲价值取向代替受教育者个人的休闲价值取向；强调娱乐或娱乐行业的重要意义；讲授一套已经制定好的标准，评价何为'有利地'或'不利地'，'有价值地'或'无价值地'体闲，仅仅为了让人参与更多的娱乐活动；仅仅传授进行娱乐活动的各种技能，提供娱乐项目；对工作伦理有计划的

---

① ［美］查尔斯·K. 布赖特比尔：《休闲教育的当代价值》，陈发兵等译，中国经济出版社2009年版，第61—62页。

② Brightbill, C. *The Challenge of Leisure*. Englewood Cliffs, NJ: Prentice Hall, 1960: 32.

③ 参见［美］J. 曼蒂、L. 奥杜姆《闲暇教育理论与实践》，叶京等译，春秋出版社1989年版，第3—4页。

破坏；向所有人都倡导同一种休闲生活方式；仅仅限于美国的教育体制；把学校的每一门科目都与休闲联系起来；一门课程或一系列课程；一门独立讲授的科目；只涉及到休闲教育者的职责而不涉及休闲服务从业人员的职责。"[1] 休闲教育中最重要的是能够促进个体在休闲中的自我决断意识与能力的提高，它的终极目标是帮助人们提升自己休闲生活的质量。

还有一种理念值得提倡就是教育过程休闲化，通过情景或氛围使教育过程更具休闲色彩。首先，学校不应建筑得像一座工厂，校园的总体设计和布局应当体现一种氛围，让学生感受到身处这种环境的自主性。同时学校应当在课程表上留出一些供学生灵活支配的时间，使他们有机会发展个人兴趣爱好、游戏、反思等。其次，教室的设计也不应该是标准化的、千篇一律的，而应有美术作品、植物、鱼、音乐、暖色调，尽可能多的阳光、墙报和作品陈列，这可以使教室看上去更富有休闲色彩，让学生感到温暖。最后，"教学过程不应该在教师强加给学生的课堂纪律下完成，而是应该让学生们自己互相监督，自觉地遵守，学习的过程应当是一个外在的约束机制逐渐被学习者的自我约束和好奇心所取代的过程。虽然这种转变并非总能实现，但是最深层次的学习往往是在实现了这种转变之后才能获得的"[2]，此休闲教育观是使教育过程休闲化。

美国教育咨询顾问邦迪（Robert Bundy，1977）指出："如果从指定教育政策的角度来考察休闲教育，那么现在的教育政策需要做出重大的调整，艺术以及人文学科应当在学校的课程表中占据核心的位置。而教育的基本目标将是全面开发学生们的感官、情感、智力、心理和精神等各方面的综合素质。游戏、节日、自发性的活动，将使学校充满了诱人的魅力。"[3] 这表明了美国决策层已经开始扭转了把大学作为单纯的职业培训中心的局面。

我们可以看出，不论是休闲教育过程派还是娱乐科目派，其休闲教育的目标都是人们的休闲生活质量更健康、合理与美好。

---

[1] 参见［美］J. 曼蒂、L. 奥杜姆《闲暇教育理论与实践》，叶京等译，春秋出版社1989年版，第3—4页。

[2] ［美］杰弗瑞·戈比：《你生命中的休闲》，康筝、田松译，云南人民出版社2000年版，第305—306页。

[3] 同上。

2. 国内学者对休闲教育的理解

我国学者首先是从时间的角度开始对休闲教育进行研究的。将它命名为"闲暇教育"（leisure time education），也称之为"余暇教育"，往往是指在闲暇时间内进行的教育活动。《国际教育百科全书》（1990）中指出："闲暇教育旨在让学习者通过利用闲暇时间获得某种变化。这些变化会表现在信念、情感、态度、知识、技能和行为方面，并且它通常发生在儿童、青年和成人的正式与非正式的教育环境或娱乐环境中。"[1] "闲暇教育是在闲暇时间进行的使学习者在信仰、感情、态度、知识、技能和行为等方面发生变化的教育。目的是使判断闲暇行为价值、选择闲暇活动、确定个人闲暇目标等能力的提高，并认识利用闲暇时间的重要性。"[2] 1993 年出版的《中国小学教学百科全书·教育卷》中指出："闲暇教育，是教育人们如何利用闲暇时间的教育，也称'余暇教育'，它是现代社会闲暇时间（自由时间）增多而出现的新的教育活动领域和教育概念。闲暇教育的主要任务是教会人们具有利用闲暇时间充实个人生活，完善个人发展的能力。"[3] 在我国的休闲教育的研究中，几乎每位学者都有自己的休闲教育的概念。

张新平教授认为："闲暇教育是一种提高、充实人的精神境界的教育活动。通过闲暇教育，传授人们利用闲暇时间的技能、技巧，树立科学的闲暇价值观念，从而使其个性得以充分自由地发展，成为一个有理想、有道德、有文化、守纪律的精力充沛、生活愉快的社会公民。"[4] "闲暇教育的内容是多元化的，包括某人在完成职业、家庭、社会职责之后，能让自由意志得以发挥的各类事情，包括休息、娱乐、非功利性的知识增长与技能的提高或者是参与社团活动等。"[5]

庞桂美教授认为："闲暇教育是指教会具有利用暇时的人们、充实本人生活及发展个人兴趣的本领以及如何'有价值地'、'明智地'利用闲暇时间发展个性的教育。针对青少年的闲暇教育主要应包括以下几方面内

---

[1] ［瑞典］托尔斯泰·胡森：《闲暇教育》，《国际教育百科全书》第 5 卷，中央教育科学研究所比较教育研究室编译，贵州教育出版社 1990 年版，第 654 页。

[2] 关世雄：《成人教育辞典》，职工教育出版社 1990 年版，第 290 页。

[3] 李春生主编：《中国小学教学百科全书·教育卷》，沈阳出版社 1993 年版，第 193 页。

[4] 张新平：《关于闲暇教育的几个问题的思考》，《教育研究》1987 年第 2 期。

[5] 同上。

容：第一，培养学生科学的闲暇价值观和正确的闲暇道德观；第二，培养学生积极而有价值地利用闲暇时间的能力，包括闲暇选择能力、审美情趣和审美能力、从事各种闲暇活动的能力等。"①

马惠娣教授从内容上对休闲教育进行了概括，认为休闲教育包括"智力的、肢体的、审美的、心理的、社会经验的；创造性地表达观念、方法、形状、色彩、声音和活动；主动参加各种公益活动的经验；社会参与和表达友谊、归属和协作；野外生活经验；促进健康生活的身体娱乐；培养一种达到小憩、休息和松弛的平衡方法的经验和过程"②。同时，休闲教育主要是"针对在工业化进程中高等教育过于注重职业培训而提出的一种较高层次的教育模式，它要求把休闲的非职业培训作为教育的一项重要内容，在教育过程中培养人的鉴赏力、兴趣、技能及创造休闲机会的能力，使人能以一种有益的方式去安排自己的休闲（时间），从而实现成为人的过程"③。

刘海春教授认为："休闲教育是指对人们休闲生活的理念和方法进行引导，使之'成为人'的过程。休闲教育的目的是引导人们如何去科学安排休闲生活、体验生命，实现人的自由全面发展，领悟生命的真正意义。"④ 休闲教育"不应成为工作教育，但是它也并不是只强调休闲而忽视工作，休闲教育必须有一个伦理限度，就是休闲要以工作为前提，否则人类就丧失了生存的物质基础，休闲也就失去了它的目的性"⑤。

国内学者对休闲教育的理解，我们可以归纳为三种观点：观点一认为，休闲教育是指人们在闲暇时间里进行的教育，这种观点似乎把闲暇教育等同于业余教育，忽视了休闲教育在学校教育中的地位。观点二认为，休闲教育就是一种提高和充实人们的精神境界的教育活动，这种观点是从教育功能角度来界定的，范围过于宽泛。观点三认为，休闲教育是一种教会我们如何有效地利用闲暇时间以及如何提高人们休闲生活质量的教育，这种观点相对准确地揭示了休闲教育的内涵。

---

① 庞桂美：《论闲暇教育与学生个性全面发展》，《现代中小学教育》1999年第3期。
② 马惠娣：《闲暇时间与"以人为本"的科学发展观》，《自然辩证法研究》2004年第6期。
③ 马惠娣：《休闲——文化哲学层面的透视》，《自然辩证法研究》2000年第1期。
④ 刘海春：《论马克思的人本思想与休闲教育目标》，《自然辩证法研究》2005年第12期。
⑤ 刘海春：《休闲教育的伦理限度》，《学术研究》2006年第5期。

3. 本书对休闲教育的理解

我们认为休闲教育有广义与狭义之分。广义的休闲教育是终身教育的组成部分之一，它贯穿于一个人从入幼儿园到退休后的整个过程。狭义的休闲教育是指各高等院校为了丰富和完善人的个性所进行的教育，它与以单纯培养工作技能为目的的专业教育截然相反。它能够使人们明确自己的休闲价值观和休闲目的，能够在休闲中改善自己的生活质量。

本书前文学者们对休闲教育的不同理解与阐释开阔了我们研究的视域，使我们从多维的视野去理解它，并更好地实施它。休闲教育的目标主要有两个方面：其一，通过休闲教育可以培养人们的休闲技能、技巧以及休闲鉴赏力，使我们在参加某些休闲活动时，有能力从中获得享受休闲活动的乐趣；其二，通过休闲教育能让人们树立正确的休闲价值观与良好的生活方式，通过休闲教育能让人们掌握一定的休闲技能与技巧，能让我们知道运用这些休闲技能与技巧的方式与最佳时间。总而言之，休闲教育不仅能帮助我们树立正确的休闲价值观，而且能够向人们传授休闲的技能与技巧。从长远发展来看，其目标是使休闲成为人们的一种生活方式，成为人们不断认识与完善自我的一个过程。

休闲教育的目标我们一旦明确，其内容也不难理解。休闲教育的内容主要包含以下几个方面。第一，自我认知。包括对个人兴趣、价值、态度、能力、需求以及人际互动关系的了解，以及家庭成员或休闲伙伴以何种方式能影响自己的休闲经验与决断。第二，休闲认知。包括对休闲意义与休闲功能的认知，休闲与人们自身的生活方式、生活品质以及社会政治、经济、文化的关系等。第三，培养正确的休闲态度。"所谓休闲态度是指一个人对休闲现象所持有的评价和行为倾向，包括一个人的外在表现和内在想法。"[①] 正确的休闲态度包含了休闲对生活的价值以及休闲行动中的合道德性的肯定。第四，休闲技能的正确指导。包括人们参与某项休闲活动的能力，人们现有所具备的休闲技能的运用和新的休闲经验的扩展，都可以透过休闲技能来满足自我。第五，在休闲中提升社会互动。包括组织与促成休闲行为，扩大休闲的价值与社会影响力，通过参与休闲活动并时刻保持与他人的社会关系的互动。第六，树立科学的休闲价值观。

---

① Beard, J. G. & Ragheb, M. G. Measuring leisure attitude, *Journal of Leisure Research*, 1983: 14 (2), 128-140.

一个人是否聪明地利用闲暇，关键在于对休闲价值能否有正确的理解。休闲价值观是人们用来评价休闲行为、从各种休闲活动中选择自己合意的行为准则，它支配着人们的行为、态度与我们对休闲生活方式的选择。

在前文对休闲教育的目标和内容的基础上，我们认为休闲教育的原则应是帮助人们正确认识休闲的意义，学习休闲的知识、培养正确的休闲态度，养成良好的休闲习惯，学会参与休闲活动的技能与技巧，提升休闲选择的能力，树立科学的休闲价值观，以便人们明智地享受休闲，从而提高人们的休闲生活质量的一种教育。休闲教育的功能应是帮助每个社会成员在自我认知、休闲认知、休闲技能、休闲决定、社交互动方面达成自我实现，从中认识到休闲中的自我，感知休闲价值中的个体生命意识，使我们能明智地安排自己的休闲生活，并提高对休闲生活的合理规划，同时不断提升自我决断与评价能力的一种教育。

除学校开展休闲教育之外，还包括家庭教育到地方性休闲服务机构以及政府政策引导性教育等都可从事休闲教育，其供给主要包括以下几方面。

（1）家庭休闲教育。家庭是个体最早进行社会活动的地方，也是休闲教育的重要环节。因而能较早地把个体带到休闲活动中来，帮助他们培养休闲技巧和休闲鉴赏力。以使个体在成年后能够自由利用休闲时间。家庭通过日常生活的耳濡目染不断熏陶个人，掌握良好的休闲技巧，塑造积极的休闲态度，引导正确的休闲行为。家庭休闲教育的重点是培养积极的休闲态度，掌握基本的休闲技能。（2）学校休闲教育。学校教育是一个人一生较为集中学习知识的时期，对学校而言，最重要的就是如何在知识讲授的过程中潜移默化地渗入休闲教育的内容，为了达到这个目标，很重要的一点是"学校必须放弃传统的隔离政策，把休闲教育从课外活动的孤岛带回到正规课程的大陆上来"[1]，使休闲教育过程更有休闲色彩。这是要求学校不仅要在传统学校教育的基础上开展适当的休闲教育，而且要引导学生构建健康的休闲伦理观，在课余时间里给学生更多的参与游戏、发展兴趣爱好的时间。（3）社会休闲教育。这一部分的教育可由社会这个大的支持系统来完成，包括地方性休闲服务机构、城市休闲和娱乐管理机构，国家级休闲娱乐产业管理职能部门，共同组成一个社会休闲教育系

---

[1] Brightbill, C. *The Challenge of Leisure*. Englewood Cliffs, NJ: Prentice Hall, 1960: 32.

统。主要提供休闲技巧的正规指导和社区现有休闲资源的信息，满足特殊人群的休闲需求，提供特殊内容的休闲安排等。目的就是营造一个休闲终身教育的平台，满足不同阶段人们的休闲需求，尤其是要加强对成人群体的休闲教育，吸引社会中的弱势群体能真正地参与到多彩的休闲活动中来。

二　休闲教育的发展历程

中西方休闲教育的起源可追溯到远古时期。古希腊哲学家亚里士多德（Aristotle）认为："'休闲是一切事物环绕的中心'、'为了休闲而进行的教育才是崇高的、真正的教育'。"① 我国古代《礼记·学记》② 中也有相关的论述："大学之教也时，教必有正业，退息必有居。"③ 这说明在我国古代社会，虽没有人对休闲进行专门的研究，但以"六经"和"六艺"为主要内容的教育极具有休闲的意味。这表明了在中国古代社会，教育与休闲是可以融为一体的。近代产业革命后，以工作为中心的教育便开始了，从此时起休闲已被驱逐出教育的领域，因此，"唯有劳作而非悠闲享乐方可增益上帝的荣誉，虚掷时光便成了万恶之首"④。那时的人们逐渐开始对休闲怀有负罪感。19世纪初期，虽然也有学者强调了休闲教育的重要性，但是，在整个工业社会时期休闲教育都未受到重视。随着自由时间的增多，直到20世纪60年代，学界才再度普遍关注休闲教育的问题，此后，学界呼唤休闲教育的研究开始了崭新的起点。

1. 国内休闲教育的发展历程

自古以来，我国就相当重视休闲和休闲教育，我国古代的学校，在原始

---

① ［美］托马斯·古德尔、杰弗瑞·戈比:《人类思想史中的休闲》，成素梅等译，云南人民出版社2000年版，第279页。

② 李学勤主编:《十三经注疏》，整理委员会整理:《礼记正义》（十三经注疏标点本），北京大学出版社1999年版。书中以下引文同出于此，不另注明。

③ 意为:大学的教育应当按照季节的不同来安排教学内容，所教授的内容必须为"正业"，即所谓"先王正典，非诸子百家"，意指教材的选择应当慎重。而且，还强调官府应当为学生提供稳定的课后休息场所（参见乐爱国、冯兵《〈礼记·学记〉的教育伦理思想及其现代启示》，《西南民族大学学报》（人文社会科学版）2009年第8期）。

④ ［德］马克斯·韦伯:《新教伦理与资本主义精神》，彭强等译，陕西师范大学出版社2002年版，第123页。

社会末期开始产生时，通常不是专门的教育机构，而多半是兼为习射、养老的场所，那时学校兼具教育和休闲的功能，所以休闲和教育紧密相连。据《孟子滕·文公上》记载："设为庠、序、学、校以教育之。"① 而古籍中传说虞舜时代便有了"庠"这种社会机构，是一种带教育作用的养老机构，并附带有教育儿童和青年的功能。"序"和"校"大概起源于军事训练的需要，因"序"是习射的地方，"校"是角力比武的场所。"庠""序""学""校"是现行学校的雏形，但当时的学校不是纯粹的教育机构，通常还兼有和休闲相关的任务。那个时期的教育处于元教育②阶段，那时的教育是每个人都相对平等地拥有闲暇和平等地享受教育。

随着私有制的发展以及有闲阶级的出现，享受休闲教育是士大夫阶层的特权。教育的内容大多和当时人们参与的休闲活动有关。我国春秋时期的大教育家孔子把"六经"和"六艺"作为教育的课程，这其中的诗词吟咏、歌舞音乐、书法绘画、祭典礼仪、骑马射箭、饮酒为文等内容，皆与休闲相关，且都重视休闲教育对个人学习及生活的涵化功能，同时也重视休闲活动对于个人修身养性之重要性，只有在休闲教育的熏陶下，才能培养出谦谦君子。由此观之，休闲在我国很早就已被融入一般教育之中。战国时期的《学记》是我国古代最早的教育专著，它提出了"藏息相辅"的教育思想，《学记》主张的教育思想比较人性化，并提倡把休闲游乐与敬德修业相结合，使人能够获得全面而完整的发展。"藏息相辅"精辟阐述了把课内与课外、劳与逸结合的辩证原则。《学记》认为课内是在规定的时间传授正课，"教必有正业"；课外应有休息、游戏和作业，"退息必有居"。对于正课和课外的关系，《学记》认为，正课固然重要，课外活动也是必不可少的。因为课外各种有益的活动不仅可以辅助或引起学生对正课的兴趣，而且加深了对正课的理解。"不学操缦，不能安弦"；"不学

---

① 意为：要设立为庠、序、学、校来教导百姓。"庠"是教养的意思；"序"是习射的意思；"校"是教导的意思。（地方学校）夏代称"校"，商代称"序"，周代称"庠"，"学"（中央的学校），夏商周三代共享这个名称。也有学者表明："中国古代的早期教育机构有称为'庠'的叫法。'庠'是舜时学校的名称，'庠者，养也'，即休息养老之所，把有道德、有知识、有经验的老人养在那里，专门从事教育年轻一代的工作。"（参见郭齐家《中国古代学校》，商务印书馆1998年版，第8页）

② 元教育是指人类早期那种较完全地集中体现其原本职能的最原始的教育形式（参见冯增俊《教育人类学》，江苏教育出版社2001年版，第174—181页）。

博依，不能按诗"；"不学杂服，不能安礼"。① 因此，必须要求学生做到学习与休闲，课内外相结合。善于学习的人，能够做到"藏焉、修焉、息焉、游焉"。这样的学生才能够"安其学而亲其师，乐其友而信其道"。从古人的论述中，我们可以体会到他们已经把休闲、教育与生活融为一体，充分展现了他们追求休闲的最高境界。

我国古代文学作品不论是《诗经》《楚辞》《汉赋》，还是《唐诗》《宋词》《元曲》，或是清代的小品都蕴含着休闲的韵味。但总的来说，在我国古代，广大劳动人民对休闲和休闲教育认识不够深入，也没有这方面的研究，对休闲及休闲教育的研究在我国起步较晚。

民国时期（1912—1949）是我国特殊的历史时期，但在那时政府已经认识到休闲对于人民身心健康的巨大影响，虽然休闲教育在当时很少提倡，但民国十二年有全国教育联合会有缩短假期及废除星期放假之建议，民国十三年又有切实设施休闲教育之公决②，休闲教育成为民众教育③的内容之一。民众教育是强调有教无类，以社会为学校，并为全体民众提供终身学习的条件，把教育深入社会的各个角落，并且与社会生活有着紧密的联系。此历史时期，对休闲教育的研究主要有三方面的内容。

第一，对休闲教育的理解。"休闲教育指作业时间之外，别有所活动，藉为完成作业上之教育目的。休闲之活动，学校方面需充分利用，休闲教育即学校教育之一；休闲教育之责任，即学校教育责任之一；非学校教育之外，别有所谓休闲教育；更非学校教育责任之外，别有所谓休闲教育之责任。"④ 也有学者认为，"教育是针对生活的，教育是改造生活的，休闲生活是生活的一部分，休闲教育也是教育中的一个部门，它是培养被教育

---

① 意思分别为：课外不操弄乐器，练习手指，课内就调不好琴弦；课外不广泛学习歌咏杂曲，课内就不能谙熟诗文；课外不学习洒扫、接待、处理杂事等，就学不好礼仪。

② 谢恩皋：《休闲教育问题》，《教育杂志》1925年第17卷第12期。

③ 民众教育作为一个专门术语并正规使用始于1926年12月，是由许崇清在其拟订的《教育方针草案》中最先提出来的。学界对其理解仍有异议，本文对其理解参见俞庆棠先生的观点。俞先生认为，"民众教育是失学儿童、青年、成人的基础教育，也是已受基础教育的儿童、青年、成人的继续教育和进修"，"它的方式不限于'教育机关'或'学校'，凡改变群众行为，授与知识技能理想而改进其个人团体生活的工作（如合作社、乡村改进会、保甲会议、农业推广等），都是它有效的方式"。民众教育是学校教育之外的补习教育与继续教育（参见俞庆棠《民众教育》，正中书局1935年版，第3页）。

④ 谢恩皋：《休闲教育问题》，《教育杂志》1925年第17卷第12期。

者参加各种正常休闲活动的兴趣及娱乐事宜所必需的知识技能；使他在工作之余，从事于各种高尚活动以调剂身心的一种教育，简言之，它是解放精神调剂生活的一种教育"①。也有学者认为，休闲教育是"一种利用休闲时间，提倡正当娱乐，充实休闲生活，改善休闲方法，以陶冶情意培养兴趣，解放精神，恢复体力而促进人生整个的向上与社会幸福的增加的教育"②。由于民国时期的民众休闲教育普及乡村，民众休闲教育也有其自身的内涵，即民众休闲教育是"调剂民众们劳苦的疲乏的生活最需要的一种的教育；它也是使用各种教育的力量和方法，来训练或指导民众，使有利用空暇时间的知识、技能、和道德的教育"③。从对民众休闲教育的解释，我们可以这么认为：第一种解释是民众生活劳苦，精神上需要解放，生活上需要调剂，则民众休闲教育的动机是劳苦疲乏的调剂教育；第二种解释是为民众谋休闲娱乐养心陶冶情操的教育，准备有益的知识技能和道德是为机会教育。在那个时代，民众休闲教育也是因势利导适应当时社会生活的需要，其目标都是为了提升民众们的休闲活动与休闲生活。

第二，休闲教育的实施概况。民国时期休闲教育的实施是通过当地的实施机关、实施的组织、实施的大纲以及开展各项休闲活动等来实现的。（1）民国时期，实施休闲教育的机关很多，如图书馆、体育场、民众茶园、博物馆、艺术院以及其他各种公共机关，自治团体等，都可以实施民众的休闲教育。在当时的中国，能够实施民众休闲教育的中心机关的，首推民众教育馆。因为民众教育馆包罗万象，各重要的民众教育机关都可以作为它的附属机关，各种民众学校也可以附属于它。民众教育馆不仅是实施民众休闲教育的中心机关，也可以是实施民众学校教育的中心机关。自民国十七年（1928 年）以后，江苏各地的通俗教育馆多改为民众教育馆，在民众教育馆的组织中，休闲教育是属于教导部的组成部分。按照《浙江省县市民众教育馆暂行规程》第二条：关于休闲者，凡利用闲暇之指导，娱乐机会之供给，及其他改进民众休闲生活等事项属之。可见，关注休闲和休闲教育是民众教育馆的业务范围之一。除此外，上海进修补习学校扩充图书馆，提倡休闲教育，特设休闲教育指导部，组织同乐会、戏剧社、

---

① 阴景曙等：《国民学校休闲教育》，商务印书馆 1948 年版，第 4 页。
② 同上书，第 4 页。
③ 樊月培：《目前各地实施休闲教育概况》，《山东民众教育月刊》1932 年第 3 卷第 4 期。

乒乓队等，举办各种学科研究会，举行学术讲座、工商业参观、交谊会、座谈会以及各种学业与康乐竞赛，并扩充原有附设的业余流通图书馆。[①]（2）在浙江、江苏等省市都有关于休闲教育具体的实施大纲，有《江苏省立镇江实验小学休闲教育实施计划》，具体规定了实施的目标、原则、行政、教学、训练、推广以及休闲教育实施注意要点等内容。[②] 1937年在《浙江教育》第二卷第二期刊登的《第三省学区地方小学休闲教育实施大纲》，此大纲由省立湖中附小拟定后，提交办事处执行委员会通过，由教育厅核准后印发各县政府，转各小学遵照执行。此大纲制定的内容主要包括了实施目标、实施原则、实施时间及项目、实施注意的事项、各小学对实施休闲教育所发生的困难问题，并谋求解决而收其效等。（3）休闲教育组织。休闲教育组织基本是由实施民众教育机关来执行，主要是民众教育馆。在乡村，乡民们也有自娱自乐的团体组织，民众教育机关有责任教导民众自己学习娱乐的方法，喜欢音乐的组织音乐团，喜欢戏剧的组成戏剧团，喜欢下棋的组织棋社，时常互相研究[③]。休闲活动总是需要有一种休闲团体的组织，有了休闲团体的组织，才能扩大休闲的活动，主要有学生自治组织中的休闲团体、民众音乐会或歌咏团、民众剧社、业余体育会、俱乐部交谊会旅行团等团体组织。（4）休闲活动的开展。当时的休闲活动有很多种，关于民众活动方面的有民众讲演、破除迷信、青年团体、童子军等；关于智能活动方面的有讲演竞赛、开展览会、阅读书报、举行远足等；关于健康活动方面的有锻炼体格、提倡卫生、扑灭蚊蝇等；关于娱乐活动方面有公园游览、茶园休憩、说书、电影、戏剧、音乐队等。[④] 人们把正当利用休闲时间变成接受教育。休闲活动的举办也充分地体现了休闲教育内容的丰富多样性，民国时期的休闲活动从本质上来说是一种玩的文化、玩的教育。休闲活动的开展与休闲教育是相辅相成的。

　　第三，学校休闲教育。1940年，国民党政府实行所谓"管、教、养、卫一体"，规定各乡设中心国民学校。由乡长兼任乡壮丁队长和校长，各

[①] 佚名：《上海进修补校扩大图书馆提倡休闲教育》，《中华图书馆协会会报》1941年第16期第（1—2）版。
[②] 阴景曙等：《国民学校休闲教育》，商务印书馆1948年版，第4页。
[③] 参见甘豫源《新中华民众教育》，新国民图书社1931年版，第102—104页。
[④] 同上。

保设国民学校①，由保长兼任保壮丁队长和校长。国民学校以实施识字教育为核心，积极辅导开展识字运动。各小学附设民校，后又设中心民校，担任辅导其他民校之责任。实施休闲教育是要依照学校的人力和财力以及妥善拟订的计划与休闲教育的组织来设计和推动的。同时，要收到实际的效果，国民学校实施休闲教育要有充分的设备。需注意课外活动和切实联络家庭。在家庭休闲教育方面，特别是假期的家庭休闲生活，还请家长指导孩子去执行相关事项。② 接受休闲教育的对象主要是成年及青年，依当时中国社会组织和农村经济状况来看，以职业教育为出发点的休闲教育的开展，其目标是在于养成有涵养，有生趣，有品格的健全的个人。

民国时期之休闲教育的实施，给中国现代休闲教育的研究提供历史借鉴，其很多做法是值得我们今天学习的。

新中国成立后，毛泽东于1953年6月强调，"青年时期是长身体的时期，如果对青年长身体不重视，那很危险。……一方面学习，一方面娱乐、休息、睡眠，这两方面要充分兼顾，……青年人就是要多玩一点，要多娱乐一点，要蹦蹦跳跳，不然他们就不高兴"，③ 这才真正地把休闲教育的内容纳入教育体系。同年，邓小平指出："要恢复对学生课外活动的指导，增长学生的知识和志气，推动学生的全面发展。""恢复放假制度，在假期，要把学生的活动搞得生动活泼，多样化。"④

20世纪90年代初，于光远先生提出了休闲文化理论并重视休闲研究，在他的倡导下，1995年北京六合休闲文化研究策划中心成立，已有一大批学者开始致力于休闲领域的研究。我国研究闲暇教育的文章较早的有：柳平的《美国闲暇教育的研究》（载《比较教育研究》1986年第5期）和张新平的《关于闲暇教育的几个问题的思考》（载《教育研究》1987年第2期）。不包括台湾地区，研究休闲教育的著作除民国时期出版的《中心学校、国民学校休闲教育之实施》（1941）与《国民学校休闲教育》（1948）之外，1989年由叶京等翻译出版的曼蒂（Jean Mundy）和奥

---

① 中国于1915年改初等小学堂为国民学校，"以授以国民道德之基础及国民生活所必需之普通知识技能为本旨"，另设预备学校，同国民学校、高等小学校平行。1922年，国民学校仍改为初等小学校，取消预备学校。
② 阴景曙等：《国民学校休闲教育》，商务印书馆1948年版，第58—77页。
③ 《毛泽东同志论教育工作》，人民教育出版社1992年版，第5页。
④ 《邓小平文选》第2卷，人民出版社1994年版，第54—55页。

杜姆（Linda Odum）的专著《闲暇教育：理论与实践》，为我国休闲教育的研究开辟了崭新的视野。20世纪90年代后，国内学者对休闲教育的研究逐渐升温，2004年，庞桂美教授所著的《闲暇教育论》，更引起了人们对休闲教育的关注和探讨。但是以闲暇教育为题的文章仍然多于以休闲教育为题的文章，说明人们在概念上还是倾向于闲暇教育。此后，我国出版的休闲教育专著有《生命与休闲教育》(2008)，《老人生活福祉与社区休闲教育》(2009)，《网络休闲教育背景下的教师素养研究》(2011)，《休闲教育学》(2014)，章辉等编的《民国休闲教育文萃》(2018)等，译著有《休闲教育的当代价值》(2009)。截至2018年12月，通过中国知网查询与"闲暇教育"相关的期刊论文有748篇，与"休闲教育"相关的期刊论文有8766篇，合计9514篇[1]。历时20多年，关于休闲教育的研究呈现以下特点：从研究对象来说，人员指向一半以上的文章是研究学生的休闲教育，对于成年人、老年人、残疾人等群体的研究很少；机构主要指向是学校，而针对社区和休闲场所的休闲教育的研究较少。从内容上来说，主要涉及对休闲教育的定义、任务、目标、途径、意义等。在研究方法上多采用评介、描述、文献法，实证性调查研究相对较少。如今，我国学者致力于休闲教育的研究已粗具规模，取得了比较丰硕的成果。

更值得欣喜的是，从2002年起，我国已有越来越多的高校逐渐开设休闲学相关课程或方向朝设置专业发展的专业。设置休闲学系的高校有北京联合大学休闲与旅游管理系、中山大学旅游与休闲学系、华南师范大学运动与休闲学系、广州体育学院休闲体育与管理系、上海体育学院体育休闲系、首都体育学院休闲与社会体育系、华南师范大学体育学院休闲与运动系、山大学旅游学院旅游与休闲学系等；设有休闲学方向的高校有：浙江大学的休闲学和旅游与消费行为研究，中国海洋大学的休闲管理，华南师范大学的城市休闲娱乐管理和运动休闲管理及休闲管理，昆明学院及云南师范大学的休闲管理，武汉体育学院、广州体育学院、沈阳体育学院、西安体育学院和杭州师范大学的休闲体育，浙江林学院的休闲与健康管理，湛江海洋大学的滨海休闲体育，复旦大学上海视觉艺术学院的运动时尚设计与管理（高尔夫）、广州大学中法旅游学院的高尔夫与休闲管理，等等；开设休闲学相关课程的高校有：浙江大学休闲学专业和旅游管理专

---

[1] 参见中国知网，http://www.cnki.net/index.htm. 2018.12.30。

业以及经济学等专业开设了相关课程、华东师范大学开设《休闲研究》及《休闲娱乐导论》、东北财经大学开设《休闲学概论》及《休闲学基础》等课程、浙江工商大学旅游与城市管理学院与四川师范大学开设《休闲学》课程、华南理工大学开设《旅游与休闲社会学》课程、华侨大学开设《休闲与旅游学概论》课程、宁夏大学开设了《休闲文化》课程、浙江工业大学开设《休闲概论》及《休闲管理》等课程；设立与休闲研究有关的研究中心或研究院的高校有：中国艺术研究院休闲研究中心、中国人民大学中国休闲经济研究中心、湖南师范大学会展与休闲文化研究中心、北京联合大学旅游学院的现代休闲方式与旅游发展研究所、对外经济贸易大学公共管理学院的文化与产业研究中心、西南林业大学生态旅游学院的生态旅游规划与休闲研究所、北京第二外国语学院的中国闲暇经济研究中心等。一些休闲研究学会也相继成立，如2008年成立的浙江省休闲学会、中国休闲哲学专业委员会，2009年成立的中国休闲文明促进会委员会、全国休闲标准化技术委员会，2013年成立的华中休闲文化研究中心，2018年成立的浙江大学旅游与休闲研究院，等等。目前，国内诸多高校已开设了休闲教育相关课程的尝试。

1989年4月26日，我国台湾政府教育部门订颁了台湾《休闲教育实施计划》，将休闲活动项目归纳为体能、知识、娱乐、艺术与服务五大类，并提出了发展休闲教育的目标、意义与实施要求。纵观学者们对休闲教育的理解基本可归纳为三方面的内容，休闲教育是（1）培养休闲相关能力的过程；（2）影响个人休闲态度及自我决定的过程；（3）达成自我实现的终身学习。

首先，休闲教育是培养休闲相关能力的过程。此观点定义休闲教育是一种培养学习者拥有休闲技能以及善用休闲时间的过程，如学者黄富顺（1991）认为："休闲教育具有积极的教育意义，如灌输正确的休闲观念、指导如何分配及利用自由时间，学习活动之技能与规范，并如何爱护资源等。"[①] 刘兴汉（1991）认为："休闲教育乃是指针对休闲与休闲活动而进行的教育，休闲教育是指导休闲活动知识、培养休闲活动意愿、兴趣，增

[①] 黄富顺：《如何加强文化建设人才的培训及专业人力之充实》，《成人教育双月刊》1991年第2期。

进休闲活动技能的教育。"① 颜妙桂（1994）提出："休闲教育是指在教育过程中，提供个人休闲活动或课外活动的机会，使学习者在活动的过程中，培养休闲的价值观和有效利用休闲的能力。"② 周凤琪（2002）认为："休闲教育是教导孩子们善用休闲时间，从事有意义的休闲活动，不违背休闲禁忌，体验休闲生活，培养自我决定的能力，及具备参与休闲的行动能力。"③ 由以上可知，休闲教育为教导学生培养正确的休闲观念，如何去选择自己喜欢的休闲活动，进而从事有益身心的活动，它是一种培养休闲相关能力的过程。

其次，休闲教育是影响个人休闲态度及自我决定的过程。许义雄（1989）提出："休闲教育是以人为本的教育，它没有统一的课程标准，没有严格的及网格线，更没有固定的控制系统，其所秉持的理念是人的自觉。"④ 黄政杰（1996）认为："休闲教育是引导学习者改变其休闲时间运用方式的教育，其中的改变包含知识、技能、行为、价值和感受等层面，改变是可以出现在正规、非正规教育情境或休闲情境之中。"⑤ 宋幸蕙（2000）倡导"休闲教育为教导人们善用休闲时间、从事有意义的休闲活动、体验休闲心境，及培养自我决定和行动之能力的一种教育，其最终目的乃是在于透过教育，提升休闲质量和生活品质，并透过一种思考及自愿学习的历程，使学习者获致自由参与以及自我内在的满足"⑥，我们从此观点中可以发现，休闲教育不只是让个人学习休闲的相关知识与技能，更应培养积极参与的态度，使学生主动涉猎休闲领域，且在教育过程中着重自发性，帮助学生辨清自己的需求并选择参与休闲活动。

再次，休闲教育是达成自我实现的终身学习。林东泰（1992）认为：

---

① 刘兴汉：《台湾地区国民休闲需求调查研究》，《教育与心理研究》1992年第15期。

② 颜妙桂：《休闲与教育》，《台湾教育》1994年第523期。

③ 周凤琪：《国中适应不良学生参与探索谘商团体之效益研究》，《公民训育学报》2002年第2期。

④ 许义雄：《休闲生活与伦理建设：为青年开拓更广阔的休闲天地》，《青年辅导研讨会专辑》，"行政院"青年辅导委员会1989年版，第79—81页。

⑤ 黄政杰：《青少年休闲教育的重要课题》，台湾师范大学公民训育学系（主编）：《青少年休闲生活教育研讨会会议手册》，台湾师范大学出版社1996年版，第14—19页。

⑥ 宋幸蕙：《台湾地区国民中学教师对休闲教育课程期望之研究》，《公民训育学报》2000年第9期。

"休闲教育和终生教育的精神是一致的,因为终生教育是倡导个人在非强迫性的学习环境中的终生自由学习历程,而休闲教育亦是在提供休闲的学习环境,协助个人在此休闲教育环境中,了解自我需求、评估自我休闲的能力,并且选择自己所喜爱的休闲活动。"[1] 此观点主张休闲教育可以促进个人生活品质并帮助个人最终达到自我实现的一种过程,而这个过程可以在人生的各个周期之中进行。吕建政(1994)提出:"休闲教育有两个层面的解释。首先休闲教育是为休闲而实施的教育,是协助人们认识休闲的意义,善用休闲时间,学习休闲活动技巧,养成休闲选择的能力,建立休闲伦理,促进生活内涵之充实及创造生命意义;其次是在休闲中接受教育,意即人们应在休闲时间中不断接受教育,充实自我,休闲不只是放松,有意义的学习才是休闲的重心。"[2] 此观点认为休闲教育是通过思考以及学习的历程来帮助人们获得自由参与休闲体验,并能提供自我实现的机会,期望将休闲教育视为一种终生的学习,并且在这过程中能提升生活质量及最终达成自我实现。刘子利(2001)认为:"休闲教育是个体终生的、持续的发展过程,在这个过程中,每个人均可以获得充足的休闲咨询和自由选择多样化休闲活动的机会,进而去评估自我的休闲需求,训练休闲技能,增进休闲认知,改变休闲态度,积累休闲能力,最后达到自我了解、自我肯定、自我实现的目标。"[3]

以上诸位学者对休闲教育定义的理解多是针对培养休闲相关技能,并期望休闲活动的参与者能了解休闲的意义,习得相关休闲技能,灵活运用休闲资源,并能有效规划休闲时间。

除台湾地区政府教育部门制定的《休闲教育实施计划》之外,学者们也很重视休闲教育实施渠道的探讨和研究。如学者何进财(1991)认为:"台湾地区教育部门推进休闲教育的实施方式有三大途径:第一,借助电视台以及广播电台开设休闲教育节目,达到寓教于乐的目的;第二,可以有计划地结合各种社教机构、有关团体以及各级学校,办理休闲教育宣导以及推广活动,这些活动可以兼顾室内和户外的各种活动方式;第

---

[1] 林东泰:《休闲教育与其倡导策略之研究》,师大书苑2002年版,第57页。
[2] 吕建政:《休闲教育的发展》,《台湾教育》1994年第523期。
[3] 刘子利:《休闲教育的意义、内涵、功能及其实施》,《户外游憩研究》2001年第14卷第1期。

三,邀请台湾交通部观光局指导观光旅游事业单位,配合推出和开展休闲教育活动。"① 目前,据台湾方面统计,"20世纪80年代末,台湾有32所高校(含技职院校14所)共开设45个休闲与观光的系所。20世纪90年代初,新增中正大学休闲教育研究所硕士班、铭传大学观光研究所硕士班、台湾体育学院休闲运动管理研究所硕士班、高雄大学运动健康与休闲学系,合计34所高校开设50个休闲相关系所,其中研究所硕士班12个"②。可见,我国休闲教育的研究取得了巨大的成绩。

2. 国外休闲教育研究

(1) 历史概览

古希腊时期的雅典人提出"自由人如果不想使自己的生活沦为灾难,就一定要接受休闲人生的教育"③。雅典人的教育是服务于贵族的,教他们过艺术化的生活。其目标是培养既注重德才兼备素养的修炼,又懂得时刻关注自己身心和谐发展的自由臣民。因此,这段时期的休闲教育的重点主要放在生活教育方面,并成为生活教育的重要组成部分,人们生活的中心是如何进行休闲。

中世纪时期,一种特殊形式的家庭教育——"骑士教育"风靡一时,它贯穿于骑士的成长、生活与社会活动中,其教育目标是造就一批既具有勇猛顽强、虔敬上帝、忠君爱国的品质,又具有军事征战能力的卫士。出身贵族名门的男童从小修习上流社会的种种礼仪,培养骑士七技:骑马,游泳,投枪,击剑,打猎,弈棋,吟诗。21岁时便举行受职典礼,授予"骑士"称号。可见,这一时期的生活教育也就是休闲教育,但仅限于上层社会。④

文艺复兴时期提倡的新的文化和世界观被称为"人文主义",是以"人"为中心的文化,要求人们要有所作为,大胆地追求一切并享受一切。这种新世界观用到教育上,就是以"人"为中心的人文主义教育,这种教育要发展人的个性,把人的思想情感和智慧从神学的束缚中解放出来,其目标是身心和人格的和谐发展。当时的教会认为娱乐能使人们获得

---

① 何进财:《加强休闲教育共享美好生活》,《成人教育》1991年第1期。

② 刘子利:《台湾休闲教育初探》,《社会教育学刊》2000年第29期。

③ [美]杰弗瑞·戈比:《你生命中的休闲》,康筝、田松译,云南人民出版社2000年版,第298页。

④ 戴本博主编:《外国教育史》(上),人民教育出版社1989年版,第203页。

精神上的休息以及身心与人格的和谐发展。所以，在文艺复兴时期，教育的中心内容是休闲与娱乐。具有进步意义的是，在一些人文主义者所办的学校中，除贵族子弟外，还有平民子弟参加，受教育的面第一次扩大了。

到了近代，随着工业化的发展，人们已经不再重视人与自然、人与社会的价值平衡，而是把物质欲望的追求与满足作为人生的全部内容。这种文化价值观直接导致了人们如何生产的工作教育成为生存、生活的中心内容，由此产生了几代人对休闲怀有负罪感的"工作狂"，许多人将休闲与工作对立起来，休闲教育被排挤得毫无立足之地。但另一方面，技术的进步却为人类提供了更多的休闲时间、更广阔的休闲空间，人们开始反省工业时代的工作伦理，重新关注人格的发展，重新关注人的精神需求和人的生命价值，这样休闲教育在经历了一个大落之后，又重新浮出水面。总之，由于受物质生产为中心的文化价值观的影响，工作教育成为当时生活的中心，与此同时，以生活教育即相当于休闲教育以及近代教育以休闲为中心内容的时代便也随之结束。

19世纪中叶，英国哲学家、教育学家赫伯特·斯宾塞（Herbert Spencer）在其1859年的著作《什么是最有价值的学问》（*What Knowledge is of Most Worth*）中对休闲教育展开学术性的研究，提出了休闲教育就是在休闲时间进行的教育。他把人的活动分为五类："直接维持自己生存的准备；间接维持自己生存的准备；父母职责的准备；公民义务的准备；各种高尚娱乐生活的准备。"[①] 他曾预言："到了自然的力量已经完全被人征服、供人使用，到了生产的方式已经达到圆满的地步，到了劳动力已经节约到最高程度，到了教育已经安排恰当，能比较迅速地为较重要的活动做好准备，到了因此而有大量增加的闲暇时间，那时闲暇教育将在人们生活中占重要地位。"[②]

随着近代工业文明时代的到来，经济的迅速发展，人们对现代社会充满了危机感，精神生活也十分贫困，休闲教育成了当时社会的迫切需要。1811年美国诞生最早的一篇关于休闲的学术论文，标志着近代休闲教育的发端。20世纪初，美国休闲教育才引起国家教育部门的重视，并开始

[①] [英]赫伯特·斯宾塞：《教育论》，胡毅译，人民教育出版社1962年版，第47页。

[②] [英]赫伯特·斯宾塞：《斯宾塞教育论著选》，胡毅、王承绪译，人民教育出版社1997年版，第80页。

把休闲教育作为学校正式教育的内容。1918年，美国联邦教育局提出了把休闲教育作为高中教育中的一条"中心原则"，该报告中指出："每个人都应该享有时间去培养他个人的和社会的兴趣。如果能够被合理地使用，那么，这种闲暇将重新扩大他的力量并进一步丰富其生活，从而使得他能更好地履行他的职责。相反，滥用闲暇将损害健康、扰乱家庭、降低工作效率并破坏其公民意识……有鉴于此，作为我们的一个目标，有关如何合理使用休闲的教育便显得越来越重要了。"① 1924年，休闲教育越来越受到美国政府的重视，此时，休闲教育的地位已置于职业训练与公民训练之上。随着第二次世界大战的爆发，休闲教育的这一原则未能得以贯彻执行。直到20世纪40年代末，学界又开始重新关注这份报告中有关休闲教育的内容，并重新开始对休闲教育开展研究。

经济萧条的20世纪30年代，人们要求学校把休闲教育提高到与职业教育同等的高度，并给予休闲教育极大的关注。在法国，有大规模组织利用休闲的团体，此团体是由全国消费合作总社倡导起来的，由合作的组织到休闲的组织，1930年成立了一个休闲委员会，而后成立休闲委员会分会，并受总会的指导，一方面指导会员组织各种的团体，按时举行种种活动，如音乐、戏剧、运动、旅行、讲演等，事事皆求有教育的意义。分会举行各项活动都及时向总会报告，此组织是纯教育性的，无政治的意味。总之，这种休闲教育的团体，是倡办合作社的副产物。② 在意大利，休闲业余组织比较发达，业余组织主要是劳工业余联合会，其成立的目的在于提倡与鼓励劳心者与劳力者工作余暇之智、德、体的均衡发展。业余联合会的活动甚多，主要有设立讲习会、成立健身团、组织旅行队、举行娱乐会、举办讲演会、编印书报、设立图书馆等③。在20世纪30年代，在美国有琼斯维尔的休闲教育组织，此组织由全市民众自发结合所组成的，每个民众都可自由参加，来自全市各行各业，他们有一种休闲活动的计划，主要分成四种：第一种是包括戏剧，音乐以及同类事物之研究与实习等活动；第二种是运动竞赛等活动；第三种包括美术与手工等；第四种是各种

---

① ［美］托马斯·古德尔、杰弗瑞·戈比：《人类思想史中的休闲》，成素梅等译，云南人民出版社2000年版，第172页。
② 董渭川：《欧洲民众教育概观》，中华书局1939年版，第281—282页。
③ 同上书，第214—219页。

社交活动。其目的在于使每个有余暇机会的人利用其余暇来做自己喜欢的事。自 1938 年以来,"美国休闲与娱乐协会已经致力于提高美国人的生活质量,尤其在基础教育环境中,通过促进有创造性的、有意义的休闲和娱乐经验来提高美国人的生活质量"①。杰克斯（Laurence P. Jacks）第一个提出娱乐工作者应在闲暇教育中发挥作用,娱乐应当富有教育性,而教育更应当富于娱乐性。② 20 世纪 30 年代由于失业所产生的一系列的社会问题,休闲教育又再次受到极大的关注。

第二次世界大战结束后,整个社会又开始进入复苏经济建设并解决国内的各种问题。在教育方面,全美教育协会发行了《中等教育基本原则》,政府开始强调休闲教育的重要性,"有价值地利用休闲时间"被作为《中等教育基本原则》之一,政府及学界开始关注和研究学校本身所能起到的积极作用,尤其是学校对休闲教育方面能起的促进作用与其科目范围,开展休闲教育的目的主要是解决"二战"后众多美国学校所面临的比较棘手的问题。1946 年,美国的琼斯（Anna May Jones）出版了关于纽约市初级高中课余教育的手册,根据他的理论,课余教育的目的是帮助青年们养成良好地利用休闲的习惯,其主要内容是指导他们的日常娱乐活动。1954 年,路德维格（E. A. Ludwig）完成了关于内容为确定中等学校休闲教育训练的研究,他认为在当时进行休闲教育的机会是存在的,只是学校未能很好地利用这些机会。

20 世纪 60 年代以后,休闲教育在美国成为研究的热点。以美国为代表的西方发达国家的学者们发表并出版了许多有关休闲教育的论著以及学术论文,众多的学术团体和研究机构相继成立,致力于休闲教育的研究。他们主要讨论如何在国家正规的教育系统内开展休闲教育的必要性问题,并主张在学校进行休闲教育,其课程目标必须明确化,更重要的是这些论著对如何实施休闲教育提出了建设性的意见。如里查德·克劳斯（Richard G. Kraus）的休闲教育代表性著作《娱乐与学校》（*Recreation and the Schools*: *Guides to Effective Practices in Leisure Education and Community*

---

① *Taskforce on Leisure Education in the Schools*. The American Association for Leisure and Recreation (AALR), 2003: 1.

② [美] J. 曼蒂、L. 奥杜姆:《闲暇教育理论与实践》,叶京等译,春秋出版社 1989 年版,第 25 页。

Recreation)（1964）主要区分了各项具体的休闲教育的目标，其涉及休闲教育内容关注的核心问题，如何进行休闲训练的方法和如何才能实现休闲教育的途径。1966年，美国哲学家查尔斯·K.布赖特比尔（Charles K. Brightbill）的《休闲的挑战》（*The Challenge of Leisure*）和《以休闲为中心的教育》（*Educating for Leisure-Centered Living*）两本著作对休闲之于人类价值、情感以及知识结构等方面的影响进行深入的研究，并指出现代教育应以休闲为中心。各种休闲教育的实践逐渐纳入学校教育体系之中，成为国民教育的重要组成部分之一，但是没有明确提出具体实施的措施。自著作相继出版后，布赖特比尔阐述了在教育系统内进行休闲教育的必要性，主张课堂教学应具有娱乐性以及指出了在各门课程中突出休闲的内容，使休闲教育的课程目标进一步明确化。自20世纪60年代开始，关于学校休闲教育方面的研究逐渐扩大，户外教育运动为实施休闲教育开辟了新的途径。1965年，议题为当代成人教育与休闲问题的国际会议在布拉格召开，它标志着休闲教育已成为引人注目的当代教育的新课题。1967年，在日内瓦举行的欧洲娱乐会议上讨论《休闲宪章》，充分肯定休闲时间在人们社会生活中的重要地位，1970年6月在欧洲娱乐委员会上通过。许多国家和政府都把休闲教育列入国家教育的总体规划之中。1971年，约瑟夫·麦登（Joseph F. Madden）编写的《休闲教育指南》（*The Development of a Leisure Education Guide for Teachers of the Intermediate Grades*），为那些希望把休闲教育融入学校教学的教育工作者提供了指导。同年，保尔·朗格朗（Paul Lengrand）在专著《终身教育引论》（*An Introduction to Lifelong Education*）中指出了"终身教育需要既与工作联系起来，也与休闲时间联系起来"[1]。1974年，第一届全国休闲教育委员会在美国成立，标志着休闲教育已成为全球性教育领域内的新课题，其主要任务是每年举办一次全国性的会议并组织有关休闲问题研究的世界性大会，编写并向全国发行休闲教育的资料。这时，休闲教育获得了很多的研究成果，有1979年出版，并于1998年再版的曼蒂和奥杜姆合著的《闲暇教育理论与实践》，1993年8月，在以色列耶路撒冷举行了关于休闲教育的学术会议，会上并通过了《世界休闲教育国际宪章》，其目的是让政府或非政府组织充分认识到休闲教育的重要性，并为一些教育机构提供必要的指导，希望能以

---

[1] 单中惠、杨汉麟：《西方教育学名著提要》，江西教育出版社2000年版，第623页。

《世界休闲教育国际宪章》为基础和依据来制定相关实施休闲教育的政策或策略等比较具体性的问题。1996年，国际21世纪教育委员会向联合国教科文组织提交的报告中强调"完整的教育应当是包括工作教育和休闲教育在内的、两者不可偏废的、塑造人的品性的一种方式"①，从而把休闲教育与工作教育加以同等地看待。1998年10月举办的墨西哥蒙特雷市会议，它是继1993年所起草和修改的《国际休闲教育宪章》的基础上进行的。会议具体分析了种种不利于儿童发展的社会环境和社会因素，根据这些现状，起草并通过了关于休闲教育和问题青年的国际会议。如今，英美以及西方众多国家的大学课程基本都设置了与休闲相关的专业课程，他们都有自己较为完备的休闲教育课程体系。20世纪90年代中期，国家娱乐公园协会（NRPA）为了促使学校与地方的休闲机构之间建立战略合作关系提出了青年主动战略，并形成公众学习中心。为了推进休闲教育的深入发展，2003年1月美国休闲娱乐协会（AALR）为了更好地开展学校休闲教育的调查活动，组织成立了学校休闲教育特别工作组，此项调查不但有公园和娱乐教育团体的直接参与，还有世界休闲和娱乐协会教育委员会和公园娱乐业界同行的共同努力，此项目的目标在于强调了学校休闲教育的重要性以及为找寻休闲教育未来发展的新方向。

除了以上对美国休闲教育的历史概括的了解之外，还有日本对休闲教育的关注与研究。日本政府及休闲教育研究机构从教育的立场为出发点以试图改善当地市民的闲暇生活，展开了多次关于市民休闲生活的调查活动。如1923年大阪市的社会部举行的"闲暇生活研究"的调查活动，1926年东京市政府调查会进行的"都市教育的研究"的调查活动，此后，日本的休闲教育得到了高度的重视。九一八事变后，日本逐渐走上法西斯道路，直到战争结束后，日本政府通过制定法律为休闲教育提供依据。1947年制定的《教育基本法》和《学校教育法》在规定了"应使学生对丰富、充实生活的音乐、美术、文艺等有一基本的理解并掌握一定的技能"及"促进学校内外的社会活动，正确引导学生情感，并培养其公正的判断力"的有关闲暇教育的教育方针，并在此基础上规定了各科的具体目标和内容。1949年制定的《社会教育法》又进一步明确了"社会教育是指除了学校教育法规定的作为学校教育课程的教育活动，主要是以青少

---

① 邓蕊：《休闲教育与中国高等教育的应对》，《自然辩证法研究》2002年第6期。

年和成人为对象而进行的有组织的教育活动（含体育和闲暇活动）"①。此法规为大众的休闲教育提供了法律依据。随着20世纪60年代日本经济的迅速腾飞，日本国民的休闲生活也随之兴盛，休闲教育的重点主要放在如何增强国民休闲的主体意识以及如何指引国民正确地休闲上。70年代以后，日本国民的休闲方式逐步转变为追求有品质的生活质量。为了适应今后的休闲生活，日本教育界非常重视休闲教育的研究，并倡导日本每一个公民都有必要进行休闲教育，使每个国民的闲暇时间得到充分有效的利用。

总的来说，西方发达国家目前已建立比较完善的休闲教育学科体系。休闲教育模式早在20世纪70年代末就被研究者介绍，而后在20世纪80年代早期出现了很大的差异，兹整理几位代表性学者的休闲教育模式，介绍如下。

（2）休闲教育的模式

西方国家休闲教育模式主要有NRPA的休闲教育模式、Florida休闲教育实施范围与阶段模式、Peterson与Gunn的休闲教育内容模式、Mundy与Odum的休闲教育系统模式、Dattilo与Murphy的休闲教育过程模式、Farrelff与Lundegren的休闲教育系统模式等六种。

①NRPA的休闲教育模式（NRPA Leisure Education Model）

美国国家游憩和公园协会（National Recreation and Park Association, NRPA）于1975年进行"改进休闲教育提升计划"（Leisure Education Advancement Project, LEAP）之研究，针对幼儿园到中学阶段的学生，设计一套融入了学校课程中的休闲教育课程，此课程设计的重点在于帮助学生发展各种层面的技巧、知识和态度，其主要内容包括②：第一，真正的休闲能力，包括运动、游戏、工艺、收集等；第二，自我分析，以了解自己在休闲上的特质、能力与需求；第三，社会分析，以了解影响休闲决定的种种社会因素，如社会压力、规范、潮流；第四，计划与做决定的能力，以便主动控制自己的休闲生活；第五，对自己休闲生活负责的态度，和促使小区提供符合居民休闲需求的责任感。

---

① 李文英、续润华：《日本闲暇教育的发展及其启示》，《日本问题研究》1998年第3期。
② 陈俊豪：《南投县国小学童休闲态度及其教育需求之研究》，硕士学位论文，台湾体育学院体育研究所，2001年。

综合归之，NRPA 休闲教育模式的教育目标乃着重让学生了解休闲的重要性、认识休闲经验、休闲资源及影响休闲的因素。其教育内容涵盖了休闲技能、自我认知、休闲决定、休闲资源及休闲态度。此模式适用于学校教育，并不单独成科，希望透过融入式的教学来达成目标，而内容亦依据一般教学目标区分为认知、情意、行为三部分，并为日后提出的休闲教育模式提供参考。

②Florida 休闲教育实施范围与阶段模式（The Scope and Sequence Model of Leisure Education）

Florida 休闲教育模式即"休闲教育实施范围与阶段模式"（The Scope and Sequence Model of Leisure Education），系 1975 年美国佛罗里达州立大学教育系从事休闲研究的师生合作发展出的一种休闲教育模式。此模式针对学龄前至退休后一生中各个不同的发展阶段，分别订定各阶段的休闲教育目标。他们将个体一生的发展阶段，区分为幼儿园期、K-3、4-6、7-9、10-12、青年期、成人期、中年后期、退休期等九个时期。此课程规划是针对个体一生的发展，其内容包括自我认知（self-awareness）、休闲认知（leisure awareness）、休闲态度（attitudes）、休闲决定（decision making）、社会互动（social interaction）及休闲技能（leisure skills）等六大层面，而在每一层面之内分别定有符合该发展阶段不同的休闲教育目标与内容[①]。

此休闲教育模式最终目的是要使个体学习休闲技巧与机会、休闲知识、拥有更多的休闲选择，以期提升其自我的休闲生活品质，并体会到休闲和个人生活、社会间之相互关系。

③Peterson 与 Gunn（1984）的休闲教育内容模式（Leisure Education Content Model）

Peterson 和 Gunn 认为休闲教育属于一个广泛的服务范畴，注重各种与休闲有关的技巧、态度和知识的发展与取得。该模式是针对残障者所设计，主要运用于游憩治疗方面。其假设为：个人之行为可随个人取得新的知识、技巧、态度和能力而有所改变，这种改变透过学习过程而产生。想要有满意的休闲参与，除了拥有休闲技巧之外，还需了解休闲知识，对休

---

① 刘子利：《休闲教育的意义、内涵、功能及其实施》，《户外游憩研究》2001 年第 14 卷第 1 期。

闲经验采取正向态度，具备各种参与及作决定技巧，以及对休闲资源之了解与应用。该模式内容包括①休闲认知、社会互动技巧、休闲活动技巧、休闲资源等四大层面。每一大层面皆包含许多的小层面，休闲认知包括认识休闲、自我认知、休闲与游憩态度以及休闲参与和决定之相关技巧；社会互动技巧包括两人、小团体及大团体互动技巧；休闲活动技巧；休闲资源包括活动机会、个人家庭以及小区的资源，还有州和国家的资源。

Peterson 和 Stumbo 于 2000 年为社会互动技巧内容领域做了些许的调整，但整体而言休闲教育包含休闲认知、社交互动技能、休闲活动技能的发展、休闲资源四个要素，其要素内容如下②：

休闲认知	社交互动技能
1. 休闲知识 2. 自我认知 3. 休闲和游憩态度 4. 相关休闲参与及决策技能	1. 沟通技能 2. 建立人际关系技能 3. 自我表达技能
休闲资源	休闲活动技能的发展
1. 活动机会　4. 小区资源 2. 个人资源　5. 国家资源 3. 家庭资源	1. 传统休闲活动 2. 非传统休闲活动

Peterson 与 Gunn（2000）的休闲教育内容模式

虽然 Peterson 和 Gunn 的休闲教育内容模式是针对残障者所设计，但其内容实施亦可适用于一般人。此模式是所有休闲教育模式中第一个强调休闲资源的重要性，偏重休闲相关技巧、态度和知识的获得，教育内容包含许多实用性的休闲技能。

④Mundy 和 Odum 的休闲教育系统模式（The Systems Approach）

此系统模式所呈现的休闲教育是透过系统化的"输入→过程→输出"过程，引导学习者发展出休闲认知（leisure awareness）、自我认知（self-awareness）、休闲决定（decision making）、休闲技能（leisure skills）与社会互动（social interaction）等五方面的能力，借由学习这五项能力，提升

---

① Gunn, S. L. & Peterson, C. A. *Therapeutic Recreation Program Design*: *Principles and Procedures* (2nd ed.), Englewood Cliffs, N. J: Prentice-Hall, 1984: 26.

② Peterson, C. A. & Stumbo, N. J. *Therapeutic Recreation Program Design*: *Principles and Procedures* (3rd ed.), Boston: Allyn and Bacon, 2000: 38.

个人休闲生活的质量。下图所示的是此教育系统模式的运作过程①。

此模式是以一个系统化的方式来处理整个休闲教育的过程，图中的箭头表示彼此的运作关系，意思就是个人在输入休闲服务之后，经过运作的过程，最后个人达到休闲教育的结果。在运作过程里分成五个要素之间彼此互相联系，且每个要素各有其相对应的具体目标，使教学者或读者都能清楚明白每个要素强调的重点，使休闲教育能够发展运作得更完善。

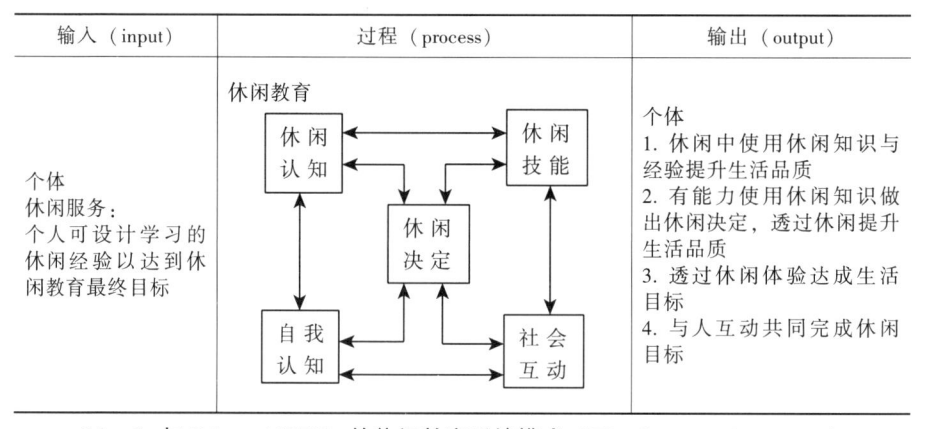

输入（input）	过程（process）	输出（output）
个体 休闲服务： 个人可设计学习的休闲经验以达到休闲教育最终目标	休闲教育 休闲认知 ↔ 休闲技能 ↕ 休闲决定 ↕ 自我认知 ↔ 社会互动	个体 1. 休闲中使用休闲知识与经验提升生活品质 2. 有能力使用休闲知识做出休闲决定，透过休闲提升生活品质 3. 透过休闲体验达成生活目标 4. 与人互动共同完成休闲目标

Mundy 与 Odum（1979）的休闲教育系统模式（The Systems Approach）

他们认为休闲教育的实施，需有一个统一及综合的模式可循，才能帮助人们提升生活及休闲质量之目标，故 Mundy 于 1979 年修正佛罗里达的休闲教育模式（The Scope and Sequence Model of Leisure Education），针对个体一生发展的阶段，提出适合各年龄层的休闲教育模式。在这五项能力中，以休闲决定为转化之核心，强调休闲具有自主性。此模式主要目标系为个体透过休闲教育能够了解休闲机会，休闲对个人、社会之影响，具有休闲选择所需的知识、技巧及提升休闲生活质量。

第一个系统模式经过 13 年的使用后，Mundy（1998）认为，模式的建立是要不断地参与其中、实验修正，因此针对 1979 年提出的教育模式修正，将休闲决定与社会互动合并成休闲技能，增加休闲资源，提出一个包括休闲认知（leisure awareness）、自我认知（self-awareness）、休闲技能

---

① Mundy, J. *Leisure Education: Theory and Practice*（2nd ed.），Champaign, IL: Sagamore Publishing Company, Inc., 1998: 59.

(leisure skills)与休闲资源(leisure resources)等四个要素的休闲教育内容[1]。Mundy 的休闲教育模式用系统的方法加以设计,具有整体性,各层面间所要达到的教育目标是很清楚的,且彼此间的功能是相互依赖的。

⑤Dattilo 与 Murphy 的休闲教育过程模式(Educational Process Model)

J. Dattilo 与 W. D. Murphy(1991)综合了 Mundy(1979)及 Peterson 与 Gunn(1984)以及其他多人的研究,提出了另一种休闲教育模式,认为休闲教育的目标是透过休闲活动,培养及提升一个人的休闲知识、兴趣、技巧、能力与行为,以能从参与的休闲活动中获得有意义的体验。

Dattilo 于 1999 年修正 1991 年的说法,归纳出此模式的七项休闲教育内容,如下图所示[2],它们分别是:休闲之自我认知(be aware of self in leisure)、休闲欣赏(appreciate leisure)、了解自我决定(understand self-determination)、做出休闲决定(make leisure decisions)、善用休闲资源(utilize leisure resources)、表现社交互动技巧(demonstrate social interaction skills)、表现出游憩活动技巧(demonstrate recreation activity skills)。休闲教育是透过活动的执行,有目标、有系统、有方法地提升个人的休闲能力。

表现出游憩活动技巧(demonstrate recreation activity skills)
表现社交互动技巧(demonstrate social interaction skills)
善用休闲资源(utilize leisure resources)
做出休闲决定(make leisure decisions)
了解自我决定(understand self-determination)
休闲欣赏(appreciate leisure)
休闲之自我认知(be aware of self in leisur)

Dattilo 与 Murphy(1999)之休闲教育及其休闲能力养成阶梯

Dattilo 与 Murphy 的休闲教育模式,是综合先前休闲教育模式所提出的内容,并以阶梯式的方式呈现,先引导学习者从自我认知开始,终达有

---

[1] Mundy, J. *Leisure Education: Theory and Practice* (2nd ed.), Champaign, IL: Sagamore Publishing Company, Inc., 1998: 54.

[2] Dattilo, J. & Murphy, W. D. *Leisure Education Program Planning: A Systematic Approach* (2nd ed.), State College, PA: Venture Publishing, Inc., 1999: 24.

意义的休闲体验之目的。此模式依据休闲是一种心灵的存在状态为出发点，而休闲教育则是提供一个机会、建造一个选择权，在这动态的过程中让个体独立学习且发展相关的技巧，协助参与者透过休闲教育活动，建立一系列个人的休闲能力，促进有意义的休闲体验（meaningful leisure experiences），此过程中产生的愉悦及满意有益于生活质量的提升。

⑥Farrell 与 Lundegren 的系统模式

Patricia Farrell 与 Herberta M. Lundegren 的休闲教育系统模式是在 1991 年合著的《游憩方案规划过程：理论与技能》（The Process of Recreation Programming: Theory and Technique）一书中提出的，作者认为要达成成功的休闲方案规划过程，必须按照模式的步骤逐渐达成，而且应该避免忽略任何程序。此系统模式主要内容包括①：参与者需求评估、描述活动目标、丛集分析、活动分析、活动经验、活动方案评鉴。该模式可以适用于任何休闲企业之实施方案。此模式规划之适用对象也相当广泛，而且可以涵盖公私立等休闲机构，适合一般群众之休闲活动需求。整体模式始于参加者的需求评估，活动设计者从评估之结果，立即能掌握参与者的目标，有助于建立有效的指导方向。参与者之目标涵盖了认知、情意与动作技能三方面之领域，并且由简单到复杂的分类标准来界定参与者之发展目标。活动设计者完成参与者之需求评估后，对活动项目与参与者之兴趣，再做丛集分类，以选择适当的活动项目达成参与者之需求。最后，活动设计者依据活动之执行过程与状况，来确定是否合乎原先所定之宗旨与目标，并继续加以修订与建议整体之课程方案，达成有效的休闲教育系统规划。

西方国家开展休闲教育的研究取得了一定的成效，欧美等先进国家非常重视休闲教育，诸多大学都设有休闲学专业、休闲学系以及休闲学院，并设有相关的课程与科系，学科的硕士点和博士点。

休闲作为人类共同的话题成为世界各国关注的焦点，东西方加强休闲研究的交流，相互取长补短。一方面西方的休闲研究努力从东方文化中吸取休闲智慧；另一方面东方（中国和印度）在积极翻译国外的优秀休闲

---

① Farrell, P. & Lundegren, H. M. The Process of Recreation Programming: Theory and Technique (3rd ed.), State College, PA: Venture Publishing, 1991: 23.

著作的同时，也挖掘本土的休闲文化①。各国之间合作还体现在对休闲教育的跨文化研究，例如修学旅行的跨文化研究、各国学生休闲生活的现状研究、比较研究。②此外，世界休闲组织开始组织世界性的休闲教育的会议，交流休闲教育成果。我国的休闲教育研究虽然时间不长，但也积极加强国际间的交流合作，积极发展本土的休闲教育研究，近十年来成果显著。

三　与休闲教育相关的概念

我们知道休闲教育是启发人们认识休闲的意义，获得休闲的知识，形成自己的休闲态度，学会基本的休闲技能的教育。它既为提高休闲生活质量而进行的教育，又是把休闲作为一种教育的情境，在休闲中进行的隐性教育③，包括个体将自己的需要、价值观、各种能力与休闲联系起来。逐步地理解自我、理解休闲、认识休闲与自己的生活方式及社会结构关系，获得综合发展的教育过程。它可以通过社会、家庭、学校等途径开展。从

---

① Iwasaki, Y. Pathways to meaning-making through leisure like pursuits in global contexts, *Journal of Leisure Research*, 2008: 40 (2), 231-249.

② Sibthorp, J., Paisley, K., Gookin, J., et al., Addressing response-shift bias: Retrospective pretests in recreation research and evaluation, *Journal of Leisure Research*, 2007: 39 (2), 295-315.

③ 目前学界对隐性教育的界定基本从三个角度来阐释，首先从对比显性教育的角度来看，认为："隐性教育是一种非正规形式，是相对显性教育法而言的，相对符合一般公认标准的正规形式而言的，它不是人们已经司空见惯的思想政治教育的常用形式，而是充分利用人们社会生活、日常生活中本身存在的形式。"（参见向敏青《思想政治教育工作中的隐性教育法研究》，硕士学位论文，西南师范大学，2003年）其次从载体表现形式的角度来看，认为："隐性教育是指运用多种喜闻乐见的手段，寓教于建设成就、寓教于乐、寓教于文、寓教于游等，把思想政治教育贯穿于其中，使人们在潜移默化中接受教育。"（参见王瑞荪《比较思想政治教育学》，高等教育出版社2001年版，第9页）再次从教育要素特征的角度来看，认为："隐性教育是指教育者、教育内容、教育目标是不直接显露的，是隐藏的，其教育形式是侧面的、间接的、常采用迂回、渗透的教育方式，是采用非强制方式，在他们心目中产生一种潜在的说服力，从而把组织的意志变为他们的自觉行动。"（参见韩泽春《隐性教育模式观照下的学校思想政治教育实效探析》，《教育理论与实践》2012年第25期）总的说来，隐性教育是通过隐目的、无计划、间接、内隐的社会活动使受教育者不知不觉地受到影响的教育过程。它以潜移默化的方式对受教育者的思想、观念、价值、道德、态度、情感等产生影响，以实现教育目于日常生活中，渗透教育过程于休闲逸致之中。

外延上，本研究所指的休闲教育是指正规教育体系中的学校休闲教育。

为了更好地把握休闲教育的内涵，本文将它与之相关的其他教育类型进行比较与梳理，总的来说，休闲教育与闲暇教育、知识教育、职业教育、自由教育、通识教育、素质教育等有着千丝万缕的联系。

如第一章第三节中我们对闲暇教育和休闲教育的理解，可以说闲暇教育是指个体劳动之外的余暇时间而进行的教育活动，它也可以指人们合理地利用余暇时间的教育，侧重如何安排个人的余暇时间等，在这一点上来讲，两者有共同之处。在对两者进行区分时，我们首先要区分"谋生型教育"和"乐生型教育"[1]，闲暇教育应是"乐生型教育"，它不仅包括人们在闲暇时间里接受的教育，也包括人们在学校接受的"乐生型教育"。闲暇教育与休闲教育的教育对象涵盖了社会不同群体、年龄、性别、职业等社会全体成员，并贯穿于受教育者的一生，带有浓厚的终身教育[2]色彩。两者区别不仅是时间问题，他们所涉及的教育内容也是不同的。闲暇教育的内容是多元化的，包含个体在完成职业、家庭、社会职责之后，让自由意志得以发挥的各种事情，其范围比较宽广；而休闲教育的内容简言之就是启发人们认识休闲的意义，获得休闲的知识，形成自己的休闲态度，学会基本的休闲技能的教育。学界在使用闲暇教育概念的时候，更多的理解是学生在闲暇时间的利用现状。而在进行理论分析的时候，尤其是

---

[1] 一般来说，"谋生型教育"是与受教育者为谋生计所进行的职业训练相关联，如岗位培训，并且这种教育活动有相当的强制性，并不是受教育者完全处于自觉自愿状态下所接受的一种教育方式。"乐生型教育"对受教育者来说，有较强的自主性，可根据个人意愿选择相关的教育内容和方法（如学校开设的美育课）。

[2] 一般说来，终身教育是指人们在其一生中所受到的各种培养的总和，它包括一切教育活动、一切教育机会以及教育的一切方面。终身教育的概念可以从多个角度进行考察，从横向看，终身教育把教育看成一个统一性、连贯性的整体过程，包括了基础教育、普通教育、高等教育、职业教育、学校教育、家庭教育、社会教育、自我教育等所有教育模式，是一个人一生中从自身和社会的需要出发所持续接受教育的过程；从纵向来看，终身教育指贯穿于人的一生各个阶段的教育，即帮助人在一生中保持学习和训练的连续性，培养每个人通过多种形式的自我教育在真正的意义上成为自己发展的对象和手段；从教育的内容来看，终身教育包括文化科学教育、职业教育和生活教育；从教育的形式来看，终身教育包括正规教育、非正规教育及非正式教育在内，从而满足人的多样化教育需求，把学习与工作、生活紧密结合，个人可根据自己的需要随时随地选择适合自己的学习途径和内容，不断适应现代社会的职业分工要求（参见孙瑞祥《科学素养教育大众化与传媒责任》，《科学新闻学术专刊》2006年第2期）。

涉及闲暇教育的价值分析的时候，则转向休闲教育。

知识教育主要是向受教育者传播科学知识的教育，着重于智力的发展；职业教育是指"传授某种职业或生产劳动知识和技能的教育，狭义上也指培养技术工人的职业技术教育，广义上指为谋取或保持职业而准备。养成或增进从业者的知识、技术、态度的教育和训练"①；这两种教育与休闲教育不是对立的，而是侧重点不同，休闲教育所关注的是这两种教育容易忽略的方面，即三者的教育目虽然都着眼于人的发展，却又各自致力于不同的向度，休闲教育更为强调个体内在的自我的发展，不是单纯为获得知识或谋取职业，是为休闲生活和休闲发展而进行的教育。

"自由教育"（liberal education）可译为"文雅教育"或"博雅教育"，通识教育（general education），根植于古希腊的"自由教育"。自由教育一般以文化修养课程为主要内容来促进人的智慧、道德与身体等多方面的发展。不同时代具有不同具体含义。由亚里士多德（Aristotle）在其《政治学》等书中最早提出，他认为自由民除有政治上的自由外，需有经济自由，以便从事心灵的沉思、研讨真理和进行哲学思考。自由民需有闲暇时间，最适合他们的教育即文雅教育。自由教育强调身心自由发展，过和谐生活，它由最初学习人文科学，发展到人文、自然兼顾，至 20 世纪中期，"自由教育概念已发展到不仅意味着追求理性发展，亦注意对有用知识和技艺的学习；不仅以古典学科为内容，亦教其他，不仅强调普遍原理，亦进行专业性教学"②。而"通识教育是高等教育的组成部分，是所有大学生都应该接受的非专业性教育；就其目的而言，通识教育旨在培养积极参与社会生活的、有社会责任感的、全面发展的人和国家公民；就其内容而言，通识教育是一种广泛的、非专业性的、非功利性的基本知识、技能和态度的教育"③。Kevin Gary 指出："休闲教育必须也必将成为通识教育的重要组成部分。"④ 从教育的根本目的上讲，自由教育和通识教育都追求人的全面、和谐发展，但自由教育、通识教育的范围远远大于休闲教育，在目的、内容、手段等方面都更丰富，休闲只是人的自由、和谐发

---

① 顾明远：《教育大辞典》（增订合编本），上海教育出版社 1998 年版，第 2001 页。
② 同上书，第 2032 页。
③ 李曼丽：《通识教育——一种大学教育观》，清华大学出版社 1999 年版，第 17 页。
④ Gary, Kevin. Leisure, freedom and liberal education, *Educational Theory*, 2006：56（2），121-136.

展的一个方面,而休闲教育则是在这个具体层面上的探讨教育问题。

素质教育①是充分发挥每个人潜能的教育,以整个民族素质的提高为出发点,是全面发展教育的实现形式。素质教育的目标是为了促进人的全面发展,提高人的创造力。从这一视角来看,休闲教育本质上应属于素质教育的范畴。因为休闲教育就是以学习者的自由发展为方向的,通过培养他们的休闲意识、价值观及休闲能力,让他们在休闲时间内能获得真正的自由,促进自身素质的全面提高。休闲教育是推进素质教育,实现人的全面发展的一种有效教育方式和途径。从某种意义上说,休闲教育的目的和素质教育的目标是一致的,休闲教育的实施会促进素质教育的发展。

保尔·朗格朗(Paul Lengrand)在《终身教育引论》中指出"教育和训练的过程并不随学校学习的结束而结束,而是应该贯穿于生命的全过程"。他认为,"必须把教育看作是贯穿于人的整个一生与人的发展各个阶段的持续不断的过程"②。诚然,休闲教育也是贯穿于人的整个生命周期的教育,可以说它是终身教育的有机组成部分,同时他指出闲暇时间的增多是终身教育产生的原因之一,"在闲暇时间向人们提供教育,……确保无论什么情况下,都使闲暇变成一种宝贵的财富"③。可见,提高人们休闲生活的质量,既是终身教育的应有之义,又是终身教育的重要内容和方式。从这个意义上说,休闲教育是以提升人的生活品质为目的,这与终身教育的最终目的是一致的。

从休闲教育与之相关的教育类型的关系来看,不论是闲暇教育、知识教育、职业教育,还是自由教育、通识教育、素质教育等从根本上说是休闲教育的重要组成部分,我们应通过知识教育、职业教育、素质教育等让人们学会谋生的技能和知识,同时也让人们明白生活的意义与价值。诚

---

① "素质教育是一种教育思想,它以提高学生整体素质进而提高国民本体素质为最终目标,强调综合利用遗传和环境的正面作用,调动学生认识和实践的主观能动性,形成理想的教育合力,促进学生生理与心理、智力与非智力、认知与人格等因素主动而和谐地发展,促进人类文化向学生个体身心品质的肉体化及个体精神境界的提高,并为学生的进一步发展奠定良好基础。"(参见贾永堂《大学素质教育:理论建构与实践审视》,华中科技大学出版社 2006 年版,第 43 页)

② [法]保尔·朗格朗:《终身教育引论》,周南照、陈树清译,中国对外翻译出版公司 1985 年版,第 138 页。

③ 单中惠、杨汉麟:《西方教育名著提要》,江西教育出版社 2001 年版,第 623 页。

然,"人需要教育,不是为了谋生或成为外在社会所期望的人,而是为了自身精神的追求,为了丰富自己的生活,过一种诗意的人生,得到一种精神上的满足和享受"①。休闲教育不但教人们学会学习和工作,而且也教人们如何学会休闲。通过休闲教育亦可促使人们加深自我潜能的开发,学会如何健康地休闲,休闲教育应与职业教育等共同构成终身教育的完整体系,成为终身教育的有机组成部分。

四 休闲教育的人学之维

从哲学之观点来看,休闲教育是哲学的实践与推行。若从休闲教育之视域以观,休闲教育则有赖于哲学的批判与引导。

1. 休闲教育之人学维度研究现状

在本书第一章绪论部分,我们提到了教育学和德育学研究领域中对"人"的关注,从人学的视野对其进行研究,专著如王啸的《教育人学——当代教育学的人学路向》(2003)、刘黎明的《教育学视阈中的人:基于马克思主义人学的思考》(2010),曾水兵的《走向"整体人"的教育——人学视野下现代教育路向之探索》(2012)。鲁洁教授的代表性论文如《关系中的人——当代德育的人学主题》《人对人的理解——德性生成的基础》都是在人学的指导下对德育新路向的探寻。除此之外,还有思想政治教育人学的取向研究,主要有以下三个研究视角。一是从整体上研究人学与思想政治教育的关系,来论证人学对思想政治教育的意义,专著如刘志生的《马克思主义人学理论与思想政治工作研究》(2004),李合亮的《思想政治教育探本——关于其源起及本质的研究》(2007)。二是从马克思主义人学理论对思想政治教育的指导作用上来看,代表性专著如万光侠等著的《思想政治教育的人学基础》(2006)。三是从人学的方法论角度,探讨人学的原理在思想政治教育中的运用,专著如鲁洁的《道德教育的当代论域》(2005),钟明华等著的《马克思主义人学视域中的现代人生问题》(2006)、张世新的《思想政治教育的人学解读》(2018)等。

虽然学界从多个视角对休闲教育进行理论和实证方面的研究,但目前学界从人学的维度对休闲教育进行研究还是空白,这有利于拓宽休闲教育

---

① 冯建军:《教育的个体享用功能》,《上海教育科研》2002 年第 1 期。

的研究视野,为新的课题的探究奠定了基础。

2. 休闲教育之哲学视域

首先,哲学有赖休闲教育的实践与推行。

休闲教育就是要启发与实践并追求人类最原始的休闲观——生命价值的实现。若从休闲教育观点来看,休闲教育只是一种存在状态,在这种状态之下,活动纯粹是无所为而为,自身即是目的。

休闲教育也是让人们能有意识地选择自己的休闲活动,帮助个人实现自我,培育人们深刻的观察力。休闲教育也将有利于引导人们的学习和行为,使之能向社会最高层次和最持久的价值方向发展。从根本上来说,哲学的理念或理想,都有赖休闲教育的实践与推行方能成功。

其次,休闲教育有赖哲学的批判与引导。

哲学是引导当代教育取向的指针,休闲教育属于教育的范畴之一,自然亦受到哲学思潮的影响。同时由于哲学是一种价值批判的学问,对于休闲教育的价值,正可以透过哲学的批判与省思,加以衡量和判别。

休闲引领教育,教育回归休闲。是教育给了我们休闲,选择以教育的方式来进行休闲,教育将我们引向休闲。不仅教育对休闲做出了重大贡献,还可以要求休闲对它有所回报。休闲可以回报教育的恩惠,为教育的发展和繁荣提供更广泛的基础。在教育中,我们所需要的是对价值进行重新安排。在一个以休闲为中心的社会中生存。休闲教育从价值观、兴趣、欣赏力和技能开始,包括各种休闲技能。它不光指明休闲的方式和时间,而且指明其原因。它主要的教育目的是让人们培养出博大的人格[①]。

我们理解休闲教育需要哲学的引导与批判,它是一种理念与实际的结合,在推动休闲教育时,应掌握人类理性的本质,发挥教育之涵化人性的目的。

3. 休闲教育的人学之维

我们可以理解哲学观念对于探究休闲教育的重要性,透过哲学观点,可作为指引我们探讨休闲教育之策略,与此同时,哲学对休闲教育也有深远的影响与启发。

第一,休闲教育具有人本的精神与思维。休闲基本上是一种追求个体

---

① [美]查尔斯·K.布赖特比尔:《休闲教育的当代价值》,陈发兵等译,中国经济出版社2009年版,第61页。

自由与满足的过程，休闲教育的本质就是要找回这种个体自由与满足的初衷，重拾游戏玩耍的本心，以享受休闲的乐趣，使人"成为人"的过程。科技的高度发展逐渐淹没了人类文明，我们以为休闲只是纵情声色，而逐渐忘却人类休闲的本质。为达到休闲教育之本质目标的实现，休闲教育必须具有民主、自由、开放的，尊重个体的潜能，并相信每一个人都可以学习与了解，以及自我负责和自我决定的。

第二，休闲教育来自生活中的实践与批判。休闲教育是生活实践的学问，而生活本身即是一个整体体验的历程，它应将学生视为一个完整的个体，除了活动技能的学习外，尚包括情意、行为与认知三方面整体发展的教育。透过在生活中实践的休闲教育，参与者得以不断批判认知与体验内在的动机，同时教学者对于参与者的需求、兴趣与价值，亦必须予以十分的重视。

从马克思人学的视角对休闲教育进行研究，旨在发现和挖掘休闲教育所蕴含的建设人自身的元素，休闲教育对人们休闲生活方式的理念和方法进行引导，其本质指向使人"成为人"的过程。休闲教育是为人类的休闲而实施的教育，目的在于引导人们如何科学地安排休闲生活、体验生命，实现人的自由全面发展，领悟生命的意义。

第三章

休闲教育之马克思人学意蕴的逻辑求证

第一节 马克思人学思想的发展历程

一 萌芽、形成和成熟时期

马克思人学思想是马克思在18世纪法国启蒙思想崇尚理性、黑格尔哲学的绝对观念和青年黑格尔派哲学的自我意识思想的基础上萌芽起来的。马克思的博士学位论文《德谟克利特的自然哲学与伊壁鸠鲁的自然哲学的差别》(以下简称《博士论文》)中关于人的自我意识、人的作用、人的本质思想的自由的论述,为其人学思想的形成奠定了基础。

在《博士论文》中,马克思用"作为人的本质的自我意识",首先展开了对神学的批判。同时特别强调德谟克利特和伊壁鸠鲁的哲学思想对人类精神发展的重要性。他反对抽象的自由观并强调了自由是人的本性,他指出:"自由确实是人的本质,因此就连自由的反对者在反对自由的现实的同时也实现着自由"①,马克思表达出了自由就是一直存在的。他指出:"抽象的个别性是脱离定在的自由,而不是在定在中的自由。它不能在定在之光中发亮。"② 但这时的马克思虽然站在黑格尔主义的立场上,但他已经表现了对封建专制的反对和对宗教的批判的态度,展现出了马克思追求人的自由本性的思想。

马克思人学思想的雏形形成阶段,主要体现在马克思在《黑格尔法哲学批判》(手稿)中阐发了市民社会决定国家的人学思想,在《论犹太人

---

① 《马克思恩格斯全集》第1卷,人民出版社1995年版,第167页。
② 同上书,第50页。

问题》和《〈黑格尔法哲学批判〉导言》等论文和著作中进一步阐述了人的本质的思想。

在《黑格尔法哲学批判》中，马克思批判了黑格尔唯心主义思想，突破了人的本质意识性的旧观念，提出了人的本质之社会性的观点。他说："之所以会有这些谬论，是因为黑格尔抽象地、孤立地考察国家的各种职能和活动，而把特殊的个体性看作与它们对立的东西；但是，他忘记了特殊的个体性是人的个体性，国家的各种职能和活动是人的职能；他忘记了'特殊的人格'的本质不是它的胡子、它的血液、它的抽象的肉体，而是它的社会特质，而国家的职能等等只不过是人的社会特质的存在方式和活动方式。"① 在《论犹太人问题》中，马克思在论述市民社会的成员人的本质是怎样在其社会关系的现实基础上形成的问题时，指出："人绝不是类存在物，相反，类生活本身，即社会，显现为诸个体的外部框架，显现为他们原有的独立性的限制。把他们连接起来的唯一纽带是自然的必然性，是需要和私人利益，是对他们的财产和他们的利己的人身的保护。"② 马克思在《〈黑格尔法哲学批判〉导言》中指出："人不是抽象的蛰居于世界之外的存在物。人就是人的世界，就是国家，社会。"③"对宗教的批判最后归结为人是人的最高本质这样一个学说，从而也归结为这样的绝对命令：必须推翻使人成为被侮辱、被奴役、被遗弃和被蔑视的东西的一切关系。"④"德国唯一实际可能的解放是以宣布人是人的最高本质这个理论为立足点的解放。"⑤ 马克思以人是人的最高本质为依据，这表明马克思的人学思想已初步形成。

马克思既批判地继承了黑格尔、费尔巴哈关于人的问题的合理思想，又清算了自己以往的人学信仰。《1844年经济学哲学手稿》，《关于费尔巴哈的提纲》和《德意志意识形态》，标志着马克思同一切旧哲学、人学的彻底决裂，也标志着马克思崭新的人学思想走向成熟。

在《1844年经济学哲学手稿》中，马克思在论及人的本质时，明确指出："我们看到，工业的历史和工业的已经生成的对象性的存在，是一本打

---

① 《马克思恩格斯全集》第3卷，人民出版社2002年版，第29页。
② 《马克思恩格斯文集》第1卷，人民出版社2009年版，第42页。
③ 同上书，第3页。
④ 同上书，第11页。
⑤ 同上书，第18页。

开了的关于人的本质力量的书。"① 在人与自然界的关系上，马克思承认了"人直接地是自然存在物"②，在人与社会的关系上，他强调"个体是社会存在物"③。同时，他指出劳动的异化也就是人的本质的丧失，"共产主义是对私有财产即人的自我异化的积极的扬弃，因而是通过人并且为了人而对人的本质的真正占有；因此，它是人向自身、也就是向社会的即合乎人性的人的复归，这种复归是完全的复归，是自觉实现并在以往发展的全部财富的范围内实现的复归"④。可见，《1844年经济学哲学手稿》在唯物史观以及人的科学理论的形成和发展过程中，是具有重大作用的。

在《关于费尔巴哈的提纲》中，马克思提出了"人的本质不是单个人所固有的抽象物，在其现实性上，它是一切社会关系的总和"⑤ 的论断，并第一次形成了对人的本质的科学界定。马克思第一次对"抽象的人"展开了批判。马克思指出："费尔巴哈把宗教的本质归结于人的本质。……他不得不：（1）撇开历史的进程，把宗教情感固定为独立的东西，并假定有一种抽象的——孤立的——人的个体。（2）因此，本质只能被理解为'类'，理解为一种内在的、无声的、把许多个人自然地联系起来的普遍性。因此，费尔巴哈没有看到，'宗教感情'本身是社会的产物，而他所分析的抽象的个人，是属于一定的社会形式的。"⑥ 关于人的本质的科学论断的提出，标志着马克思在人的理论上实现了质的飞跃。

如果说《手稿》是马克思科学唯物史观创立的提纲，那么《德意志意识形态》则标志着唯物主义历史观的诞生。从1845年的《德意志意识形态》开始，马克思的人学思想发展到了成熟阶段，从这之后马克思将他成熟的人学思想运用到对各种问题的分析中去并和他的社会发展理论紧密结合在一起。把"现实的人"作为唯物史观的逻辑前提与根本出发点，马克思把人的解放、人的自由个性与人的全面发展作为唯物史观的归宿。认为"全部人类历史的第一个前提无疑是有生命的个人的存在。因此，第

---

① 《马克思恩格斯文集》第1卷，人民出版社2009年版，第192页。
② 同上书，第209页。
③ 同上书，第188页。
④ 同上书，第185页。
⑤ 同上书，第505页。
⑥ 同上。

一个需要确认的事实就是这些个人的肉体组织以及由此产生的个人对其他自然的关系"①。他们进一步指出,对人的本质有决定意义的不是意识、宗教和其他社会属性,而主要是生产劳动以及由此形成的社会关系。马克思恩格斯说,"可以根据意识、宗教或随便别的什么来区别人和动物。一当人开始生产自己的生活资料,即迈出由他们的肉体组织所决定的这一步的时候,人本身就开始把自己和动物区别开来"②。这表明,马克思从"现实的人"出发,审视了人的本质及其历史形成,在社会历史视野中整体把握人的发展,开拓性地确立了自己的人学思想。

二 进一步发展时期

马克思在他成熟时期直至晚年的著作中,他的人学思想不断深化和升华,构成了完整的人学理论体系。

在《共产党宣言》中,马克思恩格斯通过对资本主义社会基本矛盾的研究,认为在资本主义占统治地位的条件下,全人类的解放必须通过"革命"的道路才能实现。这就是要推翻资本主义的统治,建立"自由人的联合体"。他们指出:"代替那存在着阶级和阶级对立的资产阶级旧社会的,将是这样一个联合体,在那里,每个人的自由发展是一切人的自由发展的条件。"③ 对人的解放道路问题的探索,成为马克思这一时期人学的主题。

1857—1858年的《〈政治经济学批判〉(草稿)》是《资本论》的最初草稿,在马克思思想的发展史上占有特殊地位。在手稿中,马克思认为,人类社会随着生产力的发展必然经历从自然经济到商品经济占支配地位再到产品经济的发展历程。与三大经济形态相适应的人的发展所经历的三个历史阶段,即"'人的依赖关系';'以物的依赖性为基础的人的独立性';'建立在个人全面发展和他们共同的社会生产能力成为从属于他们的社会财富这一基础上的自由个性'"三个发展阶段。④ 关于人的三个发展阶段理论,是马克思对人类自身发展做出的科学概括。

---

① 《马克思恩格斯文集》第1卷,人民出版社2009年版,第519页。
② 同上书,第519页。
③ 《马克思恩格斯文集》第10卷,人民出版社2009年版,第666页。
④ 《马克思恩格斯文集》第8卷,人民出版社2009年版,第52页。

《资本论》是马克思批判资本主义社会现实的著作之一，他从人和社会关系统一出发，提出"个人自由而全面发展"的问题。一方面，马克思从资本主义经济关系出发，来科学分析人在资本主义社会的存在、发展和自由的实际情况；另一方面，马克思又从历史变化着的个人的基本本性出发，来批判资本主义经济关系的非人性后果，预示着共产主义社会个人发展的前景、目标和模式，认为个人自由而全面发展是未来社会发展的目标。

回顾马克思人学思想的形成和发展过程，从《博士论文》到《共产党宣言》逐渐由不成熟走向成熟，形成了关于人的本质、人的发展及人的解放等一系列与人有关的内容，在唯物史观的基础上，创立了科学的人学观，形成了独特的马克思人学体系。

第二节 马克思人学的主要内容

在马克思的人学理论视域中，"人"不再是一个抽象而孤立的问题，而是一个综合性的社会、历史的问题。马克思对人的研究从根本上来说是一种从整体把握人的历史形成及其实践丰富性的过程，是一种从人的多样性存在审视人的本质的过程，是一种把人的价值放在首位始终关注人的自由全面发展的过程。

一 人的存在论

对人的现实生存的深切关注与理论追求，反对通过抽象的、脱离历史的方式去理解人，力求做到从人的现实生活世界中去关注人的现实存在状态并追求一个符合人的生存状态。马克思从历史唯物史观的角度提出了人是"现实的个人"的存在体，揭示了人是自然、社会、精神三位一体的存在，把握了人之存在的基本特征，确立了人学理论的基本出发点。

1. 人的自然存在

人首先是一个自然存在物。马克思说人是"现实的有形体的站在稳固的地球上呼吸着一切自然力"，"一个有生命的、自然的、具备并赋有对象性的即物质的本质力量的存在物"。[1] 人的自然存在主要体现在以下四

---

[1] 《马克思恩格斯文集》第 1 卷，人民出版社 2009 年版，第 208 页。

个方面。一是人来源于自然界。人是自然界长期发展的产物和结果,在人的身上依然存在着一般动物所具有的动物本能和兽性。正如恩格斯所说,"人来源于动物界这一事实已经决定人永远不能完全摆脱兽性,所以问题永远只能在于摆脱得多些或少些,在于兽性或人性的程度上的差异"①。这表明,当人以生物的本能、野蛮的形式表现出来的时候,它就是兽性;当人的生物本能以自觉、文明的形式表现出的时候,它就是人性。可见,人性是针对兽性而言,是人摆脱兽性的程度并为兽类所不具有的文明特性。二是人属于自然界。人作为自然界进化发展的产物,人"本来就是自然界"②,是"自然界的一部分"③。三是人依赖于自然界。人作为自然存在物具有自然需要,而人的自然需要只能靠自然界来提供,自然界是人的衣食父母。马克思说:"人靠自然界生活。这就是说,自然界是人为了不致死亡而必须与之处于持续不断的交互作用过程的、人的身体。"④ 四是人是自然界的改造者。马克思指出:"人直接地是自然存在物。人作为自然存在物,而且作为有生命的自然存在物,一方面具有自然力、生命力,是能动的自然存在物;这些力量作为天赋和才能、作为欲望存在于人身上;另一方面,人作为自然的、肉体的、感性的、对象性的存在物,同动植物一样,是受动的、受制约的和受限制的存在物。"⑤ 人不是消极地、被动地靠本能去适应自然,而是通过实践活动能动地改造自然,创造出适合自己生存、发展和享受的环境,即"人化自然",同时也创造和改变着人自身。

2. 人的社会存在

马克思认为人是自然的存在,但是人还是社会的人,马克思指出"人天生是一种社会动物",人的生存和发展要受到社会的影响与制约。人的社会存在根本内容是社会关系。

在马克思看来,人的社会存在主要体现在以下三个方面。一是人是劳动的产物。劳动,即生产实践活动,是人类得以从自然界分化出来、人和社会得以存在和发展的基础,也是人和社会之间各种关系得以形成、发

---

① 《马克思恩格斯文集》第9卷,人民出版社2009年版,第106页。
② 《马克思恩格斯文集》第1卷,人民出版社2009年版,第209页。
③ 同上书,第161页。
④ 同上。
⑤ 同上书,第209页。

展、变化的基础。正如马克思所说:"人本身就开始把自己和动物区别开来。人们生产自己的生活资料,同时间接地生产着自己的物质生活本身。"① "劳动是整个人类生活的第一个基本条件,而且达到这样的程度,以致我们在某种意义上不得不说:劳动创造了人本身。"② 二是人在社会交往中生存。社会交往是人类特有的现象,是人类社会得以存在和发展的基本前提和内容。"社会——不管其形式如何——是什么呢?是人们交互活动的产物。"③ 由于人类的社会实践活动是不断变化发展的,所以人们的社会交往也是不断变化发展的。三是人在相互合作中生存。合作是人与人社会交往的基本形式,是社会存在的前提。马克思曾说过:"社会关系的含义在这里是指许多个人的共同活动。"④ 共同活动是一种相互依存、相互合作的交往形式。

3. 人的精神存在

人不仅是自然存在物和社会存在物,具有自然属性和社会属性,而且"是有意识的存在物"⑤,具有精神属性。"有意识的生命活动把人同动物的生命活动直接区别开来"⑥,是由于人的意识活动表现出自主性、能动性和创造性的特点。没有人的自主性、能动性和创造性,也不可能有人的自由的、自觉的活动。当然,人之所以成为有意识的存在物,具有精神属性,归根结底还是劳动的结果。马克思恩格斯说:"思想、观念、意识的生产最初是直接与人们的物质活动,与人们的物质交往,与现实生活的语言交织在一起的。人们的想象、思维、精神交往在这里还是人们物质行动的直接产物。"⑦

---

① 《马克思恩格斯文集》第 1 卷,人民出版社 2009 年版,第 519 页。
② 《马克思恩格斯文集》第 9 卷,人民出版社 2009 年版,第 550 页。
③ 《马克思恩格斯文集》第 10 卷,人民出版社 2009 年版,第 42 页。
④ 《马克思恩格斯文集》第 1 卷,人民出版社 2009 年版,第 532 页。
⑤ 同上书,第 162 页。
⑥ 同上书,第 162 页。此处"有意识",不是心理学描述意义上的人有意识,而是指人的主体能动性意义上的自觉认识、自觉反映和自觉把握。具体来说,即是对人的类存在本质的自觉意识和自我认知。自我意识就是在对象中看到自己,用别人的眼光看自己,由此形成类意识。通过类意识,人就不光是有物质生活了,而且也有了精神生活,有了理性,有了自我意识,动物性的本能欲望由此提升到了意志。
⑦ 《马克思恩格斯文集》第 1 卷,人民出版社 2009 年版,第 245 页。

二 人的本质论

人的本质的研究是马克思人学思想的核心,马克思人学对人的本质的解读是多向度的,是在多层面的理论展开并在现实的基础上实现统一的。具体说来,主要体现在三个命题上:"劳动或实践是人的本质";"人的本质是一切社会关系的总和";"人的需要即人的本性"。

马克思在《1844 年经济学哲学手稿》中指出:"一个种的整体特性、种的类特性就在于生命活动的性质,而自由的有意识的活动恰恰就是人的类特性。"① 这里说的人的类特性即人的本质,这里说的自由的有意识的活动②即实践或劳动,是区别人与动物的根本标志,这是人独有的属性,因而构成了人的本质。《手稿》彰显了人的本质是自由的有意识的活动的思想。

在《关于费尔巴哈的提纲》中,马克思提出了"人的本质是一切社会关系的总和"的思想。《提纲》中指出:"人的本质不是单个人所固有的抽象物,在其现实性上,它是一切社会关系的总和。"③ 在他看来,人以何种方式开展自己的实践活动并以何种方式塑造自己与表现自己的唯一途径是人的实践活动的发展以及在人的历史实践活动基础上所生成的人的一切社会关系的总和。"一切社会关系"包括了人与自然的关系,人与社会的关系。在一切社会关系中,生产关系是最主要的,它决定着其他的社会关系。在生产关系的基础上,人们进一步形成了经济关系、政治关系、法律关系等,从不同侧面和层次显现了人的本质。在这里,马克思在对人的本质的认识上有了新的进展,人的本质是"一切社会关系的总和"的论断是对人的本质的科学抽象,与原先自由的有意识的活动是人的本质的抽象相对照,抽象的对象已不再是没有区别的人类个体而是具体的现实的人。

---

① 《马克思恩格斯文集》第 1 卷,人民出版社 2009 年版,第 162 页。

② "自由的有意识的活动",在马克思那里,有两层含义:一是"使自己的生命活动本身变成自己意志的和自己意识的对象";二是"通过实践创造对象世界,改造无机界,人证明自己是有意识的类存在物"(参见《马克思恩格斯文集》第 1 卷,人民出版社 2009 年版,第 162 页)。马克思之"自由的有意识的活动",其实质恰恰是用来说明人的自我创造性,在自我创造的过程中实现了文化的创造,在创造文化的同时,证明了自己是有意识的类存在物,实现了自我创造。

③ 《马克思恩格斯文集》第 1 卷,人民出版社 2009 年版,第 501 页。

在《德意志意识形态》中，马克思指出，"在任何情况下，个人总是'从自己出发的'，……由于他们的需要即他们的本性，以及他们求得满足的方式，把他们联系起来（两性关系、交换、分工），所以他们必然要发生相互关系"①。在这里，马克思明确指出了人的内在的、本质的规定性是人的需要，也是人的各种社会关系的根本动因，即人是处在社会关系之中，其原因和目的是获取对自身需要的满足。

马克思人学思想中，人的劳动本质是最根本的，起着决定作用的，若离开了人的劳动本质，人的其他方面的属性就不存在，人也不能成其为人；人的社会本质揭示了人与动物的本质区别，反映了人与人之间相互区别的内在原因；人的主体需要本质指向的是人的本质的最终目的，即人的主体性的彰显与人的自由个性的实现。

三　人的发展论

马克思认为，"代替那存在着阶级和阶级对立的资产阶级旧社会的，将是这样一个联合体，在那里，每个人的自由发展是一切人的自由发展的条件"②。这表明人类的最高理想和追求是要实现人的自由全面的发展。

人的全面发展是指人的本质的全面丰富与展示，是人对自身本质的全面占有，由于人的本质是自由的有意识的活动和各种社会关系的总和，因而人的全面发展就是人的自由的有意识的活动、活动能力和社会关系发展的全面性与普遍性。人的自由发展是指"建立在个人全面发展基础上的自由个性"的发展。

具体来说，马克思人学对人的全面发展的解读是从四个方面展开论述的。一是从他所处的历史时期人的发展"异化"现状的批判开始，分析了人的全面发展的现实境遇，提出了人的全面发展理论。二是根据人的发展的"异化"产生的根源，分析了人的全面发展的基本内涵。三是从人的活动规律以及生产力和生产关系等维度寻找人的全面发展的道路，探索从理想通往实际生活的现实道路。四是通过分析人与自然以及与社会的关系，提出了人的发展的三个阶段，揭示了人的全面发展程度在不同的历史阶段具有不同的实现形式和具体内容，是历史与现实的统一体。这四个方

---

① 《马克思恩格斯全集》第 3 卷，人民出版社 2002 年版，第 514 页。
② 《马克思恩格斯文集》第 10 卷，人民出版社 2009 年版，第 666 页。

面形成了马克思人学关于人的全面发展的系统学说。

第三节 休闲教育发生的人学探源

休闲是现代文明的产物。从人学角度来看,休闲教育作为人的实践活动之所以得以产生和发展,在于它为人们所需要,是人类生存、发展和完善之需要的产物。休闲教育由人类自身所创生出来,它为人类的发展和存在所推动而获得它得以合理存在的缘由。

一 休闲教育为人所需要

从人学的视角看,休闲教育之所以产生,首先在于它为人所需要,是人类生存、发展、完善所需的产物。因为人是属人的存在物,即为自己本身而存在的存在物。

"任何人如果不同时为了自己的某种需要和为了这种需要的器官而做事,他就什么也不能做……"① 人的任何活动都是由人类自身的需要所激发和推动的。"需要是人的生存发展对于外部环境、自身活动和社会关系的具体依赖性。"② 休闲教育的产生是人类生存、发展之需要的产物,体现了人的生存、发展活动对休闲教育的某种客观依赖性。

由于历史、传统文化、经济等诸多因素的影响,我国对休闲教育的认识不足,重视程度不够。我国的学校教育中普遍缺乏对学生的休闲教育的普遍实践,学校把工作的重点放在对学生未来职业的技能教育上。中等学校开设的美术课、音乐课、体育课,也只是主课目的点缀,高等学校特别是职业院校很少开设类似有关休闲活动的课目。从社会层面来讲,政府、社区更是缺少对公众实行休闲教育。这样公众作为生命的个体,一方面没有休闲的意识和选择、评估休闲活动的能力;另一方面缺乏休闲活动的技巧,闲暇时间得不到有效的利用,人无法得到全面的发展,整个国民素质不能有效地提高。

休闲教育反映了当前中国的教育涉及人应该怎样以人的方式存在,关涉人自身的完善、自由、全面、和谐地发展。它为人的存在与发展、启蒙

---

① 《马克思恩格斯全集》第3卷,人民出版社2002年版,第286页。
② 李德顺:《道德价值论》,云南人民出版社2005年版,第29页。

解蔽、拓荒引路，使人的存在获得丰富的内涵和充盈的意义。

二　休闲教育由人所创生

人类需要休闲教育这样的一种实践活动，人类在参与自身生存与发展的休闲活动中促使了休闲教育的产生。人满足需要的方式与动物不同，动物的需要是作为本能的存在，动物只依靠自己本能的方式满足自己的需要，而人则通过自己创造性的实践活动能动地满足自身的需要。因为人类作为有生命的自然存在物，是"具有自然力、生命力，是能动的自然存在物"，[1] 人具有自由自觉性，"而自由的有意识的活动恰恰就是人的类特性"[2]。人能够发挥自己的能动性，"人则使自己的生命活动本身变成自己意志的和自己意识的对象"[3]，人能按照自身的意志超越种种的给定性，实现自我发展。休闲教育是人类为了满足和丰富自身的生存、发展以及完善的需要而发挥自身的自由自觉性、能动性与创造性，在人的生存与发展的过程中，积极参与多样性的休闲实践活动中所创生的。

休闲教育是由人所创生的，它的主体是人的自由、自主、自觉活动的一部分，人既是具体的、休闲教育实践与行为的主体，又是休闲教育规划和设计、具体内容体系的实际创造者和制定者，同时又是休闲教育效果的评价者。虽然休闲教育的主体是人，但休闲教育并不是来自人的主观，人也不可以随心所欲地担当其主体。休闲教育是来自人的客观的生存、发展以及实践活动的结果，它来源于人的生活实践本身，是基于客观上人们的共同活动与交往、特定的活动方式和条件等付诸实践的产物，是由人们参与休闲活动以及在休闲活动中的相互关系、活动方式本身产生的，是在人们参与各种休闲实践活动中逐渐形成的。

休闲教育根植于人本身以及人的生命、生活与生存实践之中。它是人的特定时期的生活方式、生存现状、发展状况的反映，是人对自己生存处境和存在意义的领悟。人类从事休闲活动，通过休闲教育能够更好地得以存在与发展。休闲是人的一种走向自由的存在方式与生活方式，它的全部旨趣在于人的自我完善与发展。休闲教育能够增进人们休闲生活方式的自

---

[1] 《马克思恩格斯文集》第1卷，人民出版社2009年版，第209页。

[2] 同上书，第162页。

[3] 同上。

由选择，休闲教育以人为中心，它是人在某种程度上不断地占有自己的本质并使人"成为人"。休闲教育之本质是使人"成为人"，是为实现人的全面发展的休闲教育本质的核心内容。

三 休闲教育为人所推动

人的生存、发展在什么样的条件下进行，需要什么样的休闲教育，就有什么样的休闲教育，它随着人的生存与发展的状况变化而变化。人的生存与发展本身是现实的、历史的。人是"现实的人"，人的生存、发展活动在社会历史中进行，人的生存、发展能力与条件也是历史地形成和发展的。

无论在民国时期还是现代的休闲教育主要依赖于学校和社会，尤其是社会培训机构。目前就我国的高等学校而言，国内高校也陆续开设了休闲学专业，现代休闲教育在中国的研究逐渐兴起，这与传统观念的长期束缚有很大的关系，相当多的人对"闲"的价值缺乏正确的认识，究其原因之一就是全社会缺少休闲教育，休闲时间的真正价值没有得到很好的利用和开发。我国目前休闲教育专业课程设置缺乏正规的教程，教学内容比较单一。社会上有关休闲的培训机构不多，多数培训机构以"赢利"为目的，一定程度上存在无序管理、混乱收费的现象，未能真正提升到开展休闲教育是为了提高国民素质的认识高度上来。

休闲教育是"现实的人"在参与休闲活动的具体实践中得以推动并完成的。正因如此，休闲教育的发展可以说在一定程度上反映出人的发展程度以及当前社会人们所处的生存状态。人的存在、不断参与各种休闲活动，推动着休闲教育的发展，使其显示出了生命力与活力。休闲教育的发生与人之存在有着密切的关系，如果一旦脱离人，休闲教育自身也就会丧失其活性。起源于人之所需、由人所创生、为人所推动的休闲教育显然是服务于人的。

第四节 休闲教育蕴含"建设人本身"的元素

一 休闲教育的本质中蕴含着"建设人本身"的元素

我们这个时代已经变成一个功利主义的时代，"有用"成为衡量一切的标准。教育领域亦不例外。我国高校普遍重视职业教育，不是很重视休闲教育，即使开展了一些有休闲意义的校园活动，其实也是出于工具意义的考量，即为学生学习减压，或为了提高其素质，使其成为高级人才，寻个工作职位而已。教育注重了现实，在"有用"的价值天平上，今天的教育已经彻底沦为工具性教育。工具性教育的表现之一是把教育视为社会发展的工具，教育本身的价值失落。如个人和家长重视教育，为教育投资，是因为通过教育可以"找个好工作""过舒适的生活"。在我们当前的社会里，"被重视的只是教育的工具价值，被提高的只是教育的工具性作用，被看好的只是教育所带来的经济效益及个人社会地位的提升。除此之外，教育便没有了立足之地，没有了任何发言权，没有了理论的依据"[1]。教育逐渐迷失了自我。工具性教育的另外一个表现是把人培养成为工具，教育只是教人掌握何以为生的知识与本领，而往往放弃了为何而生的思考。在基础教育中，学生被淹没在知识的海洋里，基础教育往往更多的是忽视了学生在教育过程中的理解、体验与感悟，在教育目标的达成之前往往忘记了把学生培养成为一个"完整的人"，在工具性教育观的指导下，人的意义、生活的意义以及生命的价值失落。以培养完整的个人、探求生活的意义、寻找生命的价值为目的的休闲教育在工具性教育观盛行的教育环境下是没有立足之地的。在工具性教育观指导下，学校在评价学生是否优秀时，用的是固定的量化标准，注重对高分数的追求。这样，休闲教育被忽略甚至可能已经被遗忘了。

休闲教育对人性及整体素质的提升和对人性完美的向往，根本在于它对人自身全面发展的一种追求。它有一个逐渐形成、逐步显露并经历了从自在到自为的过程，但它是终极性的。休闲教育不是一种工具性本质的教育，亦是人类生活中不可或缺的一种教育方式，休闲教育作为人的一种生命活动表现，作为人的一种存在方式，无疑具有"建设人本身"的本质属性，它通过昭示价值、理想，揭示生活和存在的意义，引导人思考自身、发展自身，实现质的飞跃。

二 休闲教育的目标中蕴含着"建设人本身"的元素

在第二章第三节中我们提到了关于休闲教育的目标主要表现在两个方

---

[1] 郝德永：《课程与文化：一个后现代的检视》，教育科学出版社2002年版，第265页。

面。首先，通过休闲教育培养我们的休闲技能、技巧与休闲鉴赏力，使我们有能力参与某些休闲活动的同时，产生对休闲活动的兴趣，并从中享受乐趣。其次，通过休闲教育确立正确的休闲价值观与生活方式。掌握一定的休闲技能、技巧固然很重要，但更重要的是知道何时以何种方式来运用这些休闲技能、技巧。如果能够把休闲教育纳入高校的教育体系中，其基本目标应该是全面发展学生的德智体美劳各方面的综合素质，培养全面发展的人。然而在技术精英统治的今天，现代大学教育却往往背弃了这一办学宗旨，当然我们所指的是不包括对所有大学的专业教育的批判，很多大学成为不同职业的培训中心，它们所开设的课程都是想让学生成为本学科的精英，却没有意识到这种课程安排实际上往往会让学生无所适从。当然我们不会否认高校教育的专业性的益处以及对专业精英人士的培养，大多数高校忽视了休闲教育，其教育模式是不完整的。因此，高校教育需适时调整各个专业教育的领域，把休闲教育纳入高等教育的体系之中。在条件成熟时，成立休闲学院（系、所），设置休闲课程体系。近几年来，休闲教育在我国高等教育中已逐渐显现。国内部分高校创建了休闲学系以及休闲学专业课程的设置，让学生在休闲体验中接受教育。在参与休闲活动中学习知识与技能，只有到熟能生巧的地步才可以体会到美感、才能够有所突破和创新，这便是休闲活动提升自身境界的一个过程。简单地说，休闲活动是一个不断学习和自我实践的过程，需通过休闲教育来实践。人们在休闲活动中取得提升自我境界的同时，也是我们自身接受教育的一个过程。总之，休闲教育能够挖掘人的潜力、解放人的思想、尊重人的价值、提升人的素质、实现人的自由全面的发展，其目标中已蕴含着"建设人本身"的元素。

三 休闲教育的价值中蕴含着"建设人本身"的元素

一种教育的实施之所以成为必要，首先应当考虑它的价值性。休闲教育对于个人的价值首先来源于休闲对个体的价值，正是因为休闲对个体的积极意义，休闲教育才有必要、有责任以自己的独特的方式影响并帮助个体最大程度地实现这种意义。通过休闲教育而使休闲主体建立科学的休闲观念，选择正确的休闲方式与休闲行为，不只是使休闲主体获得身心的愉悦，休闲教育也使整个社会生活变得更加地和谐有序。除了休闲教育对个人的价值的意义之外，它还有社会价值的意义，它能通过对接受休闲教育人才的培育，并能够引导健康积极的社会舆论，同时通过大学休闲教育的高层次追求，直接能使休闲为社会创造更多的价值。

通过休闲教育，使人们能够正确地认识休闲的本质与特点。了解休闲与自身生活质量与发展的关系以及参与各种休闲活动的方式、过程和休闲活动本身所发展趋向，能够在人们的生活方式发生变化时，重新评价自己的休闲认知，依据个人利用休闲的目的来分析当前我们所选择的和正在改变的生活方式、生活环境以及休闲兴趣之间的关系；能够根据不同的群体所扮演的不同角色分辨他们所承担的不同的社会责任；能够根据我们对休闲的不同认知和对休闲技能的掌握去设计或计划各类有意义的休闲活动。通过休闲教育，使我们了解更多由休闲所引起的挑战、机会和一些社会问题。

从以上对休闲教育的价值分析来看，个体的人是社会中存在的一个个、活生生的人，他也是具有社会属性的人，其发展依赖于社会的发展。对社会的促进必然最终体现在个体的人的发展上，休闲教育的社会价值也必然最终体现在对个体的人之发展的促进上。

四　休闲教育是属于人、为了人

休闲教育为人所需要、由人所创生、为人所推动。现代休闲教育的产生和发展说明了休闲教育有其产生和发展的根据和必然性。休闲教育有其存在的合理性，那就是它与人的存在、发展的密切关联以及它对人的存在、发展的提升和完善，其目的也必然与人本身联系，那就是对人的提升。休闲教育具有"建设人本身"的内在性本质，它不仅有社会价值，也有个体价值、人的价值。这些也决定了开展休闲教育必须蕴含人学意蕴。我们可以合理地认为，休闲教育是属于人的，具有明显的属人性，它也是为了人，其目的指向人之生成、人之建设、人之提升与完善、人之解放与自由全面地发展。人是休闲教育的基础，也是其根本；人是休闲教育的出发点与归宿；人是休闲教育的中心，也是其目标。这是从人的本体地位对休闲教育终极目标的把握，人在休闲教育中应具有最高的本体位置。在坚持马克思人学思想指导的前提下，休闲教育指向人的建设，其本质指向使人"成为人"的目标，休闲教育恰是引导人们合理利用休闲时间，其本质成了指向使人"成为人"的有力保证。

首先，基于"人"的科学规定有以下三方面的理解。（1）这里所指的人是"现实的人"。所谓现实的人,就是"以一定的方式进行生产活动的一定的个人"①,"这里所说的个人不是他们自己或别人想象中的那种个人,而是现实中的个人,也就是说,这些个人是从事活动的,进行物质生产的,因而是在一定的物质的、不受他们任意支配的界限、前提和条件下活动着的"②。通俗点来说,现实的人"就是生活在现阶段的人,而不是过去的人或未来的人,就是在特定国度、特定社会制度和受特定民族传统文化影响的人,而不是超越国度、社会制度和文化的抽象的人;就是生活在一种开放、变更环境和从事实际活动的人,不是一种处于封闭、静态环境与模式化中的人"③。(2) 这里所指的人是个体、群体、类的统一,是具有个体性、群体性(社会性)和类特性的人。在马克思的人学思想中,人有三种基本存在形态:个人的单个形态(即个体存在形态);群体的特殊形态(即群体存在形态);人类作为种属的一般形态(即类存在形态)。马克思在《德意志意识形态》中指出,"既从人和动物的区别上揭示人的类特性,说明人是人类学意义上的人,又从人和人的区别上揭示人的社会特性,说明人是社会的人,还从个人与他人的区别上揭示人的个性,说明人是具体的、有个性的个人"④。马克思从人的类特性、社会特性与个性的和谐统一中试图揭示出人的完整性,为了说明人是一个"完整的人"。"其中人的类特性是人和动物区别开来并确立人在世界中的主体地位的根据,是人们消除彼此间的社会对立而走向联合的人类学根据。人的社会特性在于使个人成为现实的个人,使人与人之间区别开来。这样,对人的分析就能由抽象走向具体,以把握现实社会中人的实际状况。因此,马克思在谈论现实社会中人的实际存在和发展状况时,往往注重分析人的社会特性。有个性的个人指'个人在心理上的差异,更指相对于个人对社会依附性而言的个人的独立自主性、自由自觉性和能动积极的创造性,即作为主体性的个性',这种个性在于引起人们对人的个性的关注。"⑤ 人的三种存在形态实质上指的是个人的三重存在形态,确切地说是个人的三重存在性

---

① 《马克思恩格斯文集》第1卷,人民出版社2009年版,第523页。
② 同上书,第524页。
③ 郑永廷:《人的现代化理论与实践》,人民出版社2006年版,第64页。
④ 韩庆祥:《马克思人学的总体图像(上)》,《中共珠海市委党校珠海市行政学院学报》2007年第3期。
⑤ 同上。

问题,即个人存在的个体性、群体性和人类性。① 个人的存在的三重属性规定了对个人的认识必须坚持个体、群体和类的统一,个人不仅具有个性,而且具有群体性、人类性,虽然个性对于个人而言非常重要,但是个性是在个人在拥有群体性、人类性的过程中生成的,否则人就不能成其为人,更谈不上个体的个性。(3)这里的人是指人的存在状态、本质属性、历史发展相统一的人。人不仅有其存在的形态,也有其本质规定,同时又在历史中不断发展。人的存在与人的本质内在统一。既然是人的存在,必定包含着人作为人的根本规定,即人的本质;人的本质也必然通过人的存在表现出来。人的发展是人之存在的提升,是人对自己本质的占有,它永远没有一个固定的限度。

其次,对"成为人"的理解。"成为人"是休闲研究中一个重要的概念。从古希腊起,休闲的作用就得到了认可,亚里士多德(Aristotle)是对休闲给予最多赞美的人,如"休闲是一切事物环绕的中心""休闲是科学和哲学诞生的基本条件之一"以及"只有休闲的人才是幸福的"等观点深刻影响了整个西方文明的演化和发展。休闲为探索"成为人"以及为他人创造"成为人"的机会提供了空间。"社会学家把休闲看成是一种社会建制以及人的生活方式和生存心态,拓宽对休闲的研究,将休闲理解为种'成为'的状态"②,休闲被认为是实现人之"成为人"的重要平台。"成为"对人的生存和发展具有重要的意义,在休闲中,完成"成为"的过程,实现"成为人"的结果。从本质上来说,休闲之"成为状态"指的是休闲是动态的存在,是一种"成为的状态"(state of becoming),是一个人在自我学习中不断地反思以及不断地自我矫正的过程。"成为"人的动态的过程即意味着人发展各种能力,获得自由和幸福,达到人性的完善和不断地接近人的本真状态。在静态的休闲状态下,由于摆脱存在的必须和外界的束缚,休闲中的我们才是真实的自我。"寻求本身就意味着现在的'存在'是不完善的。人性不是给定的,而是一个目标;它也不是终结的,而是一个过程。存在的本质在于存在就是成

---

① 武天林:《实践生成论人学》,中国社会科学出版社2005年版,第99页。
② [美]约翰·凯利:《走向自由——休闲社会学新论》,赵冉译,云南人民出版社2000年版,第23页。

为。"① 在休闲学家看来，"成为人"意味着：摆脱必需后的自由；超越意识、获得人性的本真；采取决定性的、有方向的行动以实现人性；探索和谐与美的原则，引导行动的能量；承认生活理性、感性、物质与精神层面的统一；与他人在一起行动，使生活充满朝气并促进自由与自我创造；谋求"成为人"不是按什么精神的样板，而是在行动中发展共同体，树立完整的自我，培养美和爱的能力②。因为休闲的意义并不在于外在的自我活动，而是我们内心的真实体验。休闲直接指向主体的诗意存在、自由和全面发展。

休闲教育就是要启发与实践并追求人类最原始的休闲观——生命价值的实现。若从休闲教育观点来看，休闲教育只是一种存在状态，在这种状态之下，活动纯粹是无所为而为，自身即是目的。休闲教育是伴随休闲而出现的产物，休闲教育作为人们休闲的必要准备，良好的休闲价值观能够使人们通过休闲来改善自身的生活品质，并能从休闲的角度来认识自己、审视自己的人生，而它的获得本身就需要一个教育和学习的过程。休闲教育也能让人们有意识地选择自己喜欢的休闲活动，帮助人们实现自我，培育个人深刻的洞察力。休闲教育也将有利于引导人们的学习和行为，使之能向社会最高层次和最持久的价值方向发展。从根本上来说，哲学的理念或理想，都有赖休闲教育的实践与推行方能成功。

"成为人"首先是要"成人"，通过休闲教育，使休闲主体能够通过自己的努力来维持自己的生命的过程，并对社会有所贡献；其次才是"成为人"，休闲主体通过接受教育，获得应有和必要的指导，不断认识自我和完善自我而发现生命的意义。并使自己通过对意义的理解和感悟，达到身心的和谐，自己与他人的和谐以及自己与自然的和谐，实现人的自由全面的发展，领悟生命的真正的意义。"成为人"是对人的存在的完善和人自身本质的占有，即就是人的生成、人的全面、自由的发展。因此，休闲教育存在的意义又可以看作促进人的全面生成或是"成为"，是对"完整的人"全面占有自己本质的人之引出。休闲教育通过关注现实中的人们拥有休闲的生命状态、关怀人类的精神处境、关心人类休闲的价值选择，为

---

① [美] 约翰·凯利：《走向自由——休闲社会学新论》，赵冉译，云南人民出版社2000年版，第24页。

② 同上书，第25页。

人的生存与发展提供休闲愿景的安身立命之所，使人得以"诗意地栖居"；休闲教育通过为人的生存、发展提供具有时代性、根本性的休闲价值理念，指导人之"成为"。从人学的视角来看，休闲教育存在的根基在于人的存在和发展，其根本意义在于对人的存在、人的本质以及人的发展的关切，对人的休闲生存价值和意义的唤醒与提升，其现实之理想是指向人自身的完善。

既然我们是在一个以休闲为中心的社会中生存，那么休闲教育旨在启发个人存在的意义，休闲教育也是合理地引导人们休闲的生活方式与理念，方法和行为，其本质指向使人"成为人"的过程。休闲教育的人学意蕴可以从哪些方面得到体现呢？我们将在本书后续章节中根据人的存在状态、本质属性、历史发展相统一的角度，以马克思人学理论之存在论、本质论和发展论为指导，分别从人之存在、人之本质和人之发展的维度对休闲教育的人学意蕴进行具体的阐述。

第四章

休闲教育的人之存在论维度

在马克思的人学思想中,"人"不是孤立的、抽象的形象,而是一种丰富多样性的现实存在。马克思对人的存在、人的本质,以及人的发展做了全面、系统的研究,不仅为人类追求休闲性的生存与发展提供了理论的指导,而且为人类自我价值的实现指引了方向。马克思人学是对现实社会中人的深切关照。同时,休闲教育理应受到马克思人学的关照,让更多的人参与休闲活动。人的存在不仅包括个体的人的存在,也包括群体的、类的存在。实践是人类存在的根本方式,实践的生成性决定了人之存在的生成性,因此人的存在可以称为生存,即生成着的存在。人之存的生成性决定了人的存在可以不断地完善着,休闲教育提升人之存在目的从理论上和应然性上主要体现为促进人的存在形态的协调和促进人的存在状态的完善。

休闲教育从根本上来说是关于人的教育,其本质是使人"成为人"的过程,针对目前休闲教育在理论上和实践中出现的"人学空场"现象,马克思的人学理论无疑为休闲教育的研究开辟了一条智慧之路,并指引着休闲教育脱离现实困境而转向其"成为人"之目的。

第一节 关于人的存在

人的存在[①]是一个相当复杂的问题,由于论题的需要,我们不对人的

---

① "Ontology"一词被译为"本体论",后在我国沿用至今,但争议一直未断。"本体论"最基本的含义通常被界定为"关于存在的学说""关于存在之为存在的学说"。在这种意义上它同亚里士多德所称的"第一哲学",即研究终极原因和原则或研究"作为存在的存在"的形而上学(Metaphysics)是同义语。可见,"Ontology"译为"本体论"的确容易导致"实体化"的倾向,目前国内大多数学者均倾向于译为"存在论"。从人学的范围来说,"存在论"即寻求人之存在之最后根据的学问。本文仍遵循国内的通常习惯,主要是在追寻终极"存在"的意义上,将"本体论"与"存在论"在同一意义上使用,即只是限于用来指称构成任何哲学(人学)基础理论的一个分支,即关于"存在"的理论,与认识论、方法论等并列。

存在进行系统的阐述，而只是对人的存在的几个基本问题即人的存在形态、人的存在方式以及人的存在的生成性给予说明。

一 人之存在的形态

人学是对人现实生存和意义的深切关注和理论追求，力求做到从人们的现实生活中去关注他们的存在状态，并追求一个符合人类的理想的生存状态。有学者指出："休闲生存状态是一种比劳动状态更高级的人类存在状态，它属于人在基本生活需要得以满足后产生的新需要的范畴，也是人类社会生产的真正目的所在。"[①] 学界普遍认为人有三重存在形态[②]，在马克思人学思想中，人是"现实的人"，即现实存在的人。现实存在的人为了满足生命个体的生存、发展需要，人必须结成一定的社会群体进行物质生产活动，而随着物质生产活动的发展，人们的社会群体会进一步扩大，并最终走向人类的统一。由此看来，现实的人的存在形态就是个体存在形态、群体存在形态、类存在形态的统一。

首先，人的类存在形态指人作为类存在物而存在。这个类不是按照抽象同一关系归纳出来的物类，也不是一个既成的类，而是在历史发展过程中依靠自己的活动逐渐形成、历史性生成的特殊的类——人类。人作为类存在物，主要通过改造自然界的活动存在。人类为了生存必须同自然界交换物质和能量，与此同时，人类为了生存通过改造自然的方式才能获得所需的物质和能量，这体现了人与自然既统一又对立的关系。人类必须依靠劳动的方式生存，劳动必然要求人与人之间联合、交往，从而形成类的力量，并通过类的力量、以类的存在形态同自然界之间发生更广泛和更深刻的矛盾关系。人作为类存在物同动物的区别一方面在于人能改造自然界而动物只能适应自然界。其次，人的群体存在形态主要指人作为社会存在物而存在。它是人与人通过社会关系的结合而形成的，社会存在物就是社会群体。社会存在物与自然存在物不同，它具有发展为类存在物的根据（劳动活动）。最后，人的个体存在形态主要指人作为精神存在物而存在。个

[①] 刘晨晔：《休闲：解读马克思思想的一项尝试》，中国社会科学出版社2005年版，第197—198页。

[②] 学界普遍认为人有三重存在形态，此部分主要借鉴武天林的观点和相关论述（参见武天林《实践生成论人学》，中国社会科学出版社2005年版，第79—111页）。

体的人具有肉体和精神、自然存在和精神存在两个方面。而使个体成为一个人的东西不是肉体，而是精神；不是自然存在，而是精神存在。它是通过类存在和社会存在而产生的使个人成为人的内在根据，给出了人之所以为人的理由。人的个体存在形态是个体在参与人类改造自然和群体改造社会的活动中，通过社会教化以及个人的能动创造，从而获得的属于自己的主观世界。

从以上可以看出，人作为类存在物主要是在人类处理人与自然之间关系，在改造自然的过程中的存在形态；人作为社会存在物主要是在处理人与人（这群人与那群人）的社会关系中，在改造由不同的社会群体构成的人类全体即人类社会的过程中的存在形态；人作为个体存在物主要是在个人与文化世界中、在改造个人的主观世界中的存在形态。

"人的三重存在指的是个人的三重存在形态，确切地说应当是个人的即三重存在性问题：个人的个体性、群体性和人类性问题。"[1] 个人存在的人类性通过人与自然的关系来考察，其群体性通过人与人的社会关系来考察，其个体性应通过个人与文化世界的关系来考察。每一个现实个人的存在都必须具有人类性、群体性和个体性，每一个现实存在的人也必须面临人与自然、人与人、人与世界的关系。个人的三重存在形态，使个人的存在不仅是简单的生命存在活动，而且是更为复杂的社会生活：改造自然、创造物质生活条件的活动构成人的物质生活，在物质生活基础上通过人与人的社会交往构成人的社会生活和政治生活，在物质生活、社会生活和政治生活中的思考等构成了人的精神生活。

二 人的根本存在方式：实践

考察人的存在必须回答人凭什么存在，或者人怎样存在，即回答人的存在方式是什么。人通过自由自觉的活动即实践来存在，实践既是人的根本存在方式，也是人的本质活动。

在马克思之前的思想家往往以抽象的思维方式去把握人的存在与本质，他们"对人自身这个'对象、现实、感性'的理解也同对人之外的'对象、现实、感性'的理解一样，要么诉诸一种纯客体性的抽象直观，要么诉诸一种纯主体性的抽象直观，而不懂得从人的实践活动的维度去进

---

[1] 武天林：《实践生成论人学》，中国社会科学出版社2005年版，第98页。

行理解"①。"从前的一切唯物主义——包括费尔巴哈的唯物主义——的主要缺点是：对对象、现实、感性，只是从客体的或者直观的形式去理解，而不是把它们当作人的感性活动，当做实践去理解，不是从主体方面去理解。"② 马克思人学为我们开辟了一条把握人自身的正确道路，从感性的实践活动的角度真正把握人之存在和本质。人所面对的"对象、现实、感性"都是在人的实践活动基础上生成的，是一种属人的世界或人化的世界，故我们当然应从人的实践活动方面去理解。同样，人类通过自己的实践活动，不断地确证着自己的真实存在，因此，对人的存在也必须从实践活动的角度去理解。在马克思人学的视野中，"而人们的存在就是他们的现实生活过程"③，"人的存在方式就是人的现实生活的表现和现实化，是人表现和实现现实生活的具体的相对稳定的形式"④。人通过实践表现人的现实生活，从根本上看，它恰恰就是人的存在本身，人感性地和实践性地确证和阐释自身存在的过程。因此，有学者指出人是"实践——生存"的存在，"'实践'这个概念所指谓的，就是对象性的人在对象性活同时也是向世界和未来而生的那种辩证生存方式"⑤。人在本质上是一种以劳动或实践作为自己存在方式的存在物，这也成为人与动物最本质的区别。

人通过实践作用于自己赖以生存的世界，通过实践创造着自己的生活条件，创造着人的社会关系，创造着人的精神世界。人的实践包括物质生产实践，社会交往实践，精神生产实践等。正是实践，自然界成为人的自然界，也在人化自然的基础上形成人类社会及其历史，进而形成精神文化及其历史发展。正是实践，人的存在获得越来越丰富、越来越完善的状态。因此，实践是人的根本存在方式。"'实践'是一个与'人的存在'内在相关的生存论本体论概念。"⑥ 也正是人的实践这一根本的存在方式，决定了人的存在具有个体性、群体性和人类性。

---

① 林剑：《论马克思实践唯物主义人学理论的深刻革命》，《哲学研究》2006 年第 9 期。
② 《马克思恩格斯文集》第 1 卷，人民出版社 2009 年版，第 503 页。
③ 同上书，第 525 页。
④ 万光侠：《市场经济与人的存在方式》，中国人民公安大学出版社 2001 年版，第 10 页。
⑤ 张曙光：《生存哲学：走向本真的存在》，云南人民出版社 2001 年版，第 125 页。
⑥ 贺来：《辩证法的生存论基础——马克思辩证法的当代阐释》，中国人民大学出版社 2004 年版，第 138—139 页。

三　人的存在是生成的

马克思人学认为，不是人的本质决定人的存在，也不是人的存在先于人的本质，人的存在与本质是辩证统一的。"马克思主义一方面反对脱离任何现实存在去先验地悬设一种人的普遍本质，另一方面也反对悬设一种没有任何本质性规定的抽象的人的存在。在马克思主义哲学的视野里，人的本质不能存在于人的存在之外，而只能存在于人的存在之中。同样，人作为人存在不能没有自己的本质，人的本质是人存在的前提与根据，没有任何本质规定性的存在是一种非存在。人的现实存在不过是人的本质的感性形式的现实表现。"[①] 马克思把人的本质归于实践，"实践"不是任何意义上的预定而是一个自然发生的现实过程，它是一个不断生成的过程，因此，人的本质也是生成性的，虽然人所具有不变的自由自觉的特性，但人的自由自觉程度则在不断变化之中。实践是人的本质，也是人的根本的存在方式，实践是生成的，人的本质是生成的，人的存在也必定是生成的，是开放的，是不断自我完善和自我超越而不是封闭和已完成的。

人的存在是生成性的，"在实践活动中，'人的存在'决不是摆在那里的'现成存在者'，而是显示为一种'生存过程'，显示为一个矛盾的否定性统一体，显示为一个不断生成的开放流动过程"[②]。海德格尔（Martin Heidegger）也曾说："此在能够这样或那样地与之发生交涉的那个存在，此在无论如何总要以某种方式与之发生交涉的那个存在，我们称之为生存。这个存在者的本质规定不能靠列举关乎实事的'什么'来进行。"[③] 也就是说，人的存在是生成着的，它总是体现为动态的存在者，而不是现成的存在者。

人是一种未完成意义上的生成性存在，"人的生存就是人的生活，因而它并不只是局限于最低限度的生命存活需要，而必然表达为属人的生活内容、意义以及方式"[④]。"人是一种未完成的存在物，他不会停留于某种已经变成的东西上；人并没有一种绝对标准的所谓人的存在状况和绝对标

[①] 林剑：《马克思人学四辩》，《学术月刊》2007 年第 1 期。

[②] 贺来：《辩证法与人的存在——对辩证法理论基础的再思考》，《哲学研究》2002 年第 6 期。

[③] ［德］马丁·海德格尔：《存在与时间》，陈嘉映等译，生活·读书·新知三联书店 2006 年版，第 15 页。

[④] 邹诗鹏：《生存论研究》，上海人民出版社 2005 年版，第 200 页。

准的所谓人的规定性。人的未完成，蕴含着可塑性和创造性，因而他总是处在不断地自我塑造和自我创造之中。"① 因此，人的生成性存在亦可称为"生存"，需要指出的是，这里的生存不是仅指生命存在与维持状态即"存活状态"（surviving condition），更包含着生命价值、生活意义与生活理想。当把人的存在看作人的生存的时候，人的实践存在过程是人从不断扬弃自身的局限走向自觉地追求人的个性自由之生存的历史过程。

第二节 休闲教育之人的存在论维度

马克思人学认为，人的存在方式是根本性与多样性的统一，实践是人的根本存在方式。本文认为，休闲教育也是人的必要的存在方式之一。

一 休闲教育是人之存在的重要方式

休闲作为现代生活方式的一种状态，它的表现形式是多样化的，它的实践方式也是丰富与多元的，但作为一种教育必须有其明显的价值取向，因而从哲学的角度来把握休闲的真谛是实施休闲教育的基础。休闲教育构成一个相对独立的教育世界，这个世界的根本性质仍然是实践的，休闲教育根植于现实的大众休闲的世界之中，大众休闲的世界里蕴含着人们丰富多样化的存在方式，休闲教育也是人在教育领域中的一种必要的存在方式。

（1）休闲教育中的人之存在

人的存在首先是个人的存在，人的生命的生成和成长应该是个体的自主性的、创造性的过程。正如马克思曾经说过："全部人类历史的第一个前提无疑是有生命的个人的存在。"② ……"人们的社会历史始终只是他们的个体发展的历史，而不管他们是否意识到这一点。"③ ……"个人怎样表现自己的生命，他们自己就是怎样。"④ 因此，休闲教育促进人的生命的生成和成长，必须立足于个体的、现实的生活世界。曾有学者把人们的生存方式分为自然生存方式、奴役生存方式、自由生存方式和优雅生存

---

① 夏甄陶：《人是什么》，商务印书馆2000年版，第9页。
② 《马克思恩格斯文集》第1卷，人民出版社2009年版，第519页。
③ 《马克思恩格斯文集》第10卷，人民出版社2009年版，第43页。
④ 《马克思恩格斯文集》第1卷，人民出版社2009年版，第519页。

方式，分析各自的内涵，指出彼此的利弊，揭示其特征①。优雅地生存就是针对自由地生存这种生存方式所存在的以上缺陷和弊端及其所导致的严重后果而提出的一种力图从根本上走出这种生存方式困境的新的生存方式。优雅地生存不是对自然地生存、奴役地生存和自由地生存这些生存方式的简单否定，而是对以前所有生存方式的扬弃和超越。休闲教育世界中的人是存在于当下真实的休闲生活世界中的生命个体，休闲教育必须回归到个体真实的、当下的休闲生活世界，关注学生的生命情感体验，唤醒学生的生命意识，指引学生建构丰富而高尚的精神世界，提升学生对休闲生活的认知和生命意义的价值，使学生真正成长为休闲生活世界（学习生活、个人生活和社会生活）中的独立主体。

人在休闲教育中的存在是实践活动和意识活动的最基本的存在状态，实践基础上的生成，既源于实践又超越实践。现实的个人要处理人与自然的关系，而他必须作为人类社会的成员，即个人必须人类化，"人类化的过程就是接受人类文明、掌握人类力量，参与人类改造自然的活动，生活于人类所创造的环境中，以人类的生存方式而生存的过程，是接受教育，并积极参与劳动活动、掌握劳动技能的过程"②。就人类生活来说，休闲与劳动都是重要的组成部分，两者构成了人类的全部生活，同时两者也是生命存在的两种方式。如果人只劳动不休闲，人就不"成为人"；如果人只休闲不劳动，人就无法生存。因此，就人类个体正常的生存境况而言，劳动是"整个人类生活的第一个基本条件，而且达到这样的程度，以致我们在某种意义上不得不说：劳动创造了人本身"③。劳动仅仅是人类生存的手段和方式，休闲才是人类生存、发展的目的和结果，是人类社会发展的归宿。只是我们不应该忽略的是，人的存在并不仅是为了工作，工作只是手段，而休闲才是目的。人的存在首先是现实的，同时又是不断超越着现实，奔趋于理想的，这就意味着人要不断地通过劳动，通过工作，通过各种各样的创造性活动使生存理想变成生活现实，在这个意义上，人的存在是一种不断"成为"的状态，不断超越"既有"的状态。不过，人类的每一次超越和每一种"成为"状态的实现，都不是凭主观意愿随意想

---

① 江畅：《和谐社会与优雅生存》，《哲学动态》2005年第3期。
② 武天林：《实践生成论人学》，中国社会科学出版社2005年版，第99页。
③ 《马克思恩格斯文集》第9卷，人民出版社2009年版，第555页。

象的结果，而是需要人类为之创造各种各样的条件，而休闲教育能够为人们实现这一理想。

休闲教育在个人休闲人类化的过程中发挥着重要的作用，一方面传承着人类文化，另一方面提供着精神支撑和精神动力。现实的个人成为社会存在物还必须处理人与人、人与社会的关系。使个人成为社会群体的成员、具有社会群体性、被社会群体创造的社会关系规定时，即个人被群体化或社会化时，个人才能作为社会的人同他人发生社会关系。而"群体化的过程就是接受群体文明、掌握群体规范、参与群体改造社会的活动，处在群体所创造的社会关系之中，处于一定的社会地位，获得社会角色和身份的过程"①。"其实，人不是同自己的生产条件发生关系，而是人双重地存在着：从主体上说作为他自身而存着，从客体上说又存在于自己生存的这些自然无机条件之中"②，在马克思的人学思想中，关于人的存在是自然存在与社会存在、肉体存在与精神存在、实然存在与应然存在的统一体。马克思从主客体的双重向度指出了人之存在的基本形态。

休闲教育是人之存在的重要方式，但人的双重属性决定了休闲教育存在的现实意义。处于大众休闲时代的人们需要休闲教育来引导其自身以摆脱现有的充满竞争压力而又令人窒息的生存状态，在追求生命之自由休闲的生存状态中，不断地自我否定以实现自我的超越与发展。休闲教育正是引导人们不断地追求新的自我，促进休闲在其身上发生着生成性的变化，进而转化为自身能动的向上的潜能，以一种批判的思维向度去理性地审视现实的休闲世界。休闲教育是人类有目的地培养人的一种社会休闲活动，休闲教育乃是只针对休闲与休闲活动而进行的教育。休闲教育在社区、学校及家庭开展，它的实践渠道趋于多元化。通过人们参与各类休闲活动，开展休闲价值教育、休闲品德教育、休闲审美教育和休闲技能教育。人们的受教育程度会影响到他们在休闲时选择的活动和他们的休闲价值观。例如，我们知道，无论是从小学到大学，我们都有社团活动，例如篮球、桌球、羽毛球、排球等运动性的社团，也有静态的围棋、吉他、手语等社团。然而这些社团活动随着时间、社会文化的变迁也会出现彼此消长的局面，不过可以肯定的是篮球、排球这种非常容易学习且场地容易取得的运

---

① 武天林：《实践生成论人学》，中国社会科学出版社 2005 年版，第 100 页。
② 《马克思恩格斯文集》第 8 卷，人民出版社 2009 年版，第 142 页。

动是经久不衰的休闲项目,像这类多数人喜欢的休闲活动,在参与此项休闲活动中的知识与技能都要不断地练习才有进步,练习到熟能生巧的地步才可以体会到美感、才能够创新,这便是休闲活动提升自身境界的一个过程。简单地说,休闲活动是一个不断学习和自我实践的过程,它需通过休闲教育来实践。人们在休闲活动中取得提升自我境界的同时,也是我们自身接受休闲教育的一个过程,休闲与教育此刻达到了存在的同一。

(2) 休闲教育中的人之生成

教育(education)一词的原始含义是指引导或教养的过程。教育家卡尔·西奥多·雅斯贝尔斯(Karl Theodor Jaspers)在前人的基础上直接提出"教育即生成"①的命题。他说:"人的生成似乎是不知不觉的无意识之中达到的,但这无意识虽是在困境中以清醒意识从事某事的结果。我们生活在形成习惯的过去之中,不断形成和打破习惯是我们此在生成的坚实基础,没有习惯为底蕴,我们精神的每一进步将是不可能的。当下无意识的思想关联承接着有意识的思想,习俗便是德行的承担者。生成的静态形式即习惯,动态形式即超越。"②至此雅斯贝尔斯全面地阐述了教育即生成的命题。

从抽象的人到生成的人是近代哲学向现代哲学转变的一个标志,这根基于近现代哲学世界观的转变。一种世界观即代表一种思维方式,而生活世界观所蕴含的是生成性思维方式。马克思开启了现代生成性思维方式,他认为:"整个所谓世界历史不外是人通过人的劳动而诞生的过程,是自然界对人来说的生成过程。"③海德格尔(Martin Heidegger)主张此在就是它尚不是的东西;胡塞尔(Edmund Gustav Albrecht Husserl)把科学世界奠基于生活世界之上;维特根斯坦(Ludwig Wittgenstein)提出想象一种语言即想象一种生活形式;罗蒂(Richard Rorty)认为必须以现实境况为起点;德里达(Jacques Derrid)主张解构"在场形而上学"。他们表达的均是相似的思想,即生成性思维,这种思维方式只关心人的现世命运,只立足于现世来谈论人的命运。立足于现世,世界和人都在生成中,人和世

---

① [德] 卡尔·西奥多·雅斯贝尔斯:《什么是教育》,邹进译,生活·读书·新知三联书店1991年版,第14页。

② 同上书,第14—15页。

③ 《马克思恩格斯文集》第1卷,人民出版社2009年版,第196页。

界同时生成。这种生成性思维反对预成，因为生成的核心即人的创造。

在休闲教育中，人在生成，在成熟。休闲教育生成人的过程（即休闲教育之本质的实现过程）是以实践为基础的人们参与休闲活动所获得不断掌握休闲技能从而达到主体休闲体验的过程。"体验"[①] 是一个难以定义的基本术语，"体验往往是指经历了一段时间或活动并对这段感知进行处理的过程。体验是个人对外部材料进行感知与同化的一种精神及情感过程。体验不是简单的感觉，而是一种行为及对这一行为的解释性意识，是一种与当时的时间空间相联系的精神过程"[②]。休闲的体验特质包括以下内容：选择——休闲选择包括选择接受参与某种活动时会有的限制和规则；自足——休闲的意义主要在其自身，具备自身意义的独立完整性；高度投入与享受；忘记时间流逝——一时意识不到时间的存在，一些学者坚持认为，这才是最能体现休闲价值的状态；奇妙幻想——休闲在某种程度上创造了一个独有的世界；创造性——创造新事物的可能性；自发性——自发的开放性反应，而非受情境制约的规定性活动；探索感、好奇心与冒险精神。休闲体验就是通过自由活动度过一段闲暇时间，获得一种值得回忆的某种经历，其过程也就是主客体两者浑然一体的过程，此时主体往往会达到物我两忘的境界。对休闲体验的强调，也表达了对人的生命主体

[①] "体验"属于哲学、美学、心理学、教育学等诸多领域范畴的概念，不同领域对体验的界定也不尽相同。作为哲学概念的"体验"，往往是指主体与客体之间的一种特殊关系状态，在生命哲学那里，体验特指生命体验，是人的存在方式，具有本体论的意义。"体验乃是一种在场方式，也即一种存在方式。通过体验，显现着的意识本身入于其本己的在场寓于自身而在场。体验把意识聚集于它的本质的聚集之中。"（参见［德］马丁·海德格尔《林中路》，孙周兴译，上海译文出版社 1997 年版，第 191 页）作为心理学概念的"体验"，主要指人的一种特殊心理活动——人对情绪和情感状态的自我感受，这种心理活动是由感觉、理解、联想、情感、领悟等诸多心理要素构成的。"体验是在与一定经验关联中发生的情感融入和态度、意义的生产。"（参见辛继湘《体验教学研究》，湖南大学出版社 2005 年版，第 7 页）作为美学概念的"体验"，是指审美体验，指"主体在某种审美活动中被某种具有独特性质的客体对象所深深的吸引，情不自禁地对之进行领悟、体味、咀嚼，以致陶醉其中，心灵受到摇荡和震撼的一种独特的精神状态"。（参见朱立元《美学》，高等教育出版社 2001 年版，第 1 页）作为教育学概念的"体验"，往往被看作一种全新的教育途径和方式，它区别于传统的知识教育，是一种尊重人的感情、触动人的心灵的教育。本文中之"体验"指向休闲体验，是指主体在参与具体休闲活动的实践性中发生的，并且具有积极的意义生成的内心感受。

[②] ［美］约翰·凯利：《走向自由——休闲社会学新论》，赵冉译，云南人民出版社 2000 年版，第 244 页。

性的关照。因为休闲体验是作为主体的个人的体验，是内含着人的自我意识、自主精神和能动性的体验。从休闲体验的角度透视休闲教育中个体的生命存在，这意味着把休闲教育中人的生命活动的主动权归还给我们人自身，使其在自身的体验中将外在的教育影响内化为生长的动力。在这一过程中，由于我们参与休闲活动是一种自觉的、自我选择的、创造性的活动，而不是被外在强加而接受他人的馈赠，因此，休闲教育的过程也就是人们参与休闲活动并亲历生命体验的过程，是他感到生命活力在释放的过程。在这样的过程中，人们的主观能动性充分地被调动起来，人们的主体性得到足够的彰显，换句话来说，休闲教育要实现对人的生命成长的促进，就必须充分调动人们的主观能动性，而主观能动性的调动的一个重要方面就在于我们关注和引导个体的生命体验，使其内在的生命活力得以释放。

休闲作为一种直接的体验存在，在本质上是一种摆脱限制的自由，一种自我超越的状态。这种自由的状态在实际上是一种摆脱各种束缚和压力之后的自由心境和心理体验。休闲的最大的价值在于休闲能够在一定程度上体现和解释人的生存意义或生命价值。在休闲教育的过程中，休闲体验有助于我们体验者融通生存实践中的关系，达到一定的休闲的境界。在休闲教育中，通过休闲体验并在体验中发生着人对人的理解和观照，在一定意义上可以说，只有以参加过休闲活动的参与者的休闲体验为出发点，由教育者主体引导参加活动的体验者与他们一起进入体验状态，唤醒参加活动的体验者的切身体验，此时的休闲教育才可以被称为真正地发生作用。休闲教育过程中的人之创造源于人之存在的能动与受动统一的本性，这里的受动是指人们从事活动所面临的客观物质条件性。马克思曾说："人直接地是自然存在物。人作为自然存在物，而且作为有生命的自然存在物，一方面具有自然力、生命力，是能动的自然存在物；这些力量作为天赋和才能、作为欲望存在于人身上；另一方面，人作为自然的、肉体的、感性的、对象性的存在物，同动植物一样，是受动的、受制约的和受限制的存在物。"[①] 正是人的能动与受动的统一性决定了人之生成是一个有真正主体意识即能自觉意识自身主体地位、主体能力和主体价值的人。

---

① 《马克思恩格斯文集》第1卷，人民出版社2009年版，第209页。

二 休闲教育的目的在于提升人之存在

人的存在通过实践不断地生成，休闲教育作为人的一种存在方式，能够影响人之存在的生成。休闲教育的根基在于人之存在，休闲教育与人之存在的关系决定了我们应自觉地把促进人之存在的生成与提升作为自己的目的。从人之存在的静态维度来看，休闲教育的目的表现为促进人之存在形态的互相协调。我们从人之存在的动态维度看，其目的表现为促进人之存在状态的提升。休闲教育通过促进人之存在形态的协调和人之存在状态的改善而提升人之存在。

（1）促进人之存在形态的协调

在第二章第四节中我们阐释了现实的个人有三重存在形态：类存在、群体存在和个体存在，这表明了个人存在的人类性、群体性和个体性。有学者对三种存在形态进行具体分析："个人的类存在是最根本的，决定着个人的社会存在和个人的精神存在，正是在个人作为类存在物并进行人类化的过程中，个人才能与他人建立社会关系，成为社会群体的成员和社会存在物，并在人类化的过程中改造自己的主观世界成为精神存在物。个人的群体存在在个人的三重存在中起着中介作用，通过它把个人的类存在和个体存在相联系，即在历史发展过程中个体通过社会关系联合起来，组合为社会群体，形成强大的社会力量，使人以主体的身份面对自然，在自然面前成为类存在物，也就是说，个人构成类必须通过社会群体这个中介才能实现，个人的精神存在既是个人的类存在和社会存在的派生物，又是创造人的类存在和社会存在的原动力，个人作为精神存在物是人类改造自然和群体改造社会活动的产物，但无论是改造自然的活动还是改造社会的活动，都是活生生的个人进行的能动的创造性活动。"[①]

休闲教育要致力于促进人之存在的三重属性的获得，因为从一定程度上来说，人之存在的三重属性的获得是它们三者之间相互协调的基础。如前文所述，休闲教育能够发挥其应有的作用，尤其是在人获得存在的三重属性的过程中，但能够发挥作用并不代表自觉地意识到自己发挥的作用或者说自觉地把这些作用的发挥作为自己的目的和宗旨。因此，我们还必须强调休闲教育要自觉地发挥其在促进人获得人之存在的人类性、群体性和

---

① 参见武天林《实践生成论人学》，中国社会科学出版社2005年版，第102—104页。

个体性中的作用，自觉地指向并关怀人的存在。

一方面，休闲教育要致力于促进人之存在的人类性、群体性、个体性三者自身的协调，这种协调的实质上指的是人与自然、人与人、人与休闲世界以及人同自身关系的协调。这是因为休闲教育首先要从理论上正确引导人们认识人与自然的关系并建立良好的生态文明，促进人们树立环保意识以达到保护生态环境的平衡。自然界是人的"无机的身体"，人类的生存无不依赖于自然界。首先，休闲教育开展的目的就是让人类意识到当我们从自然界中索取物资资源的同时，就应深刻认识到人与自然的关系，充分合理地利用有限的自然资源，建立起人与自然和谐共生的生态理念。与此同时，通过休闲教育的传播，使人们的休闲行为与休闲活动得以规范，避免人们出现破坏人类的自然生态环境的休闲行为，我们应该把人类的长远发展与保护生态环境结合起来，在保护好生态环境的前提下寻求社会其他方面的和谐发展，同时在良好的可持续发展的基础上改善我们目前的自然生态环境状况。"休闲领域在不久的将来所要发生的所有变化都将与我们对这个问题的认识有关，那就是，我们延续多年的生活方式并不是可持续发展的。"① 当下我们一方面要保证自然资源的可持续、平衡地发展，同时又要增强人们的环境保护意识，我们要通过休闲教育创造人与自然和谐相处的人文生态环境。其次，休闲教育要培养人们的合作、共生的精神。当今时代，人与人之间除了竞争关系，合作与共生的精神显得越来越重要了。休闲教育的开展是要让人们明白竞争与合作的密切关系，让他们真正地认识到社会不同群体之间相互合作对于我们个体参与多样性的休闲活动的重要性。有学者认为："个体休闲要重视合作精神，要制造良好的休闲机会，人们就需要在某些方面为增加群体自由而限制个人自由，换取集体利益。"② 只有这样，才会有利于人际关系的和谐发展，才会给不同社会群体间的个人休闲带来更好的生活品质，从社会发展来看，合作与共生将是未来社会休闲生活方式的主旋律。最后，休闲教育要倡导富有休闲的生活理念。在市场经济时代，人类的交往主要体现在经济利益上的交往，往往缺乏情感上的沟通。富有休闲的生活方式不仅能促进不同社会群

---

① ［美］杰弗瑞·戈比：《21世纪的休闲与休闲服务》，张春波等译，云南人民出版社2000年版，第404页。

② 同上书，第157页。

体成员之间的良好沟通与协作，同时也使他们获得愉悦的心情。在休闲的生活方式中，人们的社会生活充满了幸福感，他们也会充分体会到不同的休闲生活方式是寻求物质和精神需求相互平衡的道理，其中最重要的是我们能够通过休闲教育促进人之存在的和谐发展以及人之存在理想的自然家园、社会家园与精神文化家园的获得。

另一方面，休闲教育要致力于促进人之存在的人类性、群体性、个体性之间的协调。因为个人的类存在离不开群体存在，同样，群体存在也离不开具体的个体存在。因此，离开人的个体存在和存在的个体性，人的群体存在和存在的群体性、人的类存在与存在的人类性将无所依凭。因此，休闲教育在观照人的存在时，须重视人的个体存在和存在的个体性，培养人的自由个性。但个人存在的个体性的获得是在个体接受人类与社会群体的良好社会化的同时，发挥自己的主体性作用。没有人存在的人类性、群体性，人的个体性就无法生成。只有通过社会化，作为个体的人才能成为一个具体的现实的人。因此，休闲教育在对人之存在进行观照的时候，不能把个人从人类和群体的根源性上加以脱离开来，使个人成为脱离人类改造自然和群体改造社会的实践活动，并脱离实际的存在。因此，休闲教育它不是凭空的说教，它是需要一定的社会休闲的氛围。首先，在开展休闲教育的过程中，我们要兼顾考虑到家庭、学校、社区等不同领域的需要。开展休闲教育，应竭力不断地拓宽人们沟通的各种渠道，为人们创造高品质的休闲生活方式的同时，也提高了人们对休闲时间的合理利用，继而促进了诸多领域及不同社会阶层人际关系的和谐发展。总之，休闲教育在充分尊重社会不同群体之间的利益诉求的同时，也已经推动了社会群体成员之间的和谐共处，并逐渐地形成合作共赢的和谐社会。其次，对现代人开展休闲教育，就必须先充分了解不同群体之间休闲教育的实况，能采取行之有效的措施，要注重休闲教育的方法与形式，尊重休闲参与者的意愿，引导他们确立正确的休闲态度与科学的休闲价值观，并且能够养成良好的休闲行为与休闲习惯，明确自我休闲的意义。

当然，人的存在是类与个体的统一，它先主要以"人的依赖关系"的群体性过渡到"以物的依赖性为基础"的个体性，最后过渡到"个人全面发展的自由个性"这样的整个发展变化的过程，在这个变化的过程中，休闲教育应懂得如何在遵循人之存在的规律的同时，不会忘记促进人之存在的和谐，这也是为最终获得自由的有意识的存在和自由个性提供了必要条件。

（2）促进人之存在状态的改善

在本书第三章第二节中，我们从人的存在的静态层面分析了休闲教育提升人的存在的内涵，此外，我们还需要从人的存在的动态层面分析休闲教育提升人之存在的内涵。人之实践着的存在方式在根本上决定了人的存在性质与存在状态是不断变化和发展的，即人之存在是生成性的。同时，人的实践性在根本上决定着人的存在状态的变化，无论人类从事何种实践活动，有什么样的社会实践性，也就有怎样的生存状态与生存性质，并从总体上提升了人的存在性质与水平。"无论从历时态还是共时态来看，人的实践都具有异质的、复杂的内涵，都表现出不同的形态和层次，从人的存在的角度可以分出自在自发的实践、异化受动的实践和自由自觉的实践三种形态。"① 因此，人的存在此时也相应有了自在自发的存在、异化受动的存在以及自由自觉的三种存在状态。人自身存在的生成状态则主要体现为人不断超越自在自发的存在状态，并在不断扬弃异化受动的存在状态的同时，不间断地迈向自由自觉的存在状态的螺旋式提升的自我生成的状态。休闲教育要适应人之存在的这一生成规律，并始终能够自觉促进人之存在状态的螺旋式提升。

首先，人之存在的演进：自在自发——异化受动——自由自觉

人的实践有自在自发、异化受动、自由自觉三个层次。这三个不同层次决定了人的存在具有自在自发、异化受动、自由自觉三种状态，人的存在的演进总体上表现为由自在自发状态向异化受动状态向自由自觉状态的螺旋式上升。

人之存在的自在自发状态。我们知道，人类自在自发的实践是最基础或最低层次的实践活动，人类社会的各种教育活动的存在因为人具有待生成性，休闲教育也因此成为实现生命再生产——"人"之生成的场域。休闲教育是人的一种存在方式、生成方式和生活方式——现实生活中的每一个体的成长并不是单纯地把生命内在自然潜能展开，参与休闲活动中的每一个人都是具体的、现实的、实践的人，是实实在在存在于其现实世界之中的人。在这种存在方式中，人的本质活动的自由的有意识的活动性和

---

① 衣俊卿：《人的实践与人的世界的多重对应关系——对实践范畴的微观思考》，《江汉论坛》1992年第9期。

创造性只是以潜在的形式存在、并未真正地生成。

人之存在的异化受动状态。我们知道，人类异化受动的实践主要是指马克思所探讨的异化的劳动或者劳动异化，这种劳动对人而言具有外在性和强制性，在这里，构成人的本质的自由的有意识的劳动往往被扭曲成为外在于人的强制性的活动。这种劳动成果的异己性，不是对人的本质力量的确证，当然不是属人的，而是表现为一种外在的统治人的异己力量。我们知道，与异化受动的实践直接对应的是人的异化的存在状态。人的存在受异化世界的统治，人所生成的自由的有意识的活动性和创造性就会遭受扼杀。休闲作为生命存在的一种形式或状态，是需要休闲教育来守护的，但当人们开始关注现代休闲教育的时候，就会发现现今很多高等学校的教育大多是排斥休闲的，当然也有很多的高等院校已经开始休闲教育的研究和实践，他们在总体上不排斥休闲与教育。受传统教育的影响，目前还有更多的学校的教育对休闲的排斥是双重的：既不让学校中的人们参与休闲，又不对其进行休闲教育。这将导致教育与个体的双重异化。现代教育把人置于工具地位、手段地位，忽视了人的精神性，使教育丧失了"为人"的根基，成了生命的异己力量。出现了教育的"异化"、教育成了"人力"加工厂，出了大批"单向度的人"。

人之存在的自由自觉状态。人之存在的自由自觉状态也是人之存在的自由的有意识的状态。自由有意识的活动和创造性的实践是人们通常所理解的真正意义上的人类的实践活动，它以自觉的方式彰显了人之本质性的存在方式，凸显出人与动物及其他自然存在物的本质区别。可以说，自由自觉的实践是人类实践的最高的形态，与这种实践相对应，人的存在达到了自由自觉的状态，这是人的存在的最高级形态。休闲教育是提升和拓展人的精神生命、使人变得更加完满的活动。休闲教育必须正视个体的现实世界，把以知识和理性为逻辑起点转向以"促进人的自我完善与自我发展"，而必须立足于人的实践生成性，关注生命的现实存在，正视生命的多元向度。

由于实践不是给定的不变状态，是一个自我运动、自我发展的总体。人的存在是人在实践活动中自我生成、自我提升的过程。它实然和应然是相互贯通、相互转化的，人的现实存在既是人的本质力量的表现与实现，同时也孕育着人的新的本质力量。需指出的是，人的实践由自在向自为、由自发向自觉、由重复向创造的螺旋式上升，以及人的存在状态由自在自发向异化受动进而到自由自觉的演进绝不是一蹴而就的完成状态，也不是单向性直线似地完成的进程，人的自在自发的、异化受动的和自由自觉的活动的相互转化决定了人之存在状态的演进是一个上升与后退、异化与扬弃异化、自由与受动相互交织的进程。

其次，休闲教育导向人之自由的有意识的存在

休闲教育目的在于使人获得并提升自己的存在，在基于对"现实的人"之个体不断否定的过程中，使人不断地向应然提升并不断走向真实、完善的存在。诚然，我们现代的休闲教育应通过为人之存在所能提供的终极关怀和意义导向的人之自由的有意识的存在。休闲教育的终极关怀是直接指向人的休闲世界的，"终极关怀应理解为是对人的生命的终极依托或人之为人安身立命之根据和支撑点的关注和关怀，是对人生最高意义和价值的寻求与探索"[1]。而意义则是发生在人的休闲生命活动中的，"是人的自我生成、自我实现感；同时也关乎人对生活的理解、期待"[2]。"休闲不能简单化为任何单纯的动机、满足、取向或其他某种确定的要素，休闲是可能性的感知世界中的行动。"[3] 这种意义上的积极的休闲，意味着人类在自由地选择某种休闲活动时，会全身心地投入这种活动中，并在这种休闲活动中实现人之生命的整合。

从本源意义上来讲，休闲与教育是密不可分的。但随着人类社会的发展，高等教育越来越专业化，他们大多与休闲发生了分离。但从根本上看，休闲不是人的一种天生的能力，而是人类一种后天的习得，休闲是离不开教育的，它更需要教育来引导。"休闲本身是一种后天习得的行为、态度和意义。我们通过体验和选择的历史渐渐社会化并学会了休闲。"[4] 休闲需要教育的另一个理由是：休闲教育在指引人们如何克服休闲障碍中发挥巨大的作用。"休闲障碍包括内在心理（intrapersonal）障碍、人际（interpersonal）障碍和结构性（structural）障碍等三种类型。"[5] "要想控

---

[1] 张澍军：《德育哲学引论》，人民出版社2002年版，第14页。

[2] 张曙光：《生存哲学：走向本真的存在》，云南人民出版社2001年版，第129页。

[3] [美] 约翰·凯利：《走向自由——休闲社会学新论》，赵冉等译，云南人民出版社2000年版，第58页。

[4] 同上书，第74页。

[5] [美] 托马斯·古德尔：《人类思想史中的休闲》，成素梅等译，云南人民出版社2000年版，第185页。

制人的内心障碍，我们就需要做出一些努力，在这些努力中，最为重要的就是为休闲而进行的教育。"① 可以说，在休闲问题上的个人心理障碍有一部分是社会塑造的结果。为休闲而进行的教育，在很大程度上是为了重塑适合当今人类社会的休闲观念，这需要依靠教育来指引。如果通过休闲教育能够解开心结，形成正确的休闲观念，休闲的人际障碍就能得到暂时的缓解；同样，社会对休闲的认同也会使休闲的结构性障碍得到一定程度的缓和。休闲教育不仅能够通过其自身的教育为人之存在提供对休闲的终极关怀，而且它能够启迪人们不能使人之存在依然停留在自在自发的和异化受动的状态之中，而使人之存在不断地向更自由、更自觉的状态前进。休闲教育能引导着人们不断为创造属人的世界、合乎人性的生存条件而努力。

在现代社会，休闲教育将要而且必须要真正地参与到每个人的带有全面、自由发展取向的休闲性的生存世界中，为创造真正合乎人性的生存提供基础。休闲教育既要缓解人的生存悖论，让人更好地领悟生存并学会生存，又要营造一个美好的存在家园。

第三节 人之存在对休闲教育的现实诉求

以马克思人学为指导的休闲教育，在总体上应该自觉地把促进人之存在形态的协调和人之存在状态的改善作为自己的追求，即把提升人的存在、促进人的自由的有意识性存在作为目的。我们还需要从当今现实出发，休闲教育只有通过与人的在世存在相结合，与人的实际休闲生活过程相结合，深入人的生命深处、心灵深处，才能逐步实现对人之存在的应然提升，使人的存在走向更高的可能性。在当前，休闲教育要引导人们大众休闲中健康生命的存在、休闲生存方式的优雅性生存、休闲与教育同一的存在以及大众休闲时代之生存境遇的教育选择。

一 引导大众休闲中人们健康生命的存在

马克思指出，"全部人类历史的第一个前提无疑是有生命的个人的存

---

① ［美］托马斯·古德尔：《人类思想史中的休闲》，成素梅等译，云南人民出版社2000年版，第276—277页。

在"。① 这句话告诉我们个体生命的存在是多样性休闲活动得以开展的基本前提，也是人类开展各种休闲活动的最终目的。同时，由于人是自然性和社会性的统一，因而人的生命也具有两重性的存在。自然生命是人类生命存在本能性的存在方式。无论我们个体处在怎样的历史条件下，只要生命还存在，人类的发展可能也将存在，个体健康的生命存在与个人的发展的可能性是共存的。倘若没有个体生命的存在，就没有个体生命意义的获得。因此，从这意义上来讲，基于个体生命存在为基本前提，才有个体生命的发展以及其意义的获得与提升。

人们参与的休闲活动具有缓和人们紧张的日常生活与疾病之间的冲突的作用。"研究发现，就缓解压力而言，22种因素中，只有称职感、自然锻炼、程度锻炼、目的感和休闲活动能够起到缓解压力的作用。"② "具体说来，休闲活动能够在两个方面帮助人们减压力：首先，它使人们意识到社会支持的存在；其次，参与休闲活动能够加强人们自己决断的能力。这是一种对提高人的健康有好处的心理倾向。"③ 休闲活动对个体生命的意义主要体现在生理和心理上：在生理上，休闲活动和其他一切积极的日常娱乐活动一样是可以提高人的身体素质。人们参加各类有益的休闲活动是保持自身健康的重要方式；在心理上，人作为休闲活动的参与者，其主体性与自由感是他们获得自我满足的重要前提。人作为休闲活动的参与者，他们是出自对休闲生活的热爱、对生命态度的赞赏。倘若人们没有充满对休闲生活的热爱，他们也就无法享受到休闲的愉悦，同时也与自身的健康无缘。

现代社会为人们的休闲提供了种种可能。休闲作为一种后天习得的能力，它的获得是需要一个教育的过程。因为人们的休闲行为受到一些因素的限制，它包括在前文中提到的心理障碍，人际交往的障碍和结构性障碍等。通过休闲教育，能引导人们树立正确的休闲价值观与引发人们对参与休闲活动的兴趣，并传授一些休闲的技巧，这样一来，限制休闲的障碍就能得到解决，从而使我们参与休闲活动的主体能够顺利地参与到休闲活动

---

① 《马克思恩格斯文集》第1卷，人民出版社2009年版，第519页。
② [美] 杰弗瑞·戈比：《你生命中的休闲》，康筝、田松译，云南人民出版社2000年版，第338页。
③ [美] 托马斯·古德尔：《人类思想史中的休闲》，成素梅等译，云南人民出版社2000年版，第103页。

中去。同时，休闲教育通过人们参与休闲活动与个体的生命发生联系，进而更能促进参与休闲活动的个体生命的健康发展。在这一层面上来说，休闲教育为个体生命意义的获得提供了以健康的生命存在状态的基本的前提。

二 提升人们优雅休闲性生存的存在方式

在人类文明和哲学思维发展的总过程中，每个时代和历史阶段的人们都面临着各种各样的问题性挑战。现代人正被各种危机诸如生存危机、生存问题等综合征包围，"现代人的生存受到来自各方面的威胁，被诸如生态危机、社会危机和精神危机的各种问题所困扰"[1]。人们的生存危机，显现了现时代人们的生存问题。

从人类生存方式的角度看，其根本性障碍在于当代人类普遍奉行的自由生存方式，它是现代化的结果，并与现代文明相适应，人们自由的生存方式是人类在否定奴役生存方式基础上自觉选择和追求的休闲性的生存方式。其根本规定性在于每个人都可以自由选择自己的意愿来生存。自由休闲性的生存作为一种人类自觉选择和追求的生存方式无疑具有其存在的合理性。自由生存方式使人成为自己、社会和自然的主人，但是，自由生存方式有其明显的缺陷和弊端。主要表现在自利性、物欲性、贪婪性、异化性。过分的贪欲不仅破坏了身心以及人际关系的和谐，而且也破坏了世界的安宁与和平以及与人类共生的自然生态环境平衡。人的生存将面临严重的威胁。在这种情况下，我们必须反思和批判现代文明，改变人类现有的生存方式，从现在的自由生存走向未来的优雅生存，这就需要休闲教育来引导，休闲教育可帮助人们减轻各种压力，实现内心的平和。休闲教育还要培养人的自身效力，提高自我控制能力，培育人们当前更好的休闲的生存方式，走向更幸福美好的人生。

所谓优雅地生存，"就是在追求各种需要得到充分和协调满足的同时更追求高层次需要满足、在追求各种才能自由和尽情发挥的同时更追求高层次才能发挥的生存方式"[2]。从社会实质上看，优雅地生存就是要人们

---

[1] 魏义霞：《生存论——人的生存维度及其哲学回应》，黑龙江人民出版社2002年版，第3页。

[2] 江畅：《优雅生存与人类幸福》，《伦理学研究》2002年第2期。

在克服自由地生存这种生存方式的缺陷和弊端的前提下，并同时超越这种生存方式的自由休闲性的一种生存方式，它使人类生存水平上升到一个更高层次的生存方式。优雅地生存有许多合理的内容，但其弊端（如前文提到的自由生存方式的自利性、物欲性、异化性、破坏性等）也日益严重地暴露出来。"优雅地生存就是针对自由地生存这种生存方式所存在的以上缺陷和弊端及其所导致的严重后果而提出的一种力图从根本上走出这种生存方式困境的新的生存方式。优雅地生存不是对自然地生存、奴役地生存和自由地生存这些生存方式的简单否定，而是对以前所有生存方式的扬弃和超越。"[①] 作为人类痛定思痛后做出的智慧选择，优雅地生存则要进一步使人类从所有的束缚中解放出来，使人获得真正的自由，使人成为社会和自然的主人。

在大众休闲时代，我们更需要优雅地休闲，它是人的生命活动的重要组成部分，是人的身心豁达、轻松、闲适与和谐。优雅休闲性生存既是人类社会历史发展到大众休闲时代出现的较为先进的人之生存方式，又是现代人类社会进一步发展的良好态势，是人们对良好休闲之生存状态的目标追求，也体现了当今人们追求一种积极的休闲生活的价值观念。优雅休闲性生存可以让人们从疲于奔命的竞争状态中抽身而出，并以一种奇特的方式缓解压力，舒适地生活。要提倡过一种优雅休闲性的生活，人们也应优雅休闲地去生存和发展。倡导和实践优雅休闲性生存所包含的深层次的理由是：第一，随着科技进步和生产发展，生活必需品消费被耐用品消费代替，社会财富的积累在一定程度上解决温饱等基本生活需求，给更多的人优雅休闲生存提供了物质保障；第二，随着生产力水平的提高，人们花费在娱乐、休闲以及其他更感兴趣的事情上的休闲时间逐渐地增多，使人们有可能利用闲暇时光开拓更广阔的生存空间；第三，生活的目的是幸福生活，健康平安、生活的意义、生命的价值、人的全面发展等才真正是幸福生活最重要的元素，随着人们逐渐从拜物的遮蔽中走出来，彻底明白生活的目的和生命的意义，人也就从紧张、沉重、拼命的生活工作方式中抽身而出，过上一种优雅休闲性的生活；第四，对幸福和幸福感的积累，对自由时间的积累，越来越比对物质财富的积累重要了，所以，人们应当高度重视并努力实践这种优雅休

[①] 江畅：《优雅生存与人类幸福》，《伦理学研究》2002年第2期。

闲性的生活。

优雅休闲性生存的存在方式的实施，需要休闲教育的践行。通过开展休闲教育，不断增加人们选择现代优雅休闲性生存的存在方式的主动性和自觉性，发挥人们的聪明才智，建立健全与之相关的制度，为人们的优雅休闲性生存提供强有力的制度支持，让人们懂得人真正需要的是什么，优雅休闲性生存的存在方式为构建人类更美好的生存方式指明了方向。

三 促进休闲与教育同一的存在

长久以来，受我国传统文化的影响，教育一直以"不休闲"和"不教育"[①]两种方式排斥了休闲。雅斯贝尔斯（Karl Theodor Jaspers）说："创建学校的目的，是将历史上人类的精神内涵转化为当下生气勃勃的精神，并通过这一精神引导所有学生掌握知识和技术"[②]，"教育过程首先是一个精神成长过程，然后才成为科学获知过程的一部分"。[③] 从理论上讲，未成年的孩童应处在人生最美好的休闲阶段，即我们众所周知的无条件的休闲阶段。但事实确实表明了如今的孩子比成年人更忙。"调查显示，城市孩童一周在学校里，几乎所有学校都有自己的作息时间表，学生的生活节奏都被规定好了，一天中的活动也已经安排好了，每一分钟都有该做的事情。即使是拥有课间活动的片刻时间，也不一定能得到保证：很多老师拖堂，挤占课间时间，或者布置作业，让学生'自动放弃'课间休息。"[④] 从以上例子我们可以知道，我们现今的学校教育并不休闲。

当前我国绝大多数的学校教育并没有肩负起休闲教育的责任，首先表现在价值取向上。我们之所以更多地愿意把时间投入专业性的教育中，只是为了在以后的生命时间里拥有一份好的工作。学校教育理解人们的这一需求，其主要目的都是围绕着为今后找到理想的工作而进行的，或者说"我们已渐渐将教育等同于职业训练了"[⑤]。在这种价值取向的指引下，教

---

① 这里是指不让休闲出现在学校中，又不对休闲进行教育。
② ［德］卡尔·西奥多·雅斯贝尔斯：《什么是教育》，邹进译，生活·读书·新知三联书店1991年版，第33页。
③ 同上书，第2页。
④ 高德胜：《生命·休闲·教育》，《高等教育研究》2006年第5期。
⑤ ［美］托马斯·古德尔：《人类思想史中的休闲》，成素梅等译，云南人民出版社2000年版，第279页。

育的内容与教育的过程绝大部分不可能有休闲教育可参与的空间。从教育过程来看，一切都是为了帮助学生获得生存的本领，如今大多数的课外活动不再是休闲活动，准确地说，大多数的学生参与"课外学习活动"都还未能获得过休闲体验，更没有休闲能力的学习与提高。从课程设计的内容上来看，休闲教育的内容在正规课程中是有所体现的，但与孩童生活更密切的德育类课程中，无论是关于课程目标还是内容标准，占绝大部分比例的课程设计中是没有休闲教育的内容以及相关涉及休闲需求的内容。

教育对休闲的双重排斥，导致了教育与孩童的双重异化。从本质上看，学校与休闲在起源上有着渊源绝非巧合。休闲教育是人享受休闲的特有方式之一。我们除了有孩童自在的游戏玩耍时间外，还创造了通过休闲教育来获得新的休闲方式。但现在的学校教育大多进行的教育只与工作有关，而与休闲无关。从应然的角度看，学校和教育应该顺应孩童的生活，并在此基础上加以正确地引导。首先要做的是应该顺应孩童生活的特性，然后才是引导和提升他们的休闲方式。如果学校和教育排斥了休闲，他们一进入学校和教育场域，其本性的压抑与丧失使得孩子不得不去改变其原来的本性来适应这样的环境，此时的教育就已经异化了。

若孩童一旦进入排斥休闲的学校，就意味着他们日常生活世界的大门被关闭了。在大多数的学校里，那种自在的、游戏的生活方式没有生存的空间，多数的学校排斥了孩童日常生活的这些特性，而总是积极倡导刻苦的、规律化的生活方式。当然我们并不是一概地反对这种生活方式，而是反对将学校生活单一化了。我们应该将孩童日常生活的游戏性延展到校园生活里，使其成为一种互渗的生活，使孩童的特性得以发挥和尊重。

在教育对休闲的双重排斥下，在人生的初期阶段，孩童就开始了繁重的"工作化的学习"。他们实际上探究的是人是否天生就热爱学习的天性。处在人生初级阶段的孩童时刻都在通过游戏等自己喜爱的方式探索着自己生活着的周围世界，孩童这时候的探究与学习是"自由自发的"，具有休闲性，因为"任何活动，只要是自由选择的，并能为个人在进行这一活动的过程中谋得自由这样一种感受，就都属于闲暇范围"[1]。排斥休闲的教育将学习过程"工作化"了，其后果是剥夺了孩童学习的快乐。在排斥休闲的教育体制中，符合他们探究的天性的学习已经被异化了。

---

[1] 黄爱：《劳动、闲暇与自由》，《哲学研究》2005年第5期。

休闲作为一种生活方式必须引起高度重视，但我们更要充分认识到休闲教育的作用。杰弗瑞·戈比指出："理解休闲与娱乐对于更明智地改造个人生活与社会是至关重要的。"① "作为一种能够使全体国民都参与其中的休闲过程、休闲机制和休闲教育，大众休闲是整合日益多元分散的社会离心力，提高社会凝聚力的又一途径。"② 休闲需要教育，而教育对休闲的排斥不但异化了孩子，也异化了教育本身，所以教育应该拥抱休闲，教育应浸润在休闲的精神之中。作为存在的本体的我们应该树立休闲权利的意识，多增添学校生活的休闲色彩，追求以兴趣为基础的学习，促进休闲与教育的同一。

四 当代生存境遇的教育选择

休闲教育是根据不同历史时期人的生存状态进行合理选择的一种教育，它引导人们追求美好的人生，实现休闲的生命意义与价值。当然我们并不是要反对学校开展的专业教育的优越性，人的生存状态决定了人们接受教育的程度、教育类型与教育方式，身处不同生存境遇的人对休闲教育的态度与要求也各不相同，如前文所述人类的三种基本存在状态：自在自发的存在、异化受动的存在、自由自觉的存在。休闲教育是以人所处不同历史阶段的不同生存状态来分析人的生存境遇的，它要求教育从自在自发、异化受动走向自由自觉。休闲教育是大众休闲状态之生存境遇中理想教育的必然选择。

人类生存实践所需的最低层次的教育是自在自发的教育，它满足了人类生存的基本需要，社会规范、谋生的基本知识与技能的训练。它强调了知识技能训练的重要性，却忽视了教育的主动性、创造性和参与受教育的个体发展的全面性，具有明显的工具理性的特征。但这种教育不是人类休闲教育所追求的理想目标。因此，理想教育的选择必须超越这种羁绊，到达自由自觉教育的阶段。

异化受动的教育是人类社会发展之被动发展的教育阶段，它最基本的特征是脱离了人的教育与人的自由发展，其目的和动机是满足社会发展的

---

① ［美］杰弗瑞·戈比：《你生命中的休闲》，康筝、田松译，云南人民出版社2000年版，第276页。

② 徐宏明：《休闲城市》，东南大学出版社2004年版，第21页。

需要。教育与个人的发展已成为社会发展之必需，它是对自发教育的扬弃。它使人的主体性、个性和创造性逐渐得到社会的认可，使人的生存实践进入更高的发展阶段。如当今社会各种类型的应试教育、证书资格考试的教育等都是异化受动教育的表现，它无视教育对人类精神享受的拥有，使教育蜕变为人类生存实践的工具与手段，已偏离了教育的本真含义。

理想的教育模式是自由自觉的教育，它是建立在人类生存实践的自由有意识的状态下的教育活动，它规避了工具理性的要求，使教育真正成为人类的精神享受与需要。自由自觉的教育是与人的自由自觉的存在状态联系在一起的。自由自觉的教育强调自觉形成独立的创造性人格，要求受教育者自由发展独特的个性，强调教育的全面性、完整性和个体的发展性。

以上是我们根据人类实践生存的状态把教育划分为三种对应的状态，这并不意味着它们是绝然分开的。它们是一个相互联系的、不断地自我生成的过程，自由自觉教育所体现的全面性、完整性、个体性和创造性，在自由自发状态下已潜在于教育活动中，在异化受动状态下已得到开发和认可，只是被当时的生存境遇的选择淹没而已。

从人之存在的动态层面看，人的存在是一个从自在自发状态到异化受动状态再到自由自觉状态的否定之否定过程，根据人类实践生存的状态把教育划分为三种对应的状态，也需要从自在自发状态到异化受动状态再到自由自觉状态的否定之否定过程，因而，实现休闲教育的目的表现为促进人之存在状态的提升。休闲教育通过促进人之存在形态的协调和人之存在状态的改善而提升人之存在，这也是休闲教育在大众休闲之状态下要完成的历史使命。

第五章

休闲教育的人之本质论维度

人的本质[①]关系到对人的根本认识，人有三重本质即类本质、群体本质和个体本质，表现出人的类特性、社会性和个性。人的本质是在实践中不断生成的，人性的完善也是逐步实现的。休闲教育参与人的本质生成和人性的完善，从人之本质论维度看，休闲教育的目标是促进人的本质生成和人性的完善，最终指向人的本质的真正生成和自由个性的形成。

第一节 人的本质与人性

在对人的本质和人性进行具体分析之前，我们有必要对人的本质与人性的关系进行分析。因为人的本质和人性关系到对人的根本理解和认识。

目前学界对二者关系的认识存有分歧，观点以认为人性是一个系统，包括人的本质，认为人性作为对客观实在的最复杂的物质运动系统——人的完整的、正确的反映，应该是一个系统的概念，它包含三个层次：人的属性（property）、人的特性（character）、人的本质（essence）。第一个层次是人的属性，这是人性中最广泛、最基础的层次；第二个层次是人的特性，范围比人的属性要窄，它是人的属性中能把社会的人和动物区别开来的各种特征，这个层次的人性是只有现实的社会的人才具有的、特殊的性质，因此，在此意义上可以说人的特性代表人性，是真正的人性；第三个层次是人的本质，"它是人的各种特性中最重要的部分，它是人的属性、

[①] 马克思关于人的本质的三个命题的统一可以作这样的理解："自由的有意识的活动"或"自由的自觉的劳动"与人的需要是从人之所以为人的意义上道出了人的根据，具有根本性的意义，而"社会关系总和"的命题则指向人的类本质在其现实性上的表现。人的劳动和人的需要是一切社会关系及其总和的前提，因为没有人的生命活动，一切社会关系无从产生。

特性得以形成、发展和变化的决定性因素,是所有属性、特性的根据,因而它是人性中最根本的东西"[1]。这种观点实质上是在广义上认识的人性,并把人的本质看作人内在的根本性质,是人性的核心。观点二认为,"人性是人的本质的表现,这可以看作在狭义的意义上认识人性"[2]。但不管广义还是狭义,最核心的人性是人的本质的表现。

人的本质的研究是马克思人学思想的核心,国内学界围绕人的本质理论持不同的观点,主要有以下几种本质说。(1)社会本质说。这是传统哲学教科书中的观点,其直接依据是《关于费尔巴哈的提纲》中提出的经典命题。这种观点认为,人总是生活在一定的社会关系中,是实践着的、活生生的、现实的人,人的本质在于人的社会性,它是"一切社会关系的总和"。(2)双重本质说。持此观点的学者很多,主要以张文喜、岳勇等为代表,其直接依据是《1844年经济学哲学手稿》和《关于费尔巴哈的提纲》中提出的两个命题。他们认为,"人的本质包括人的类本质和个体本质,人的类本质是实践或劳动,表明人类作为整体与其他事物的区别;人的个体本质是'一切社会关系的总和',是人之为人的内在根据。人的类本质与个体本质是辩证统一的关系"[3]。(3)三重本质说。此观点以万光侠等为代表,直接依据是《1844年经济学哲学手稿》《关于费尔巴哈的提纲》和《德意志意识形态》中提出的三个命题。他们认为,"人的本质是由类本质、群体本质、个体本质组成的有机统一体。马克思从人作为类存在物的角度揭示了人的类本质,即实践或劳动,这是人与动物相区别的内在根据;从人作为社会存在物的角度揭示了人的社会本质或群体本质,即'一切社会关系的总和',这是把不同群体的人区别开来的内在根据;从人作为个体存在物的角度揭示了人的个体本质,即'人的需要',这是把不同个体区别开来的内在根据"[4]。还有学者"同意人有类、群体、个体三重本质,但把人的个体本质不是看作需要,而是看作主观世界的总和"[5]。(4)四层结构本质说。此观点以韩庆祥教授为代表,他认为,"马克思从物质生产活动入手,从其结构上来考察人和动物、人和社会、人和

---

[1] 陈志尚:《人学原理》,北京出版社2004年版,第90页。
[2] 武天林:《实践生成论人学》,中国社会科学出版社2005年版,第115页。
[3] 赵军武:《人的本质研究简述》,《哲学动态》1996年第11期。
[4] 万光侠:《人的本质新解》,《山东师范大学学报》(社会科学版)1998年第3期。
[5] 武天林:《实践生成论人学》,中国社会科学出版社2005年版,第143页。

他人相区别的内在根据。马克思比较关注人的社会本质,而对人的个体本质并未给予详尽的阐述,而作为人的自由自觉的活动(创造能力)、社会关系和个性之形成、存在、发展之根据的,说到底,是人的需要,人的需要是什么样的,人的活动(能力)、社会关系和个性就是什么样的。这样,人的需要、能力、社会关系和个性就是理解人的本质或人的各种本质的四个核心概念"①;"需要、生产劳动、社会关系和个性分别体现的是人的内在本质、类本质、现实的社会本质和个性本质"②。他认为,"可以把人的本质概括为人的需要、生产劳动的自由自觉性、社会关系和独特个性的完整统一"③。(5)社会性实践本质说。此观点以陈志尚、王善超等为代表,"人的本质是在一定的社会关系中从事实践活动,即社会性的实践"④。这是人之区别于动物,人之所以为人的最根本的特征。"从整个人类来讲,人的本质是在一定的社会关系中从事实践活动,简言之,人的本质就是社会性的实践。具体表现在每个人身上,就是由他的具体的社会实践和具体的社会关系的总和所造成和决定的,并且就表现在他的全部社会实践和社会关系中。"⑤ (6)整体本质说。此观点以陶富源教授为代表。他认为,"人的本质是通过人的种种现实活动而获得现实表现的。人的活动大体包括人的生理活动、心理活动和社会实践活动。这三种活动与高等动物的生理活动、心理活动和行为活动,既有共性又有个性的方面,即人与高等动物相区别的方面。这种区别也就表现为人的生理本质特性、心理本质特性和社会实践本质特性。人的本质是由人的生理本质特性、心理本质特性和社会实践本质特性等三方面所构成的整体"⑥。(7)从对象化的角度阐述了人的本质。袁贵仁在其主编的《人的哲学》一书中,提出人性就是人所共有的区别于动物的属性,人的本质力量在于人的对象化和自然界的人化的观点。他尽管阐述了人的本质与社会发展的关系,但是没有

---

① 韩庆祥:《马克思开辟的道路——人的全面发展研究》,人民出版社2005年版,第106页。

② 韩庆祥:《重新解读马克思的思想体系——〈马克思的人学思想〉等著评介》,《哲学动态》1998年第2期。

③ 孙鼎国:《世界人学史》第4卷,河北人民出版社2003年版,第299页。

④ 陈志尚:《人学原理》,北京出版社2004年版,第99页。

⑤ 同上书,第101页。

⑥ 陶富源:《终极关怀论——人的哲学之悟》,安徽大学出版社2004年版,第87页。

阐述具体的社会关系与人的本质的关系问题。总之，关于人的本质问题的界说是仁者见仁。

我们认为，现实的个人具有三重存在形态，也具有三重本质，因为人的本质与人的存在是统一的，既然现实的个人有类、群体、个体三种存在形态，相应地就具有类、群体、个体三重本质，当然这三重本质是内在统一、不可分割的，只是在理论上为了方便才加以区分。而人性是由人的本质决定的，是人的本质的表现，并与人的本质相一致。人性也就有类本质、群体本质和个体本质的人性表现，对人性我们也需要通过这三者的内在联系来把握。

1. 人的类本质与类特性

人的类本质既指人作为一个类的本质，也指个人作为类的成员、作为类存在物所具有的类本质。类本质在于把人类同其他动物区别开来，在此基础上体现了人的类特性。关于人的类本质，马克思在《1844年经济学哲学手稿》中指出，"一个种的整体特性、种的类特性就在于生命活动的性质，而自由的有意识的活动恰恰就是人的类特性"[①]。在《德意志意识形态》中，马克思指出："个人怎样表现自己的生命，他们自己就是怎样。因此，他们是什么样的，这同他们的生产是一致的——既和他们生产什么一致，又和他们怎样生产一致。"[②] 这是马克思从实践的角度、从类的角度对人的本质的阐述，指出了自由的有意识的实践活动是人与动物的根本区别，这可以称为人的实践本质或类本质。

与人的实践本质和类本质相一致，就有人的类特性，即自由自觉性，或者说是人为万物之灵的至尊性、主体性。人的类本质不是先天的，而是不断获得的，人的类特性也是不断获得的。

2. 人的群体本质与社会性

人的群体本质指社会群体的本质，也指个人作为社会群体成员、作为社会存在物所具有的本质，在此基础上体现出人的社会性。人的群体本质除了揭示人的"自由自觉的实践"之外，马克思指出："人的本质不是单个人所固有的抽象物，在其现实性上，它是一切社会关系的总和。"[③] 人

---

① 《马克思恩格斯文集》第1卷，人民出版社2009年版，第162页。
② 同上书，第520页。
③ 同上书，第501页。

不是自然的实体，而是由特定的社会关系所决定的。现实的人就是一切社会关系的总和，是一切社会关系的集中表现。人们在社会关系中所处的不同地位，使他们产生了不同的利益、思想、情感，形成了群体同群体的差异。

人的群体本质或社会本质同人的实践本质是内在统一、相辅相成的，因为实践活动和社会关系在人身上是有机统一的。首先，人的社会关系是在实践活动中形成的，它的性质和变化由实践活动的性质和水平所决定。其次，人的实践是在一定的社会关系中进行的，人只有结成一定的社会关系才能从事实践活动。最后，实践活动在本质上就是处理一定社会关系的活动。人的群体本质或社会本质决定了人具有社会性，现实的人作为社会存在物，其最重要的特性是其社会性。

3. 人的个体本质与个性

人的个体本质是指人作为个体具有的本质，是个体与个体相区别的本质规定，个体本质把具体的个体区别开来。人的个体本质集中体现为人的需要，在此表现出人的个性。

马克思指出："我的劳动满足了人的需要，从而物化了人的本质，又创造了与另一个人的本质的需要相符合的物品。"[①] 在这里，马克思把人的需要与人的本质作为同一概念使用。马克思又指出："在任何情况下，个人总是'从自己出发的'，但由于从他们彼此不需要发生任何联系这个意义上来说他们不是唯一的，由于他们的需要即他们的本性，以及他们求得满足的方式，把他们联系起来（两性关系、交换、分工），所以他们必然要发生相互关系。"[②] 这些都表明了人的需要是人内在的、本质的规定性，人的需要还是人的社会关系的根本动因，人不能孤立存在于相互联系的社会中，联系的原因在于人对自身需要的满足。离开了人的需要，人的其他一切实践活动和社会关系都将不复存在。因此，有学者认为"人的需要即人的本质"这一命题"不仅涵盖了前两个界定（引者注：人的实践本质、人的社会关系本质）的内容，而且揭示了前两个界定的原因，在不少方面超越了前两个界定的范围。从这个意义上甚至可以说，人的需要即

---

① 《马克思恩格斯全集》第 42 卷，人民出版社 2017 年版，第 37 页。
② 《马克思恩格斯全集》第 3 卷，人民出版社 2002 年版，第 514 页。

人的本质这一界定，是对前两个界定的综合"①。

马克思指出，人的需要是人实现自己的本质的表现。"已经得到满足的第一个需要本身、满足需要的活动和已经获得的为满足需要而用的工具又引起新的需要"②，整个人类发展史就是一部人的需要即人的本性的不断改变和发展的历史。"富有的人同时就是需要有人的生命表现的完整性的人，在这样的人的身上，他自己的实现作为内在的必然性、作为需要而存在。"③ 需要的丰富性体现了人的本质的丰富性、全面性。人的个体本质即人的需要决定了人的个性。个体性是在个体需要的支配下，在一定的社会关系和生活实践过程中，受各种自然因素、社会因素和精神因素的相互作用而形成的，是个体的自然特性、社会特性和精神特性的有机统一体。人的需要是怎样的，人的实践活动、社会关系以及在此基础上形成的个性就是怎样的。

总之，人的本质是三重的，类本质、群体本质、个体本质这三者缺一不可、相互联系，在现实的人身上，人的需要是动力，社会关系是形式，实践活动是内容，从这三个方面相结合来考察，才能全面把握人的本质。从人的本质的表现来说，人性集中表现为自由有意识的类特性、社会性和个性。

第二节 休闲教育彰显人之本质的生成与人性的完善

人的本质和人性不是永恒的、不变的，而是具体的、历史的。人通过实践不断地占有自己的本质，完善自己的人性。休闲教育使人获得或占有自己本质的重要参与力量，也是人性得以完善、得以丰盈的重要影响因素。

一 人的本质和人性是在实践中生成的

同人的存在一样，马克思认为人的本质和人性是不断生成的，他对人的本质与人性的认识区别于之前哲学家的"现成性"或"既成性"的思维，转变为生成性思维。有学者甚至认为"这种哲学思维方式的转变是马

---

① 赵家祥：《马克思关于人的本质的三个界定》，《思想理论教育导刊》2005 年第 7 期。
② 《马克思恩格斯文集》第 1 卷，人民出版社 2009 年版，第 531 页。
③ 同上书，第 194 页。

克思的哲学革命所在"。① 如前文所述，由于实践及社会关系是生成性的，这决定了人的本质、人性不是先天就有的神秘的东西，也不是什么单个人所固有的抽象的东西，而是客观的、现实的、具体的，是由人的后天的社会实践及其所具有的各种社会关系的总和决定的，并且表现在人的全部社会关系和社会实践中。马克思指出人的本质的生成是群体变为"自由人的联合体"，人获得"自由个性"，这是人的类本质、群体本质和个体本质的有机统一。在此基础上人的自由的有意识的类特性、自由个性等是基于人的实践的批判性，马克思对人的本质深入的分析给休闲教育以启示。

人的本质是在践行休闲教育的过程中生成的。人不仅是休闲教育的对象，人也是休闲教育的起点和终点，所以，休闲教育应当遵循人的本质规律。首先，休闲教育的对象是实践的、能动的个体，因此个体休闲教育的培养应当从个体参与休闲的实践活动中进行关注和引导，方能取得实际的效果。其次，休闲教育应当建立在特定的社会关系基础之上，在特定的历史时期对社会及人的休闲及教育的需求做出判断并加以引导，从而使休闲教育更符合社会和人的发展的要求。再次，休闲教育的对象是有独立个性的主体，具有唯一性和差异性。因此，休闲教育的实践应当充分尊重教育对象的主体性价值，把人作为目的而非被改造的工具，关注个体的成长，我们应该因人而异地制定休闲教育的具体方案。休闲教育是对人的休闲实践和休闲精神的教育，因此休闲教育过程中的情感付出远远超越了其他教育活动，所以休闲教育更应体现出差异性。我们知道休闲的本质是自由，走向休闲就是走向生命的自由，它体现着人的自由、理想的存在状态，是人的类本性的一种境界。休闲教育是在尊重个体的自由的基础上加以引导，激发起个体的休闲兴趣，发掘个体的潜能，培养健康的休闲价值观以进行正确的选择。在休闲教育中，个体的个性会得到最大的尊重，强调个体的"自我实现"，其以完整的生活为价值导向，促进个体摆脱"单向度"而成为全面发展的人。

人的个性在休闲教育过程中的生成。休闲教育是一个引导人自我完

---

① 邹广文、崔唯航：《如何理解马克思的哲学革命》，《天津社会科学》2003年第1期。

善、人性丰满的过程。"人只有依靠教育才能成为人,人完全是教育的结果。"① 休闲教育是针对人的教育,它的主体是现实的个人。马克思曾指出,"人以其需要的无限性和广泛性区别于其他一切动物"②,社会性才是人的本质属性,即人性。人的生存和发展就是一个不断摆脱自然属性,追求人的存在和发展的意义。人之为人的本质规定性,不是先天赋予的自然属性,而是通过在后天实践中接受社会和自我塑造形成的。人性的发展需要休闲教育的引导,人不愿停留在自然状态的满足,还渴求精神世界的充盈,通过精神世界的满足来提高人的生活质量。所以,休闲教育最根本的目的是要提升人性,促进人的自我完善,并实现自我价值。休闲教育是以人为出发点的教育,离开人的实践生存目的,离开人性的真善美追求,休闲教育也就失去了本真的内涵与意义。虽然传统教育目的最大的弊端是剥离人的本性,把本属于人的教育变成了机械或物化的动物训练,使教育一度失去了人性的光芒。休闲教育把人的发展视为最高目标,把人的个性生成视为基本目的,把人的类主体共生共展视为教育的终极目标。马克思认为"人是人的最高目的",培养人的教育要以人为根本,如果脱离人的本性去追求人性之外的附加值,教育就会坠入功利主义的陷阱。休闲教育通过对人性的反思,反对极端功利主义的教育目的,因为教育的功利主义使人的发展限于片面,使人的本性遭到扭曲。休闲教育旨在发展全面的人,人要全面发展就必须追求自由自觉的本性,追求人的尊严、意义、价值以及与人的本真内涵的实践生存性的休闲教育之中来。

二 休闲教育参与完善人的本质和人性

如前文所述,人的本质和人性是在实践中不断生成的,是现实性和历史性的。休闲教育是一种实践生存性的教育。休闲是人类最高层次的需求,没有自由的生存实质上并不是真正的人的生活,自由被剥夺也就意味着人的本质的丧失。在参与休闲活动的过程中,休闲教育能够参与完善人的本质和人性。

---

① [德] 伊曼努尔·康德:《论教育》,任钟印主编《世界教育名著通览》,湖北教育出版社1994年版,第499页。

② 《马克思恩格斯全集》第49卷,人民出版社2016年版,第130页。

1. 人之本质在休闲教育中的实现

生存（生命的存活）需要是人的基本需要，享受需要是在人的生存需要基本满足的前提下形成的一种旨在提高生活质量、优化存在条件的需要，发展需要是人们为了自身的完善和文明程度的提高、为了增强人的自由个性而产生的需要。休闲教育不仅为人之生命的存活、为提高人的生活质量、优化人的存在条件、满足人的社会需要服务，而且为促进人性的完善、促进人对自身本质的占有服务。休闲教育自身也确证着人的本质力量，休闲教育以参与休闲活动的方式不断完善人的本质。交往是人占有本质的重要方式，马克思曾指出："人的本质是人的真正的社会联系，所以人在积极实现自己的本质的过程中创造、生产人的社会联系、社会本质。"[1] 即人的本质是人与人的交往中形成的社会联系、社会关系，"交往活动中形成的一定关系就是包括生产关系在内的广义的社会关系"[2]。人在交往实践中，表现着自己的本质，获得了人的规定。交往是人的社会联系的纽带，是社会关系的生成途径，而人是社会性存在，也就是交往性存在，交往也是人的本质的生成途径。人的交往实践越普遍、越发达，人越置身于更深、更广的社会关系中，人的本质也将获得越来越丰富的规定。任何人参与不同的休闲活动，就是人对本质的占有获得了较为直观的展示。总之，在休闲教育这种交往实践中，人们通过交流、学习、沟通、模仿而相互影响，人之活动和行为能力相互补充，理性、感性和意志相互作用，从而使人们之间情感、思想、观点的共同性逐渐形成和发展起来，凝聚、巩固和扩大社会集体的力量，增强人的本质力量，丰盈人性。

2. 人之个性在休闲教育中的实现

人在解决了基本生存需要之后，是把闲暇的生命时间用于积极地自身创造，开发自身智力、提升人格品位、促进个体发展，还是在颓废、堕落、不思进取、百无聊赖中打发时间，体现了不同的生命质量和生活意义。通过休闲教育实现人的个性的良好发展，通过休闲教育促使人对生活（生命）进行思索，有助于人个性的成熟，使人真正地走向自由。

康德（Immanuel Kant）说："教育以人类个体的未完成状态为起点，以人的向善倾向和人类已有的发展状态为依托，以人性的完善为终点。教

---

[1] 《马克思恩格斯全集》第 42 卷，人民出版社 2017 年版，第 24 页。
[2] 陈志尚：《人学原理》，北京出版社 2004 年版，第 226 页。

育是一个引导人自我完善、人性丰满的过程。"① 人们不断实现自身个性的发展和获取生命不同价值最为有效的一个方法就是从事多样性的休闲活动。随着人们交往实践的不断深入，人的存在和发展也以此为基础，休闲活动最为本质的特点在于不断超越自身必然性所带来的各种束缚，摆脱外在的压力，不断丰富自己的个性。休闲作为一种有价值的实践形式，是人们在摆脱了外在的压力之后，在不断满足基本物质需要的基础上，追求更高精神层次需要的一种实践性活动，是人之所以"成为人"的过程，是人类不断实现自我价值的具体体现。通过参加多样性的休闲活动，人们可以有更多的时间去参与自己所感兴趣和喜爱的活动，满足自己不断变化的精神需要的同时，亦满足了自己对社会的个性的需要。

第三节 休闲教育的目的在于促进人之本质与人性的完善

休闲教育与人的本质和人性有着密切的联系，即休闲教育参与和推动人的本质生成和人性的完善，这种本源性关联也决定了从人的本质论维度对休闲教育的目的进行人学思考必然得出一个合乎逻辑的结论：休闲教育的目的在于促进人的本质之生成和人性的完善。

一 促进人之本质的完善

如第四章第一节所述，个人要成为现实的个人必须具有三重本质，类本质、群体本质和个体本质。个人的类本质表明个人要成为人，必须成为人类的成员，依靠物质生活条件以人的实践方式而生存，同时必须具有类特性；个人的群体本质表明个人要成为现实的人，必须生活在社会关系之中，成为社会群体的成员，并具备群体层次的人性；个人的个体本质表明个人要成为人，必须具有独特的需要，形成自己独特的个性。换言之，人要具有使人"成为人"的内在根据上的差异，即本质上的差别，这种本质上的差别不是天生的，而是个人在后天的生存实践中逐渐生成的。因此，休闲教育促进人的目的必然体现在对人之本质的生成的促进上，而这种促进，又必然要求促进人对人的三重本质的占有。

首先，人的类本质即人的实践本质，因此，休闲教育致力于促进人的

---

① 参见黄向阳《德育原理》，华东师范大学出版社2000年版，第46页。

类本质的生成、促进人对类本质的占有，它需致力于对人的实践活动的促进，促进人的实践由自在自发或异化受动的实践向自由自觉的实践推进。人的生活方式则是有目的的实践活动。实践活动是维持人类生存的基本活动。正因如此，人的实践选择塑造着人的生活方式，使人的生活方式离开了纯粹动物式的本能自在，而指向了自觉和自由。马克思以现实的人为出发点，指出，"人们的存在就是他们的现实生活过程"①。他把人类生活总体上分为"物质生产"和"物质交往"两大类，前者以发展社会生产力来满足人类生存所必须的物质活动为内容；后者则不仅包括除了物质生产以外的社会交往关系，还包含在物质交往基础上产生的"精神交往"。而休闲活动在本质上应属于人们的社会交往的范围。因为休闲活动不仅是人们实际的社会生活，也是马克思所说的关于生活之自由的有意识的活动。正如休闲的自由是一种成为状态的自由一样，休闲本身也是一种精神体验和享受，是人在进行休闲活动时，感受到自身与周围休闲环境融合的一种心理体验。休闲作为一种实践形式，是人类摆脱了自然必然性和外在压力之后的一种自由生活，是人们在满足了基本物质需要的基础上所追求精神需要的实践活动。当马克思把人的社会生活实践看作人的类本质时，人们对休闲活动的体验和享受则成为人的类本质及人的实践本质的体现。休闲教育应更好地帮助人们认识自我、认识世界，自觉地按照人的本质要求和事物发展规律进行各种实践活动，以满足和提升各种合理的需要，使人的本质得到全面的塑造。

其次，人的社会本质集中体现为社会关系，因此，休闲教育要致力于促进人的社会本质的生成，促进人对群体本质的占有，需对人占有自己的社会本质的促进就转化为对人之社会关系的引导和促进其拓展、深化、突破、更新以及促进人对社会关系的掌控上。

休闲教育完全是自愿的、快乐的、兴趣的教育。休闲教育就是教人从小学会合理、科学、有效地利用时间，学会欣赏生命和生活，学会各种形式的创造。休闲教育的最高目标是实现休闲对个体和社会作用的双重统一，因此休闲教育除了帮助个体认识到休闲与他自身的关系之外，还必须引导个体认识到休闲中的自己和各种不同社会角色中的自己之间的关系，并从中寻求平衡，使生活在完整与和谐中进行。这其中重要的是帮助个体

---

① 《马克思恩格斯文集》第1卷，人民出版社2009年版，第525页。

认识到休闲与工作的关系，个人的休闲与他人休闲之间的互动关系，个人的休闲与社会整体利益与发展之间的关系。休闲教育所倡导的是，休闲与工作是个体生活中同样重要的组成部分，都会为个体带来丰富的生命体验，他们之间不是取舍的关系，而是协调统一的问题。休闲教育希望帮助个体建立一种健康的"休闲—工作"意识，在不同的领域中充分享受与追求生命的价值与意义。此外，休闲教育还要强调，个人的休闲不应该危害到他人的休闲与利益，应当以道德准则与法律规范为前提，使自主与个性化的休闲在人与人之间良性互动。在这个基础上，健康的休闲理念与行为引导社会舆论更加重视休闲的意义，形成一个和谐的社会氛围。休闲教育还追求更高层次上使个人休闲为社会的发展做出贡献，倡导有创造性的个人休闲方式，使个体在休闲生活中不仅满足自己的需要，还能够为社会与他人服务。比如，以做义工的形式帮助他人，以自己的音乐、艺术才华创造精神产品，等等。这些高于个人休闲体验之上的更高层次的休闲，尽管不是每个人都能达到，但是休闲教育应当追求这样一个理想，并且努力和积极地去倡导。因此，休闲教育应该主动、自觉地发挥其作用，既引导人适应特定社会关系的要求，按特定社会关系所要求的休闲规范规约自己的实践，又要促进人根据人之本质的发展要求不断改变，突破落后的、狭隘的社会关系，促进社会关系的更新、深化和拓展，丰富、扩大人的社会关系。

再次，休闲教育对人占有个体本质的促进集中体现在对人之需要的满足上。因为人的个体本质主要体现在人的需要上，它的丰富就是人的需要的丰富，人对个体本质的占有就是人的需要的不断满足、丰富和提升。休闲教育要致力于促进人的个体本质的生成，促进人对个体本质的占有。

休闲教育是一个缓慢的、循序渐进的过程，需要传授一定的技巧并要练习这些技巧，从而让人们感知。休闲教育能够促进休闲中个体的自我了解，包括了解自己的性格特点、休闲生活习惯、兴趣爱好、知识能力水平，对于休闲方式的价值倾向、休闲中存在的困难、自己的时间、空间、经济承受能力等。个体对于这些因素的认知程度影响到个体的休闲选择以及所获得的休闲体验。休闲教育要促进和鼓励个体了解自身的特点与条件，并指导个体根据自身状况选择适合自己的休闲方式，同时引导个体在休闲过程中，加深对自己的了解、发掘自身潜力，看到一个更加丰富的自己。休闲教育能促进个体构建休闲的自我风格，鼓励个体在休闲中形成自主的态度和富有个性的风格，自我选择、自我设计、自我评价。特别在自我评价方面，休闲教育应当使个体明白休闲品质的好坏，并不取决于外在的休闲形式，而是取决于个体内心的休闲体验。如果个体从中体验到一种积极、健康的愉悦感、满足感，那即使是非常简单的、朴素的休闲方式也是具有良好的品质。休闲在满足个体需要的基础上，更强调的是过程中的积极体验和个体的自我评价，使人增强自己的本质力量、巩固人在休闲中的主体地位。

二 促进人性的完善

如前文所述，人的本质的生成过程也是人性获得不断发展与完善的过程。同人的本质一致，人性有类特性、社会性和个性三个层次，人性的完善是由人的本质决定的，表现为人的类特性、社会性和个性的协调、健康发展，最终形成自由个性即"有个性的个人"。"有个性的个人是在个人身上综合了人的所有关系和属性的个人，是在自身中把人的个性、社会特性和类特性综合为一个整体的个人，是作为人的个性、群体特性和类特性的承担者、构成者、表现者、实现者和确证着的个人，是以实体个人为依托的个体、群体和人类相统一的个人。"[1] 休闲教育致力于促进人性的完善，就是要促进人的类特性、社会性和个性的健康、协调发展，最终促进人的自由个性和有个性的个人的形成。

人的个性，一般是指人的主体性，其内容主要包括个人的能力、独立自主性、自觉性、自由性和能动的创造性。"个性的哲学意义在于个人对外部世界和自身的支配或控制，使个人成为外部世界和自身的主人，因而它表现个人的主体性内容。"[2] 人的存在与发展，是以人的实践活动的不断开展为基础的，而人的自由活动的结果是不断超越必然性的束缚，获得一种相对自由的生活，最终获得丰富的自由个性。

马克思把人类历史划分为三大阶段，即"以人的依赖关系"的发展阶段，"以物的依赖性为基础的人的独立性"的发展阶段和"建立在个人全面发展和他们共同的、社会的生产能力成为从属于他们的社会财富这一

---

[1] 朱平：《马克思人生本体论》，中国科学文化出版社2004年版，第80页。
[2] 韩庆祥：《个性概论分析》，《求是学刊》1993年第1期。

基础上的自由个性"的发展阶段。在以"人的依赖关系"为基础的最初的社会形态①（社会形式）中，马克思认为人是缺乏个性的，是不自由的；而在以"物的依赖性为基础"的资本主义社会，马克思认为物的关系对个性造成压抑，人的个性不完整；只有到了共产主义社会，个人社会化程度达到较高阶段，人的个性才能实现充分的发展。在第三个阶段，人们完全可以从外在的自然环境中解脱出来，以自己喜爱的方式去生活，在自由时间内充分发挥自己的自由个性。人性由被动到主动、由自发到自觉、由依附到独立，最终表现为类特性、社会性、个性和谐统一的自由个性的形成。由此可以看出，人性是逐步完善的，休闲教育对于人性的促进也应该是逐步实现的，它应该把自由个性的形成作为旨归。在这个社会中，人们可以从事自己所爱的活动，从而表现出"自由自觉"的个性特征。"作为环境，休闲是使创造性活动成为可能的社会空间。"② 休闲是人们从必然中摆脱出来的可以采取真实行动的自由。人们可以在自由的有意识的劳动中表现自己的个性，展示自己的本质。同样地，人在休闲中以审美的方式体验生活并不断展现自己个性，追寻人生的本真意义。休闲教育以人为出发点，把人的生存、发展放在教育的重要位置，把"成为人"作为休闲教育本质完成的过程，把提升人的生命意义与价值，把引导人自由自觉的发展作为参与休闲活动的手段。通过个体参与休闲活动，使本真的人性得到彰显，使人更具丰富多彩的个性，使自由自觉的发展成为现实。休闲的核心精神是自主，或者说是自由和个性化。"自主或者自由"意味着按照自我需要，自己选择；"个性化"意味着，根据的是自己的需要与情感来选择，生活的具体形式以

---

① 近年来，学界普遍重视三大社会形态理论的完整表述。这里的"社会形式"一词，在马克思著作的德文版中用的是"Gesllschaftsform"，《马克思恩格斯全集》中文第二版和《马克思恩格斯文集》2009年版将其翻译为"社会形式"，这与"社会形态"（Gesllschaftsformation）略有差异，但它们都是用来表示社会发展阶段的概念。由于马克思并未对三大社会形态给出具体命名，本书为了避免不必要的误解，我们不妨将它们分别称作人类社会的"第一个阶段""第二个阶段"和"第三个阶段"（参见《马克思恩格斯文集》第8卷，人民出版社2009年版，第52页）。本书第三章第一节中提到的马克思关于人类历史划分的阶段所相适应的社会经济形态（即社会形式）和这里的"社会形式"以及本书第五章第四节、第六章第一节的"社会形式"的表达都采用最新版的马恩经典著作中的表述，从根本上来说并不矛盾。

② [美] 约翰·凯利：《走向自由——休闲社会学新论》，赵冉译，云南人民出版社2000年版，第243页。

及其中的体验也是你自己的,休闲教育力图培养和激发个体的自由个性以及其个性的不断完善。

第四节 人之本质对休闲教育的现实诉求

如前文所述,休闲教育的目的在于促进人的本质的生成和人性的完善。对休闲教育促进人的本质和人性是通过人的主体性得以表现出来。所谓主体性,就是"人作为活动主体的质的规定性,是在与客体相互作用中得以发展的人的自觉、自主、能动、创造的特性"[1]。当然,人与主体不同,人的属性与主体的属性自然也不完全等同,但是人的主体性是人性中最能体现人的本质的部分。从人的实践本质和类特性来看,"自由自觉"性就是指人的主体性。实践和主体性连为一体,主体性是从主体与客体、必然和自由的关系中来理解的,这些都统一于人的实践活动中。离开人的实践就无所谓主体性,离开主体性也无所谓人的自由自觉性实践。人的实践决定了人的主体身份和主体性,这是人后天获得的本质力量。从人的群体本质和社会性来看,人的主体性与人的本质相一致。"人的本质是人的真正的社会联系,所以人在积极实现自己本质的过程中创造、生产人的社会联系、社会本质。"[2] 人的本质的实现就是人的主体性的实现,这种主体性主要表现为人所创造真正的社会联系。从人的个体性本质和个性来看,主体性也集中表征着人的本质和人性。个体本质就在于积极、能动、创造性地参与实践活动满足自己的需要,在这个过程中,不仅完成个体的社会化,更创造性地完成个体化,形成个性,而人的个性由主体性和独特性构成,这里的主体性表现为自主性、自觉能动性和创造性,它是个性的核心,而独特性是个性的外在表现形式。总之,人的主体性集中体现着人的本质和人性,人只有作为主体,在需要的驱动下,通过自己能动的活动和实践把握客体、改造客体,"在主体的对象化活动中自觉实现人的目的,在客体改变了的形态中确证主体的本质力量,同时也使主体本身得到全面、自由的发展,才算证明了自己的主体性"[3],也才生成了人的本质。

---

[1] 郭湛:《主体性哲学——人的存在及其意义》,云南人民出版社2002年版,第30—31页。
[2] 《马克思恩格斯全集》第42卷,人民出版社2017年版,第24页。
[3] 郭湛:《主体性哲学——人的存在及其意义》,云南人民出版社2002年版,第32页。

人的主体性有类主体性、群体主体性和个体主体性三个层面，类主体性体现了人的类本质和类特性，群体主体性体现了群体本质和群体性，个体主体性体现了个体本质和个性。

一　休闲教育是塑造和发挥人的主体性的需要

主体性是在主客体关系中相对于客体而言存在的一个哲学范畴，是人区别于其他活动客体的特性。休闲教育能够充分地塑造一个人的主体性，与此同时是对其主体性进行教育和塑造的一个过程。马克思将人类社会划分为人的依赖关系的社会、以物的依赖性为基础的社会、建立在个人全面发展的社会的三种社会形式。其中劳动在以上三种社会形式中的作用是不尽相同的。在前两种社会形式中，劳动只是作为人类谋生的手段，在第三种社会形式当中，劳动就成为人的一种自由的有意识的活动，成为人内在的需要。我们已经在进入大众休闲时代，可以说是处于第二种社会形式中，休闲作为一种主体自由选择的实现形式，是主体根据自身的兴趣爱好、人生观、价值观等实现人生价值的过程与活动，休闲教育能使人们进一步认识生活，通过各种休闲活动的参与以及对休闲的理解使人们保持心灵上的宁静，恢复人们在劳动中消耗的体能。休闲教育能够激发人的创造性，休闲在给主体提供一个独立思考空间的同时，也激发了主体对外面世界探究的欲望，使主体能够对自然、社会和人生的各种感受与经验进行思考与分析。休闲教育是在休闲个体的主体性的参与休闲活动的基础上，学会能促进身心健康的各种技能，其目的就是学会休闲、享受生活，感受快乐人生的乐趣和真谛。

二　休闲教育的现实诉求指向"完整的人"

所谓"完整"，意味着把生命视为一个整体。马克斯·舍勒（Max Scheler）认为，"完整的人"既是肉身的个人，又是精神的个人。马克思曾对"完整的人"做过这样的描述："人以一种全面的方式，就是说，作为一个完整的人，占有自己的全面的本质。人对世界的任何一种人的关系——视觉、听觉、嗅觉、味觉、触觉、思维、直观、情感、愿望、活动、爱，——总之，他的个体的一切器官，正像在形式上直接是社会的器官的那些器官一样，是通过自己的对象性关系，即通过自己同对象的关系而对对象的占有，对人的现实的占有；这些器官同对象的关系，是人的现实的实现，（因此，正像人的本质规定和活动是多种多样的一样，人的现实也是多种多样的），是人的能动和人的受动，因为按人的方式来理解的受动，是人的一种自我享受。"[1] 在这里，马克思和马克斯·舍勒（Max Scheler）对"完整的人"的理解是一致的，它包括人的肉身和精神，要走向"完整的人"，需要人的全面发展。

休闲是人类和人类社会自我完善所需的美好的精神家园，它体现出对人的价值、人的生存意义、人的自由和全面发展的关注，是一种对人的终极命运的关怀。休闲作为一种社会现象，它不仅体现生存个体的生活目标，更体现了社会公众群体的价值目标追求，是现代文明社会发展的必然趋势。当今社会休闲生活的出现并得到迅速发展，往往导致了人的失落。休闲能够使人在一种无拘无束、自由自在、轻松欢快的状态中，随心所欲地去做自己欣慰愉悦的事情，去发挥自己的另一些生命潜质，正如席勒（Johann Christoph Friedrich von Schiller）认为的那样，"只有当人是完整意义上的人时，他才有游戏；而只有当人在游戏时，他才是完整的人"[2]。生命需要休闲，休闲健旺生命。休闲有助于人的身心和谐与发展，是当今大众休闲社会追求的精神性的需要。"完整的人"是当今休闲的理想的人的模式，它是在休闲之"成为人"的基础上所体现的现实社会寻求的目标，"成为"的最终结果就是"完整的人"的价值目标的实现，"完整的人"对于生活和世界本身是有意义的，是一种个性和谐、自由全面发展的人。

总之，"完整的人"不仅体现在身体与感官的健全与发展，而且也体现在精神生活的丰富和精神素质的提高。"完整的人"意味着人的肉身与精神全面自由的共生的发展。人不仅是获得必要的生存条件，而是获得了自我发展的自由，它融合了身体与精神的双重因素，强调个性自由与个性发展。培养"完整的人"，我们不仅需要人的身心而且需要人的个性的充分的发展。同时实现人对自己本质的全面占有，把自己提升为全面发展的"完整的人"。

休闲教育是促使人全面自由发展的教育，它以提升人的实践生存能

---

[1]《马克思恩格斯文集》第 1 卷，人民出版社 2009 年版，第 189 页。
[2] [德] 约翰·克·弗·席勒：《审美教育书简》，张玉能译，译林出版社 2009 年版，第 48 页。

力、生命意义、生命价值为目的，通过人性化、个性化、创造性的教育，让受教育者真正成为"完整的人"。休闲教育用人性化的教育取代片面的理性知识的训练，使人性得以回归，使人的个性充分自由地发展。休闲教育的人性化要以生命的成长为目的，要把对生命的珍惜、敬畏放在最重要的位置，使生命在人性的观照下自由地生长。

第六章

休闲教育的人之发展论维度

人是不断发展的，人通过自身的实践活动不断由不自由向自由发展，最终实现人的全面而自由的发展。立足于现实的人，关注人的生活世界和生存境遇，致力于最终实现人的自由全面发展，是马克思人学的理论旨趣和价值追求。休闲教育是人的发展的重要手段和途径，其目标指向人的自由全面的发展。

第一节 关于人的发展

人应当是怎样一种存在状态，人类的终极归属是什么？是马克思人学也必须要回答的问题，人不断地改变着自己的存在状态，不断地生成自己的本质，这些都说明和决定了人是不断发展的。人的发展是一个复杂的问题，为了从人之发展的维度来分析休闲教育的人文意蕴，我们需要根据马克思的人的发展理论对人的发展进行简要的解析。

一 人的发展的含义

人的发展问题是马克思人学始终关注的一个问题，理解"人的发展"概念的含义，主要涉及两个问题：一是"人"指的什么；二是"发展"指的什么。正确理解人的含义和发展的含义，是完整把握"人的发展"内涵的理论前提。

1. 人的本质与人的发展

根据马克思人学思想，发展的主体应是"现实的个人"，是具体的、活生生的、一个个的人。当然，现实的个人不仅是一个个的个体，而且是既作为个体存在物、社会存在物和类存在物的具有个体性、社会性和类特性的个人，是从事实践活动、结成一定社会关系的个人。人的发展主要是个人的发展,是个人的类本质、社会本质与个体本质的不断生成和展开。人的发展也不是某一个人的发展,而应该是每一个人的发展,是每个人作为人都应得到的平等发展。

强调人的全面发展,主要是针对发展的内容而言的,即"发展什么"。人的发展实质上是人的本质的发展,马克思曾指出:人的全面发展就是"人以一种全面的方式,就是说,作为一个完整的人,占有自己的全面的本质"①。人具有类本质、社会本质和个体本质,因此,人的发展内容可以从人的本质中获得说明,即人的发展应为人的类本质、社会本质与个体本质的生成,或者说是个人的类特性、社会特性与个性三种基本特性在个人那里的发展,具体来说,就是人的活动及其能力、社会关系和人的个性的全面发展。

首先,人的类本质和类特性是自由的有意识的创造性活动,类本质和类特性的发展主要是人的创造性的活动及其能力的发展,每个人能按照自己的天赋、特点、兴趣、爱好等自由地选择活动领域,当然,人的创造性活动的发展必然引申出人的能力的发展,因为人的实践活动的过程就是人的活动能力——人的本质力量的发挥的过程,是人之能力的形成与发展的过程。人的能力的发展是人的活动能力发展的主要表现。其次,人的社会特性集中表现在社会关系上。"社会关系实际上决定着一个人能够发展到什么程度。"②"一个人的发展取决于和他直接或间接进行交往的其他一切人的发展。"③ 因此,社会关系是怎样的,人也就是怎样的,人的活动在社会关系中展开,人的发展也集中体现为社会关系的发展。"社会关系的发展体现在个人社会关系的丰富、个人社会交往的普遍性以及个人对社会关系的共同控制。"④ 个人对社会关系的共同控制,即人对社会关系的占有,"全面发展的个人——他们的社会关系作为他们自己的共同的关系,也是服从于他们自己的共同的控制的"⑤。即个人能够通过自由的联合,把社会关系作为个性发展的有效基础,不是被社会关系异化、支配,而是

---

① 《马克思恩格斯文集》第 1 卷,人民出版社 2009 年版,第 189 页。
② 《马克思恩格斯全集》第 3 卷,人民出版社 2002 年版,第 295 页。
③ 同上书,第 515 页。
④ 韩庆祥、亢安毅:《马克思开辟的道路——人的全面发展研究》,人民出版社 2005 年版,第 142—144 页。
⑤ 《马克思恩格斯文集》第 8 卷,人民出版社 2009 年版,第 56 页。

掌握和自觉控制社会关系,使之服务于人。再次,人的个性发展主要是人的自由个性的形成,即人的自律性、自主性、创造性、独特性的发展。在内容上可以体现在个人需要、动机、兴趣、理想、信仰、价值观、性格、能力等的发展,个人道德风貌、习惯、社会形象、角色以及其他精神状态等的完善。

2. "每个人"的发展

按照通常的理解,马克思所讲的"人"包括个人、群体、社会或人类等多种不同的形式和层次的内容,而"人的发展"中所讲的"人"主要不是"类",也不是"群体"或"社会",而是"个人",是人作为类存在物、社会存在物与个体存在物的发展,或者说是个人身上的类特征、社会特征与个性的发展。

学界关于发展的主体一直都存在着"个人"与"类"的分歧,马克思关于人的发展学说究竟是从"个人"还是从"类"的角度出发,至今仍仁者见仁、智者见智。个人与类有区别也有联系,从字面上看,个人主要指个体,一个人,相对于他人而言,是在人的范畴之中;"而类则是指由每个人组成的整体,是相对于动物或神而言,是在'世界'的范畴之中"①。"'每个人'的前提是个体,而'一切人'的前提是族类、整体。人们通常认为,只有实现类的发展,才有个人的发展,类的内涵中包含了每个个体,因此似乎'类'或'人'的发展可以替代'个人的发展'。对发展的主体既要看到类和个体两种解放的尺度,又要把着眼点放在人的个体发展上,着眼于'类'的发展来考察人的发展,至多能得到一种抽象进步和进化的观念;着眼于个人考察人的发展,人的发展的曲折和坎坷、丰富性和复杂性,才能真正进入考察的视野。"②

当然,马克思讲的"个人不是孤立的个人,而是'社会中的个人';不是'某一个人',而是'每一个人'。是指'每个人'的发展,是'各个个人'的发展,是'每一个单个人'的发展,是'社会的每一个成员'的发展"③。在马克思看来,"真正的人的发展也只能是全社会的每一个人

---

① 韩庆祥、亢安毅:《马克思开辟的道路——人的全面发展研究》,人民出版社2005年版,第119页。

② 黄克剑:《"个人自主活动"与马克思历史观》,《中国社会科学》1988年第5期。

③ 袁贵仁:《论马克思人的全面发展观》,《高等师范教育研究》1992年第3期。

的发展，而不是一部分人的发展和另一部分人的不发展。因为一个人的发展取决于和他直接或间接交往的其他一切人的发展"①。

3. 全面、自由的发展②

提到人的发展，马克思经常提到"自由发展""个人独创和自由的发展""全部才能的自由发展""不受阻碍的发展"。"个人的全面发展，只有到了外部世界对个人才能的实际发展所起的推动作用为个人本身所驾驭的时候，才不再是理想、职责等等，这也正是共产主义者所向往的。"③只有达到自由发展，人的全面发展才能实现，同时，也只有人达到全面发展，人的自由发展才能实现。

（1）人的全面发展。马克思关于"人的全面发展"是相对于资本主义社会人的片面、畸形发展而言的。马克思看到，正是资本主义私有制和分工使人变成片面的、畸形发展的人。"工场手工业把工人变成畸形物，它压抑工人的多种多样的生产志趣和生产才能，人为地培植工人片面的技巧……个体本身也被分割开来，转化为某种局部劳动的自动的工具。"④资本主义是随着大机器的普遍使用而繁荣起来的，但大机器的应用使工人沦为机器的奴隶。"过去是终生专门使用一种局部工具，现在是终生专门服侍一台局部机器。滥用机器的目的是要使工人自己从小就转化为局部机器的一部分。"⑤脑力劳动和体力劳动的对立达到前所未有的地步。社会化大生产却要求承认人的劳动的变换以及个人多方面的发展，要求"用那种把不同社会职能当作互相交替的活动方式的全面发展的个人，来代替只

---

① 《马克思恩格斯全集》第3卷，人民出版社2002年版，第515页。

② 在马克思关于人的发展学说中，"全面发展"和"自由发展"是两个关系极为密切的概念，人的"自由发展"作为个人或群体摆脱了各种束缚而获得解放的过程或状态，与"全面发展"相辅相成，它们一起构成了人的全面发展不可分割的有机整体，没有不自由的全面发展，也没有不全面的自由发展。马克思也始终将二者结合起来而进行思考。他明确指出，共产主义社会是"使每一个社会成员都能够完全自由地发展和发挥他的全部力量和才能"（参见《马克思恩格斯文集》第1卷，人民出版社2009年版，第683页）。由于人是个体的人、群体的人以及类的人的有机统一体，所以人的自由发展内在地包含着个体的自由发展、群体的自由发展以及类主体的自由发展。

③ 《马克思恩格斯全集》第3卷，人民出版社2002年版，第330页。

④ 《马克思恩格斯文集》第5卷，人民出版社2009年版，第417页。

⑤ 同上书，第486页。

是承担一种社会局部职能的局部个人"①。

（2）人的自由发展。首先，"就自由而言，它是表征作为主体的人对客观世界（包括自然界、社会以及客体的人）关系的一个范畴，主要是指现实的人对必然的认识和对主、客观世界的改造"②。然而，人是具有主观能动性与选择性的主体，能够按照自己的意志，不断地决定自己的选择，依靠主体能动的力量去改变外部世界，以实现自己的目的来满足自己的需要，这便是自由的含义。其次，从现实的人的实际生存与发展过程来看，人的自由发展与全面发展是一个从量的积累到质的飞跃的过程。作为现实中人的全面发展主要侧重于量的积累，注重人的素质与能力的全面的提升；而人的自由发展主要侧重于质的突破与飞跃，着眼于人的个性自由与协调发展。可见，人的全面发展是人的自由发展的前提和基础，人的自由发展是人的全面发展的最终目标与归宿。

二 人的发展的内容

人之发展的含义决定了人之发展的内容，而人的本质则规定了人的全面发展的特定内涵。人的全面发展是"人以一种全面的方式，就是说，作为一个完整的人，占有自己的全面的本质"③。人的全面发展集中体现了人的本质力量的全面发展，是对人的本质的全面占有。具体地说主要有以下三方面的内容。

1. 人的劳动能力的全面发展

从人的本质的第一层面上讲，人的发展是指人的活动特别是生产劳动的发展。劳动是人的本质。在马克思看来，劳动是人获得发展的根本途径，它能给每个人提供全面发展和展示自己的机会与场所。劳动的形成"取决于对象的性质以及与之相适应的本质力量的性质"④；劳动的过程是主体能力在特定环境中对特定对象的外化与实现；劳动的结果是"人的本质力量的公开的展示"⑤。（1）人的全面发展是人的劳动活动的全面发展。劳动是人区别于动物的本质性活动，人只有通过劳动在不断改造客观世界

---

① 《马克思恩格斯文集》第5卷，人民出版社2009年版，第561页。
② 陈志尚：《人的自由全面发展论》，中国人民大学出版社2004年版，第93页。
③ 《马克思恩格斯文集》第1卷，人民出版社2009年版，第189页。
④ 同上书，第191页。
⑤ 同上书，第193页。

的同时才能改造人类自身,才能在劳动中获得自己身心的全面发展。马克思曾说:"劳动首先是人和自然之间的过程,是人以自身的活动来中介、调整和控制人和自然之间的物质变换的过程。"① 劳动成为人的身心的充分发展的手段,促使个体身心素质的全面发展,塑造出真善美统一的理想个性。要不断丰富和提高人的劳动能力,使人"更加需要才能得到全面发展,即通晓整个生产系统的人"②,人的劳动能力的全面发展主要是针对劳动活动的片面性和贫乏而言的,主要表现为人的劳动活动的丰富性、完整性以及可变动性,还表现为每个人都能按照自己的天分、特长和爱好自由地选择活动领域。(2)人的全面发展是人之能力的全面发展。这意味着人全面发展自己的一切能力,提高自己的综合素质。这里的能力主要是指人的各方面所组成的能力体系(包括个体与集体能力,自然力与社会力,潜力与现实能力,体力与智力等)。这是现实的人的劳动能力的基础,是人的自由全面发展的内在要求。所以,要实现个人的全面发展,就必须先提升个人的素质,发掘人的潜能并进而实现人的能力的发展。这种能力必须要通过人的社会实践才能转变为现实的能力,并且只有通过教育才能全面挖掘出这种潜能。只有具备了这些能力,人才能更好地驾驭外部世界,全面地占有自己的本质。

2. 人的社会关系的全面发展

从人的本质的第二个层面来看,人的发展是指人的社会关系的丰富以及人对社会关系的全面占有与共同控制。在现实性,它是一切社会关系的总和。因而,社会关系如何,直接决定着人的本质如何,最终它决定了人的发展程度如何。人们不可能在脱离了一定社会关系的孤立环境中促进和实现自身的全面发展,而人的社会关系具有其特有的丰富性,人要发展,首先必须丰富其社会关系;其次,还要增强人对社会关系的控制程度。社会关系是劳动实践关系的展开,"社会关系实际上决定着一个人能够发展到什么程度"③。既然人总是处在一定的社会关系之中,人的发展又受到社会关系的制约,因此我们在理解人的全面发展时,不能仅从个人的劳动能力、才能的发展去理解,还要从个人在道德品质、精神状态方面以及其

---

① 《马克思恩格斯文集》第 5 卷,人民出版社 2009 年版,第 207 页。
② 《马克思恩格斯文集》第 1 卷,人民出版社 2009 年版,第 689 页。
③ 《马克思恩格斯全集》第 3 卷,人民出版社 2002 年版,第 295 页。

他能力等诸方面的发展去认识。可见，人作为社会历史活动的主体，要按照社会发展要求，使人们的经济、政治、思想以及文化关系等全面生成。只有人的社会关系的不断丰富，人的本质才能不断彰显，人才能成为一个"完整的人"。

3. 人的个性的发展

人的个性发展是每个人的自由而全面发展的题中应有之义。人的能力的发展、社会关系的发展都是与人的个性发展分不开的。可以说，能力和社会关系的发展都是为"自由个性"服务的。马克思认为，人的全面发展在一定意义上就是"有个性的个人"逐步代替"偶然的个人"。"使每一个社会成员都能够完全自由地发展和发挥他的全部力量和才能。"[①] 人的个性就是人的个体性，就是人不同于他人的特性，关于人的个性的发展主要表现在如下三方面的内涵。（1）人的独特性的全面发展。由于每个人所处的社会环境、受教育的程度，以及所从事的社会实践活动等的不同，从而造成人的个性也各有差异。人的个性的差异意味着人的实践活动的丰富性，人的社会关系的复杂性，也意味着人的独特性的全面发展。（2）人的自主性的全面发展。只有个人自主性得到了充分的发展，人的个性才能获得全面发展。人是在逐步克服自然与社会双重压迫的过程中，逐渐获得自主性的。在原始社会，由于人身依赖关系的强制性，个人完全被消融于共同体之中，不具有任何的独立性，故不可能在个体上成为主体，不具有个性；在资本主义社会，社会交往的日益扩大和频繁，彻底打破了建立于人身自然禀赋的社会关系对人的先天束缚，使人们脱离开自然性狭隘共同体的限制，摆脱了等级从属，成为独立自主的个人；到共产主义社会，随着外在束缚的解除，"人终于成为自己的社会结合的主人，从而也就成为自然界的主人，成为自己本身的主人——自由的人"[②]。（3）个人的创造性的全面发展。个人的创造性是指个人将潜在的创造力开发并转化为现实的创造力的过程。如果没有人的创造性的全面发展，人的自主性也得不到充分地发挥。

总而言之，人之全面发展是人的综合能力的全面提高，即人的社会关系的全面丰富与人之个性的全面展示。它们之间是相互联系、相互制约

---

① 《马克思恩格斯文集》第 1 卷，人民出版社 2009 年版，第 683 页。
② 《马克思恩格斯文集》第 3 卷，人民出版社 2009 年版，第 566 页。

的，并在实践的基础上统一起来。

三　人的发展阶段

马克思把人的发展阶段分为"人的依赖关系；以物的依赖性为基础的人的独立性；建立在个人全面发展和他们共同的、社会的生产能力成为从属于他们的社会财富这一基础上的自由个性"[1] 的三个发展阶段。

马克思依据作为主体的人的生存发展状况，把人类社会的历史发展划分为依次更替的三大形式。他认为："人的依赖关系（起初完全是自然发生的），是最初的社会形式，在这种形式下，人的生产能力只是在狭小的范围内和孤立的地点上发展着。以物的依赖性为基础的人的独立性，是第二大形式，在这种形式下，才形成普遍的社会物质变换、全面的关系、多方面的需要以及全面的能力的体系。建立在个人全面发展和他们共同的、社会的生产能力成为从属于他们的社会财富这一基础上的自由个性，是第三个阶段。第二个阶段为第三个阶段创造条件。因此，古代的（以及封建的）状态随着商业、奢侈、货币、交换价值的发展而没落下去，现代社会则随着这些东西同步发展起来。"[2] 在马克思看来，人类社会的生产生活方式决定了人的存在方式与人的发展状况。有什么样的社会生产生活实践形态，就有什么样的人的存在与人的发展方式。

透过人的社会关系的历史变迁，我们可以探究马克思"人之发展的三形式"的具体内涵。在自然经济社会，人们之间的社会关系只局限于共同体内部，所谓的"人对人的依赖关系"是人之发展的最初的社会形式；在商品经济社会，人与人之间形成了普遍的物质交换，丰富的社会关系、多方面的需求以及整个能力体系，所谓"人对物的依赖关系"是人之发展的第二大形式；在产品经济社会，人们能够自觉地调节自己的社会关系与社会生产，此时的社会关系不再作为异己的力量支配人，而是置于人们的共同体之下，人们将在丰富的社会关系中获得自由和全面的发展，成为有自由个性的人，这是人之发展的第三大形式。

---

[1]《马克思恩格斯文集》第 8 卷，人民出版社 2009 年版，第 52 页。
[2] 同上书，第 52 页。

第二节　休闲教育指向人之自由全面的发展

人的发展在根本上是通过人的实践活动实现的，休闲教育作为人的一种交往实践活动之一，是促进人的发展的重要手段和途径。

一　休闲教育是人之发展的重要手段和途径

1. 休闲教育作为一种实践促进人之发展

实践既是人之存在的根本方式，也是人之本质的重要规定，更是人获得发展的根本方式。实践既包括改造自然界、处理人与自然关系的物质生产实践，又包括改造社会的处理人与人、人与社会关系的社会交往实践和组织、管理、变革社会关系的实践，还包括改造人的主观世界和精神世界的教育实践、道德实践、艺术实践以及审美实践等。因此，休闲教育之实践活动作为人的一种交往实践，是促进人之发展的实践方式之一，推动着人的实践活动由自发向自觉转化，使可能世界转变为现实世界，从而使人本身走向完整、全面和自由。

2. 休闲教育能促进人的能力发展和素质的提升

休闲教育能够提高人的能力和素质。人的能力包括物质生产能力，也包括精神生产能力、精神生活能力等。人的素质主要包括科学文化素质、思想道德、政治素质以及身心健康素质等。在今天休闲已成为人类的一种具有普遍现实性意义的生活方式，对提高休闲主体的素质和能力的促进是具有现实意义的。

首先，人的能力的发展是人生终极价值的导向，是人为了充分实现社会参与自由的主体素质的基础。通过休闲教育可以提升个体的休闲能力与控制感，培养休闲参与的决策与学习各种休闲技巧等，培养独立的休闲参与决策能力，促进人们有意义的休闲体验的形成。如今的休闲生活是自由、丰富多彩的，休闲时代对人们的自由全面发展的呼吁更令人震撼。同时，在大众休闲时代，休闲世界是人们可以自由支配时间的世界，它也是造就人之全面发展的一片沃土，我们有足够的理由相信，人类终将以自觉意识构建起一种适应新时代的休闲素养观，在未来，一个以休闲为基础的社会取代以就业为基础的工业社会必将成为现实。休闲教育通过对人们参与各种不同的休闲活动而获得的不同体验，使处于休闲状态之中的人的自身能力发展和素质的提升有了进一步的发展，同时也更好地为人们的休闲生活提供有价值的服务。休闲作为实践的活动形式之一，可以帮助人们在现代社会中自由地支配自己的闲暇时间，为使自己具备更多的能力，亦可根据自己的兴趣爱好学习和训练自己，同时参加多样性的休闲活动可以扩大人们的交往范围。通过休闲教育，我们可以取长补短，在交往实践中不断提升自我的理性交往能力。通过休闲教育，让人们认识到休闲的益处和休闲的作用，比如休闲可以缓解人们的压力，恢复体力和智力的消耗，增强其心理承受能力等。通过休闲教育，可以培养在休闲中的人们的审美情趣，休闲可以使人们在不为功利性目的而忙碌的状态下产生审美情趣，进而在这种审美情趣的支配下进行审美活动，不断培养和提高自身的审美能力。总之，休闲教育能够帮助个体意识到休闲世界里潜藏着丰富的发展空间，各种积极的、健康的休闲活动不仅是放松的和娱乐的，同时也是自我发展的一个崭新的领域。个体除了日常的工作和学习之外，应当有意识地在休闲生活中进一步拓展自己，以自己所爱成就自己所能，逐渐成为一个开放的、具有自我发展意识与能力的人，这将会对个体产生重要的影响。这样的人会把广阔的生活空间看作广阔的发展空间，从而获得更多机遇与挑战，当休闲教育成为一种终身学习，这样，人们的终身发展才成为可能。

其次，休闲教育能够提升休闲主体的素质。首先需要休闲主体有自觉地参与休闲教育的意识。现代社会是开放的社会，其造就的休闲主体应具备"开放的自我"的特点。所谓开放的社会，是指提供广泛社会参与机会和参与自由的社会，休闲教育会为休闲主体提供更多的机会。所谓开放的自我，是指自觉实现社会参与的人。休闲世界本来就是无制约的自由世界，每一个生活在现实社会的人，参与意识是现代休闲主体应具备的首要素质。它具备如下特点："首先是非强制性，即它是休闲主体自主、自觉、自愿的活动，是发自内心的愿望或要求的结果；其次是价值多元性，即它的价值追求受其爱好、习惯、信仰、直觉等支配，具有多种多样的特点；最后是奢侈性，即它不是随便一个社会都能实现的，一般说来，是在主体有足够的基本物质生活保障和基本参与能力的前提下才能实现的。"[①]休闲教育并不只是游憩活动技巧的学习，它还要强调情意与态度的发展，

---

① 张建、杨帅：《大学生"手机控"现状调查与对策分析》，《西南民族大学学报》（人文社会科学版）2018年第12期。

有休闲认知与自我认知,更是使休闲主体通过学习,认识休闲的价值,重视生活的批判与反省等。它是促进人们提升休闲主体的素质的一种教育,促进人的自由全面发展的是最高层次的休闲。只有重视休闲教育,才能在全社会形成一种良好的氛围,并且教会人们如何高尚地休闲、有文化和艺术性地休闲。健康的休闲方式离不开休闲教育的发展。通过休闲教育使人们懂得如何选择休闲活动,如何在休闲中更好地提高自身的素质,不断提升自我休闲的层次,从而使人全面地发展自己。

3. 休闲教育促进人的社会关系的丰富与个性自由的形成

人是在社会关系中存在的,社会关系是人的主体力量的显示和确证,又是人之发展的制约因素,在一定程度上决定着人的发展。没有社会关系的丰富与和谐的发展,人的发展就谈不上是全面的和自由的。休闲教育科学地引导人们确立积极的休闲态度,正确地认识到休闲与人之自由全面发展的关系。实现"每个人的全面而自由的发展"是马克思人学的最高价值理想,每个人全面而自由的发展意味着人的"社会关系"的全面拓展以及人的"个性自由"的真正实现。

首先,休闲教育促进人的"社会关系"的丰富。马克思认为人的全面发展是"人以一种全面的方式,就是说,作为一个完整的人,占有自己的全面的本质"①。他在《关于费尔巴哈的提纲》中指出:"人的本质不是单个人所固有的抽象物,在其现实性上,它是一切社会关系的总和。"②马克思也曾指出:"社会关系实际上决定着一个人能够发展到什么程度。"③马克思所说的"一切社会关系",既包括人与自然的关系,也包括人与人之间的经济关系、政治关系、思想关系等,这些社会关系的"总和"便形成了社会联系的总体结构。在大众休闲时代,休闲促使人们交往的时间增多,在交往过程中不断获得新的知识、信息以及情感的互动,使人们的心理变得更加成熟,使人们的智慧得到启迪,从而充实、丰富并完善人的本质,形成了全面、丰富的社会关系。同时,休闲教育可以引导和鼓励人们积极参与多样性的休闲活动,提高人们社会交往的自觉性与自由度,促进人们普遍的交流与沟通,不断丰富和占有各种社会关系,并能促

---

① 《马克思恩格斯文集》第 1 卷,人民出版社 2009 年版,第 189 页。
② 同上书,第 505 页。
③ 《马克思恩格斯全集》第 3 卷,人民出版社 2002 年版,第 295 页。

进和形成和谐的人际交往。同时，通过休闲教育，能够使人不断丰富个人的社会关系。人类社会关系的扩展主要是在参与休闲活动中实现的，一个人的发展取决于与他人之间的普遍交往和全面的联系。因为实现普遍的交往能扩大人们的视野，缔造出人与人之间普遍的交往、全面的联系。

其次，休闲教育能够促进人的自由个性的形成。我们知道，休闲本身孕育着人的"个性自由"。人的自由发展是"建立在个人全面发展和他们共同的、社会的生产能力成为从属于他们的社会财富这一基础上的自由个性"①的发展。所谓人的个性自由，指人与人在特性方面的差异，即个人特有的生理素质、心理素质、思维方式、行为方式，以及兴趣、爱好、性格、气质等方面的差异。马克思认为，在人类最初的社会形式里，社会生产力发展水平低下，人与人相互依赖，个性不自由、不突出。而在资本主义社会里，由于人对物的过分依赖，特别是"物化""异化"的产生，以及"商品拜物教""货币拜物教"的出现，人失去了独立性，人的个性难以形成。在休闲活动中，人们可以不受物的影响，依据自己的兴趣、爱好选择自己喜欢的休闲方式，并在休闲活动中实现自己"个性自由"的发展。而只有在未来的共产主义社会里，当休闲成为人的一种生存状态时，人的"个性自由"才得到极致的发展，才能实现每个人自由地发展。休闲教育能够促进人之个性的发展，通过休闲教育对休闲理念的传播，使我们更加懂得了休闲是人之个性发展的原动力和创造力的源泉。我们可以通过休闲教育去充分调动人们的积极性，发挥其主观能动性，发展人的个性和创造力。如果没有人的个性的充分发展，人的潜能素质就得不到良好的发挥。因此，休闲教育具有促进人的自由个性的形成的功能，通过人们对休闲教育的不断认知，促进人们在闲暇时间里，培养多方面的兴趣爱好，这既可以开拓人们的视野，不断满足自己的休闲需要，又可以为未来的个性化发展做好充分的准备。

二 休闲教育的根本目标是人之自由全面发展的实现

休闲教育是实现人之发展的重要途径和方式，它自身也必然要逐步走向自由自觉，促进人的全面自由的发展。对人的自由全面发展的促进是休闲教育的目标，是其价值理想和终极皈依。追求"现实的个人"全面而

---

① 《马克思恩格斯文集》第8卷，人民出版社2009年版，第52页。

自由的发展，实现"自由个性"、人之发展的理想状态是全面而自由的发展，这成为休闲教育的最终目的指向和旨归，休闲教育之本质指向使人"成为人"的终极目标。

1. 休闲教育的根本目标是人之自由全面的发展

在马克思看来，衡量人类社会进步的根本标准，归根结底在于人的自由全面的发展。一般来说，教育的目标就是教育目的的具体化。教育的目的，就是要把社会要求转化为普通个体的素质，一切教育活动，都是为了达到一定的教育目的而展开的，休闲教育也不例外。

通过休闲教育向人们传播休闲的理念，休闲是当代人类所追求的人之"成为人"的规定性的发展，即休闲是大众休闲时代人的本质与人性的自由发展，休闲是作为完整意义上的人并占有自己的自由而全面的本质的发展，休闲体现了作为目的本身的人之本质力量的全面发展以及人性的全面丰富。实现自我的发展，促进人的自由全面发展是休闲教育的根本目标。人的自由全面发展既是个体发展的主动追求，也是社会发展对个体的根本要求。休闲教育的实践理想就是实现个体与社会之间的和谐、共同地发展。真正的休闲是以自由为本质，因此，休闲教育的本质应以自由为基本前提，成就自我的发展，实现自我的发展，这才能够真正体现休闲之理想。休闲教育的开展也是当今社会发展的需要，它会随着社会的发展而变化着。休闲教育的真正意义是在于对人们休闲观念的一种正面的引导，使个体不仅能以自由的心态去休闲，而且也能有意义地去享受休闲。所以，休闲教育应该是以尊重个体生命的自由发展为前提的，并为个体的全面发展奠定基础。休闲教育对人的生命周期予以整体的动态的把握，为个体之精神生命的发展确立了最基本的知识、能力与道德的基础。从这意义上来说，休闲教育可以看作一种终身教育，同时休闲教育引领着人的自由全面发展的人生目标。

2. 休闲教育之本质是使人"成为人"的过程

通过休闲教育，传播休闲理念，休闲教育的终极目的指向人的自由全面发展，其本质是使人"成为人"，这也是休闲所追求的终极目标，休闲与休闲教育之本质在"成为人"的目标上是一致的。正是因为休闲有了正确的休闲教育的指引才不可能成为陷阱，同时，人们在闲暇时间里也不会游手好闲、无所事事。最终，人们才可能拥有生命的原本意义。

休闲教育之本质是使人"成为人"的过程，这就是要使每个人实现自由全面的发展。人的自由全面的发展既是一个理想性的价值目标，又是一个历史发展的过程。休闲教育是生命活动的重要组成部分。任何社会最基本的要素都是作为社会实体的人的存在，社会的发展与个人的发展是相互制约、相互促进的。一方面社会的发展激励着人的个性发展，另一方面人的个性发展也带动着社会的发展。前文中我们提到马克思关于人的全面发展是意味着人的多方面的需要得到充分的满足，包括人的综合能力的全面发展、人的社会关系的全面丰富以及人之个性充分的发展，它还意味着人的平衡发展即个体的各个相关要素之间要协调、和谐的发展，达到一种可持续发展的状态。而休闲教育之本质"成为人"的目标正是为了实现人的自由全面的发展。首先，通过休闲教育可以满足人的多方面的需要，使人们从单一性、低层次向多元化、高层次的方向发展。与此同时，休闲教育还可以使人们的休闲需求趋向合理化，使之既能满足个体的心理需要，又能符合当今社会的休闲规范。其次，通过休闲教育可以全面提高和发掘人的多项能力，不断促进个体的完善以及社会的和谐。通过休闲教育，个人可以参加多种休闲活动，满足各种休闲的需要，不断提高个体生存生命的质量。再次，通过休闲教育使人能够不断丰富个人的社会关系。休闲教育可以引导和鼓励人们积极参与各种休闲活动，提高人们社会交往的自由度，促进不同社会群体间的交流与沟通，在不断丰富和占有各种社会关系之中，逐渐形成和谐的人际交往，最后促进人的个性发展。倘若没有人的个性的充分发展，人的潜能就得不到应有的发挥。最后，通过休闲教育促进个体平衡、和谐地发展。休闲教育要实现个体的平衡发展，首先要做到如何在能力结构上促进个体各个方面的协调发展。在人生的基本需求上，既要做到满足人的低层次的物质需要，又要做到满足人的高层次的精神需要。只有这样，休闲教育之本质为"成为人"的目标才能充分地实现。

第三节　人之发展对休闲教育目的的现实诉求

在大众休闲时代，休闲教育应该自觉地把促进人的自由全面的发展作为最高目的和旨归。如前文所述，这一目的并不是一个仅仅具有终极关怀意蕴的理想目标，而同时是一个逐步实现的现实发展过程。以马克思人学关于人的发展形态理论为指导，结合我国现阶段实际，分析我国现阶段人的发展处于何种阶段。坚持以"现实性"为基本原则，在人的全面而自由发展理念指导下，一方面发展"以物的依赖性为基础的人的独立性"；另一方面促进人走出"物的依赖"，促进人的相对平等、全面、和谐、自由的发展。

一 当前中国人的发展阶段

韩庆祥先生曾根据当代中国社会历史发展的现实、马克思的人的发展"三形态"理论以及人的全面发展理论，指出"当代中国人的存在和发展形态是'人的依赖'、'物的依赖'和'能力依赖'并存，表现为三者的共时状态"[1]。他认为，我国人的发展"尤其是正处在逐渐走出人的依赖而走向物的依赖阶段"，"物的依赖显现、能力依赖初见端倪"[2]。也有学者根据马克思对人类社会形式和人的发展状态划分的理论，指出"在我国全面建设小康社会的历史阶段，人的发展形态呈现出人的依赖性、物的依赖性和自由个性并存的多样状态"[3]。还有学者指出，中国现阶段人的发展处于一个"人的依赖关系""以物的依赖性为基础的人的独立性"以及"人的全面性的孕育生长和导向机制"有机结合的独特阶段。[4] 虽然三种观点表述不完全相同，但实质上是一致的。即都认为当前我国人的发展既有"人的依赖"关系，也有以"物的依赖"关系为基础的独立性，还有自由个性的初见端倪。笔者赞同学者们对我国当前人的发展阶段做出的判断。

在以休闲为中心的未来社会，虽然发展是"以物的依赖性为基础的人的独立性"为前提，必须在全面发展的导向下进行，但在我国，可以说人的自由全面发展的条件已经开始孕育，尽管这一过程充满着对抗和新旧交织的尖锐矛盾，但超越对"物的依赖"的人的自由全面发展的基本条件正在迅速成长。居民生活逐步从"生存型"向"发展型"过渡，"发展""享受"型的精神消费也在逐渐地增加，人们可以自由支配的闲暇时间也

---

[1] 韩庆祥、亢安毅：《马克思开辟的道路——人的全面发展研究》，人民出版社2005年版，第108页。

[2] 同上书，第248—249页。

[3] 郑永廷：《人的现代化理论与实践》，人民出版社2006年版，第286页。

[4] 宋萌荣：《人的全面发展：理论分析与现实趋势——中国特色社会主义的现实选择》，博士学位论文，华中师范大学，2005年。

大大地增加，人的社会关系、交往能力、发展状况也发生着倾向于人的自由全面发展的重大变化。在总体上，人的自由全面发展的因素正在孕育、生长。在一些经济发达地区，人的全面而自由的发展已现端倪。现如今，我国已进入大众休闲时代，尽管这个进程还处于最初的萌芽阶段，还有漫长和曲折的路要走，但代表着中国大众休闲时代的主导趋势，引导人们走出"物的依赖"，促进人相对的平等、全面、自由与和谐发展是我们每个人都要努力的方向。

二 休闲教育的终极目的

休闲教育围绕人的本质特性展开，以生成"完整的人"为出发点与归宿，实现其终极目的的追寻。

1. 休闲教育的缺失与异化

对休闲的重视，反映了现代化教育在培养目标上的一个时代特征。随着科学技术的不断发展，社会对劳动者的素质要求也越来越高，一部分人不得不将节省下来的闲暇时间变成工作时间。"把休闲教育当作单纯的职业培训，造成了休闲教育与工作教育的错位，使得人们陷入了新的自相矛盾的局面：花在工作上的时间比例越来越少时，却越发觉得身心疲惫；在赢得了更多的自由时间的同时，却又变得更加忙碌了。人们的内心世界和外部世界总是不能融合在一起。"[1] 原本自由的"休闲"已经异化为人生的另一种桎梏，这种休闲教育带有明显的工具理性的倾向。当功利与实用的价值俘虏了人的心灵的时候，人的整个生存空间也随之工具化，此时的休闲教育已经丧失了它本来的意义。

我们传统教育制度的缺陷需要新的教育理念对之进行必要的补充与改进，工业化后的教育体系已经背离了教育目标，学校的职能被降低为主要是传授人类积累的知识和技能，忽视了学生个人能力的培养，只注重学生的智力发展，却忽视了学生的情感、审美、志趣等的全面发展，教育的实质性被忽视了。"现代教育在强调适应经济社会现实需要的过程中，逐渐淡化了长远的责任意识，忽视了对健康的休闲观念和休闲行为的培养。"[2]

---

[1] 刘海春：《休闲教育：构建和谐社会的一种路径》，《华南师范大学学报》（社会科学版）2009年第1期。

[2] 邓蕊：《休闲教育与中国高等教育的应对》，《自然辩证法研究》2002年第6期。

人们掌握了一定的工作的技能，却在闲暇时间里茫然失措，参加一些无聊的休闲活动来消磨时光。传统教育把教育等同于学校、课堂，并没有充分阐明家庭与社会在参与教育过程中的重要地位。事实上，家庭休闲教育对孩子的性格成长起着一个最初的引导作用，而利用社会现有资源进行休闲教育也是对学校教育必要的补充。在这里，我们并不是只强调休闲教育的作用而反对现代教育中的专业教育的重要性，我们知道实用技能的学习远比人文知识重要，为了增加竞争筹码，忙着考各种资格证书，这些当代休闲异化的现象需要休闲教育来进行指导。

2. 实现人的自由而全面的发展呼唤休闲教育

我们应当承认，各类教育在教会人们去适应、掌握和发展外部物质世界方面的作用是巨大的，但是，在显示其物质力量的同时也暴露出自身的缺陷："它放弃了为何而生的教育，不能让人们从人生的意义、生存的价值等根本问题上去认识和改变自己，也必然前提性地抛弃塑造人自由心灵的神圣尺度，把一切的无限目的都化解成为谋求生存适应的有限目的"①，那么教育就只成为可怜的生存工具和就业砝码。休闲教育之目的不仅仅是消磨闲暇时光、排解休闲中的孤独与失落感，休闲教育的内容也不仅仅限于传授各种知识和技能，其更主要的目的在于满足人的个体生命的需要，促进人的自由全面发展。

（1）休闲教育是实现人之生存价值的需要

马克思认为："全部人类历史的第一个前提无疑是有生命的个人的存在。"② 个人是存在的最基本的、最真实的样态，存在的一切意义和价值都应当、也必然通过个体生命真实的生存来实现。休闲教育正是使人在既实现自己的个体生命又超越自己的个体生命的过程中不断地走向成长、发展与完善。如果"我们把教育……理解为一种唤醒人的生命意识，启迪人的精神世界，建构人的生活方式，以实现人的价值生命的活动"③，那么，休闲教育就是使人的个体生命日趋成熟，实现人的生存价值。

休闲教育是社会发展的需要，也是现代教育本身发展的内在要求，随

---

① 鲁洁:《通识教育与人格陶冶》,《教育研究》1997年第4期。
② 《马克思恩格斯文集》第1卷,人民出版社2009年版,第519页。
③ 郭元祥:《论教育的生活意义和生活的教育意义》,《西北师范大学学报》（社会科学版）2000年第6期。

着社会的发展，现代社会的人们希望在休闲时身心健康充实，生活充满意义，休闲教育要使每个个体生命认识到休闲中的自我，感知休闲价值中的个体生命意识。同时，教会人们明智地、个性化地安排自己的休闲生活，充分认识和开发自我的休闲价值，提高对休闲生活的自我规划，不断提高个体的休闲生活品质与生命的质量。休闲贯穿于人的不同生命周期的发展阶段，休闲教育就是为了适应不同生命周期阶段的成长需要所提供的一种终身的教育。"社会生活的迅速变迁使得人们开发、占有和消化人的发展资源的行动在社会生活的各领域中不断从自发走向自觉，教育成为一个在社会生活中终身不断地学习的过程。"① 总之，从生存的意义出发，休闲教育需要"冲破学校体制的束缚，以占有既和工作有关又和闲暇有关的人类活动的全部"②。可见，休闲教育是人的个体生命发展不断完善及其生活世界和谐发展的必然结果。

（2）休闲教育是推进社会文明进步的客观要求

人们的生活方式是社会文明进步的体现，不同历史时期人们的生活方式的形式的选择是一个社会文明状况的反映。因此，休闲教育也成为推进社会文明进步的客观要求。在现代社会生活中，人们逐步重视休闲，并把它作为人类最高层次的精神需求。随着休闲在人们生活中所起的显著作用，人们对休闲的期望值也变得越来越高。休闲正逐渐代替工作而成为现代社会人们生活的中心，这是休闲教育之功用不断深入人们的生活中的结果。一个社会对教育的需求程度能够反映出当时的人们所处的人文环境和物质条件，当人类社会的文明程度越来越高时，休闲逐渐成为人们社会活动的中心时，休闲教育也随之走向人类社会生活的大舞台，成为推动社会文明进步的客观需要。因此，休闲教育是伴随休闲的出现而凸显的教育问题，并随着社会文明程度的进步而不断地发展，休闲教育也不断地彰显它的价值。

（3）休闲教育是促进人自由而全面发展的需要

马克思曾指出，"每个人的自由发展是一切人的自由发展的条件"③。并且指出，衡量财富的价值尺度将由劳动时间转变为自由时间。因为自由

---

① 项贤明：《泛教育论》，山西教育出版社 2000 年版，第 92 页。
② ［法］保罗·朗格让：《终身教育导论》，滕星译，华夏出版社 1988 年版，第 53—54 页。
③ 《马克思恩格斯文集》第 10 卷，人民出版社 2009 年版，第 666 页。

时间的增加可以使个人得到充分的发展。可见，充足的闲暇时间是实现人的自由全面发展的基本前提。而休闲教育正好引导人们合理科学地利用闲暇时间，其本质使人"成为人"的目标为促进人的自由全面发展提供了有力的保证。

"休闲是一种自我超越的状态，因为，正是在休闲中，人性在潜在的转变中体现出对人的自我完善的引导作用。"① 休闲教育就是要使人不断超越必然的限制，按照应然的尺度去改变现存的世界，去不断地追求人类自身的解放，其本质是为了实现"成为人"这一目标。因此，休闲教育与人的发展是紧密相连的，合理地利用休闲时间是一个国家和社会进步与提高人的素质的一个重要的途径。同时，休闲教育之本质使人"成为人"的过程的实现也是人的自由全面发展的需要，这也是推进社会文明发展的客观需要。

3. 休闲教育对人之发展的意义

（1）有利于休闲选择的合理化

随着科技的发展以及工作效率的提高，人们拥有的闲暇时间越来越多。休闲已经成为人类生活的重要组成部分，它将越来越成为决定人生是否幸福的核心因素，不良的休闲嗜好可能会伤害到我们的身体，也会损害我们个体的发展与成长的潜力。因此，人们应当为休闲活动做准备，在休闲活动中，"有技术"的人更有希望感受到快乐，并获得成长，正如心理学家米哈里·齐克森特米哈伊（Mihaly Csikszentmihalyi）指出：

> 除非人们自己能采取主动积极的态度，否则不论是工作还是自由时间里的活动都有可能让人失望。大多数工作和休闲活动——特别是那些大众传媒包装推出的活动——并不是为了使我们能够更强壮，更快乐而设计出来的。这类活动的目的是为了让另一些人能够赚钱。如果我们听之任之，它们将会吸去我们生命的精华，只留下一个虚弱的外壳。当然，工作和休闲也和其他事物一样，可以妥善地加以利用，造福我们的生活。而只有那些学会了既享受工作又不浪费自由时间的

---

① ［美］托马斯·古德尔、杰弗瑞·戈比：《人类思想史中的休闲》，成素梅等译，云南人民出版社2000年版，第5页。

人，才会感到他们的生活是一个整体，才会感到生活的价值。①

由此可以看出，合理的休闲能够造福于我们的生活，使我们感受到生活的意义与价值，而休闲的合理化安排是需要休闲教育来完成的，理想的休闲的实现必须是它本身具有可发展性，必须使一个人投入其中并不断地学习，并使自己有所改变。米哈里·齐克森特米哈伊（Mihaly Csikszentmihalyi）还指出：

> 把自由时间用在既需要集中精力，不断地增长技能，又能够发展自我的休闲活动上，这同以看电视，吸毒来打发时间完全是两回事。尽管看上去二者都可以应付混沌的心境，缓解内心的焦虑，但前者可以使人成长，而后者只是使人不至于崩溃。一个人如果很少厌倦，很少烦躁，不必借助愉悦的外部环境就能享受生命的瞬间，他已经达到了能够创造性地生活的境界。②

创造性地生活意味着我们必须变被动为主动，生活中的很多乐趣并不是与生俱来的，而是通过学习培养出来的。有目标的人比无爱好、无目标的人更快乐。我们生活在一个有众多选择的世界里，大众传媒随处可见，每一种娱乐方式都在竞相争夺我们的时间。很多的事实表明，这一类是不需要学习的，不必掌握其技巧，不会有助于个人成长但能直接给人获得快感的活动，并不会使人们真正地获得很大的快乐。而那些富有挑战性的活动，能给生活以意义的活动，才能使人真正地感受到充实，并能获得自我意识的和谐。因此，我们必须接受休闲教育，使我们能够正确地选择恰当的休闲活动，并能参与其中，得以拥有健康的生活方式。

（2）有利于休闲偏见的改变

我们从一个例子可以看到休闲教育在学生休闲活动中所起的作用。

"剑桥附中要开展一项教育活动——要求学生进行一次剧院之旅，结果这一活动遭到了学生们的极力反对。教师们对这一突如其来的反应感到

---

① [美]杰弗瑞·戈比：《你生命中的休闲》，康筝、田松译，云南人民出版社2000年版，第297—298页。

② 同上书，第298页。

很惊讶，并就这一情况进行了解。当学生被问到为什么反对时，他们的回答都是不喜欢，更何况他们不知道要如何才能从活动中找到快乐。在进一步的调查后得知，他们的这种情绪来自对于戏剧知识的缺乏，害怕由于不知道到剧院去如何穿着和表现而被同学耻笑。根据这一调查结果，并经过一番相关知识的教育后，大部分同学都参与进来了。结果是第一次活动就获得了极大的成功，以致最后成了每期固定的传统活动。"[1]

休闲教育通过传授休闲的知识和技能，使学生对未知生活领域有所了解，使他们对休闲活动由排斥到接纳，从而感受到休闲生活的魅力。

（3）有利于各项基本能力的培养

实行休闲教育，有利于帮助人们更多地了解自我与人生的规划。接受休闲教育，参与休闲活动，可以了解自己的潜能，从而规划自己的人生。若是人们接受休闲教育，参与休闲活动，可以培养自己的鉴赏和审美能力以及创造性思考能力和表现力；如果人们接受休闲教育，参与休闲活动，可以锻炼沟通协调能力，并在交流的过程中分享经验，体会团队合作的精神；若是人们接受休闲教育，参与休闲活动，可以提高规划和组织能力，在执行任务的过程中，实践能力也会得到提升；接受休闲教育，参与休闲活动，可以激发探索、研究的热情，养成独立思考的习惯，增强独立解决问题的能力。总之，休闲教育有利于各项基本能力的培养，为实现人的全面的发展提供坚实的基础。

4. 休闲教育之本质彰显"成为人"的价值

一种教育的实施之所以成为必要，源于它的价值性。首先，休闲教育之所以能够被推行，源于休闲对个体的价值。正因为休闲对个体的积极意义，休闲教育才有研究的必要。休闲教育以自己的独特的方式影响并帮助个体最大程度地实现这种意义。其次，通过休闲教育使休闲主体建立科学的休闲观，同时它也使整个社会生活变得和谐有序，休闲教育彰显了它具有社会价值意义的一面。通过对休闲教育人才的培育，引导健康积极的社会舆论，同时通过大学休闲教育的高层次追求，直接使休闲为社会创造价值。在此意义上，休闲与休闲教育之本质的目标是一致的，即使人"成为人"。使人"成为人"是休闲教育之本质，亦是其终极目标之追求，同样

---

[1] ［英］克里斯·布尔等：《休闲研究引论》，田里等译，云南大学出版社 2006 年版，第 243 页。

也是休闲所追求的理想目标。我们可以这样理解，实现休闲教育的目标，我们首先要实现休闲的目标，因为休闲教育对于个人或社会的价值来源于休闲对个体和社会的价值的体现，在这一点上，休闲与休闲教育走向了融合。休闲教育要回归真正属人的教育，体现人的本质，实现人之自由全面的发展，就必须以人的发展为目标。

三　"成为人"：休闲对大学教育使命的成全

休闲及休闲教育的价值已日益被人们认同，但究竟由谁来进行休闲教育却一直存在着分歧。通常情况下，人们习惯于把教育的主要责任与学校联系在一起。那是因为大多数人仍然相信学校是最科学、最正规、最有力量的教育场所，因而休闲教育也应由学校来承担。但是有时候学校很难通过教育体制向学生传授一套价值观，使他们在成长过程中，不断地依赖它来构筑自己的休闲生活。技术与社会的发展使得提供给人们的休闲活动也在不断变化着，这也使得学校难以让现在的年轻学生准备好未来的休闲生活。个体的休闲价值观会随着年龄的增长而变化，这一点使学校也难以提供作为学生日后休闲典范的休闲体验，也限制了学校提供休闲咨询的能力。因此，一些学者认为，由其他组织机构来实施休闲教育也许更合适，比如，从城市的娱乐和公园管理机构到地方性休闲服务机构、商业机构，通过它们提供必要的休闲技能的指导及一些休闲资源的信息供给，介绍休闲新理念、新体验，更有针对性地满足休闲的需求，为人们提供特殊的休闲培训等。

诚然，社会机构对休闲教育的责任以及贡献是不应该被忽视和否认的，但是从休闲教育的整体视角来看，并不因为社会机构的参与，学校就可以不承担休闲教育的责任。事实上，休闲教育不管是哪一方单独承担的责任，而是一切赋有教育力量，致力于促进人的生存与发展的组织之共同责任，各自发挥优势，取长补短，从不同角度、不同层次上实现休闲教育的目标。

1. 大学是培养高层次人才的重要场所

学校作为主要的、最普遍意义上的教育组织，它所带给个体的休闲经验将是个体在休闲态度、休闲行为、休闲技能等方面的发展的重要基础和潜在力量。学校不仅拥有丰富的教育资源、资质良好的受教育者、系统科学的教育计划，最重要的是学校是单纯的教育机构，一切以"理想的人的发展"为目的，它的教育目的是有选择的，它要带给个体的一定是积极的、健康的影响力量。因此，通过学校进行休闲教育，最重要的是对于我们通常所说的"好的""积极的""有益的""健康的""理想的"休闲生活的期待与追求。

学校的使命和优势决定了它应当承担起休闲教育的责任。大学作为学校教育的最高层次，它独特的育人使命和优势更应当使它领悟到休闲教育的价值，并着力于为休闲教育做出自己独特的贡献。培养"完整的人"是教育的终极目标，大学教育作为教育的最高阶段，使人更好地"成为人"是其题中之意。

大学作为高等教育机构，云集着众多具有较高知识层次和文化修养的学者，他们是文化知识的传播者和创造者，使大学成为一个思想领域兼容并包、百家争鸣的平台。很多国内外的最新资讯、观念都能很快进入大学的视界，而相对不受过多的束缚与排斥，各种观念在碰撞与交融中共同形成了大学自由的理念氛围。除此之外，大学还聚集着一批富有理想和热情的年轻学生，他们的思维活跃开放，他们具有探索与尝试新鲜事物的热情与勇气，他们充满智慧，具有很强的自我学习与发展的意识与能力，他们个性鲜明，见解独特，新的观念与他们的结合往往更加容易。

正因为大学的这个特点，很多新的理念都能够在这里生存，并且各自散发出独特的魅力。休闲教育非常需要这样的一个开放性的氛围。尽管休闲以及休闲教育在国外已经不是什么新鲜之举，但是由于我国传统观念的影响，人们对休闲的认识与理解还不足，对休闲教育更是缺乏了解与认同。很多人甚至排斥休闲教育，认为不仅不需要，还有不务正业的嫌疑，因此休闲教育的开展应当选择一个相对自由、开放的环境，这不仅符合休闲的内在要求，也有助于把这个对于我们的新事物顺利地呈现出来。在大学这样一个先进理念的集散地，可以较为容易地允许休闲教育的精神与内涵充分地传达出来，大学生以自己的知识与能力层次更深刻地理解它，这些是实现休闲教育的终极目标，休闲理念传达的首要条件。

2. 大学承担着培养"完整的人"的教育职能

大学是人类创造的一种历史悠久且独特的机构，它可能是学者的社团，传授普遍知识的场所，也可能是探索真理的机构，兼具教学、科研、服务等多种使命，但培养人无疑是大学最重要的使命，大学究竟应当培养什么样的人是一个一直争论不休的主题。

如果我们先不谈理想的状况而直接从现实中得出结论，恐怕答案是大学培养的人只能是职业人，大学已经背弃了培养"完整的人"这一传统的办学宗旨。这似乎在控诉着大学在本质上是为职业服务的，没有考虑到让学生从多种途径理解人生的意义。约瑟夫·皮珀（Josef Pieper）指出，"教育关系到完整的人：受过教育的人是一个拥有了理解整个世界的方法的人，……一个完整的人才有能力完整地把握一切存在的事物。这并不意味着反对培训，也不意味着要与官方作对。当然，专业化和职业化的工作都是很正常的，是一个人在这个世界上发挥自己作用的正常方式。但问题是，这个由工作定义的世界是否已经得到最充分最完整的定义。在这个世界里充分发展的人是否能被全部纳入到工作的存在方式之中？"[1] 在皮珀看来，答案显然是否定的。如果指引高等教育的方向只是对工作的准备和对效率的追求，如果评价高等教育的标准只看它是否有用，那么这种教育不可能让学生为休闲做出准备。如果一所大学不能帮助学生为休闲做出准备，从某种程度上说，就不可能教育出"完整的人"。

现代高等教育在这种强调适应现代社会经济、社会现实需要的过程中，逐渐淡化了长远的责任意识，忽视了对人们的健康休闲观念和休闲行为的培养。人们仅仅是掌握了一定的工作技能，却没有学会怎样正确地去休闲，这种单一的教育目的和狭窄的教育思路，并不能培养人们的独立人格。我国当前的高等教育在休闲教育方面的研究刚刚起步，这充分暴露了当代高等教育中"人"的失落。当然本书对休闲教育的肯定并不是对高等教育的学科专业化的否定。现代大学的教育使命要求我们需要加强休闲教育。

这里的"人"是指"完整的人"，他拥有完整的生命体验，在道德、情感、能力、身体各方面都获得了良好的发展；他不仅是不同社会角色的扮演者，也是自己生命的主人；他不仅是工作者，也是幸福生活的享受者，他的生命和生活不是单向度的，而是开放的、有包容性的，与这个世界的丰富相联系的。他是一个立体而富有层次的综合体。有学者指出，"完整的人就是与世界有着丰富关系的人，在'天、人、物、我'四个向度上，充分展开自己的生命表现形态的人。'天'是指天道，宗教里就是

---

[1] ［美］杰弗瑞·戈比：《你生命中的休闲》，康筝、田松译，云南人民出版社2000年版，第313—314页。

神，哲学里就是伦常、永恒的真理，人们以信仰的形式来把握；'人'指社会、他人，人们用伦理和道德来把握；'物'指自然万物，包括人类的创造物，人们以科学的形式来把握；'我'指自我，人们以展示、反思、超越、更新的方式来把握。完整的人，相对的是单向度、片面发展的人，畸形的人，精神世界残缺不全的人"①。

"完整的人"是理想的人的模式，是教育追求的终极目标，也是大学始终承担的教育使命。柏林大学创始人威廉·冯·洪堡（Wilhelm Von Humboldt）曾提出"完人"的大学培养目标，他认为"初等、中等教育在一定程度上，只不过是为大学教育做准备，大学教育是培养'完人'的重要阶段，即要培养个性和谐、全面发展的人"②。美国著名高等教育思想家罗伯特·梅娜德·赫钦斯（Robert Maynard Hutchin）指出，"教育的目的是培养人民的美德及睿智。他们要学习的不是谋生能力，而是成为一个完整的人、一个聪明而善良的人。大学教育的目的在于培养完人，使其成为作为人的人。自由的人，而不是片面发展的工具"③。

但进入 20 世纪后，在就业市场的压力下，大学教育日益专业化，其培养目标越来越强调"实用的部分"，而个性的全面发展受到冷落。大学培养出来的不再是自由而全面发展的人，而是异化了的、工业化的人。在大学人才的培养目标日渐狭隘时，一些教育家呼吁大学教育要培养全人。1972 年，由联合国教科文组织发表的《学会生存——教育世界的今天和明天》中指出："为了训练的目的，一个人的理智认识已经被分割得支离破碎，而其他的方面不是被遗忘，就是被忽视；不是被还原到一种胚胎状态，就是随它在无政府状态下发展。为了科学研究和专门化的需要，对许多年轻人原来应该进行的充分而全面的培养被弄得残缺不全。为从事某种内容分得很细或某种效率不高的工作而进行的培训，过高的估计了提高技术才能的重要性而损害了其他更有人性的品质。"④ 该报告还指出："人要排除令人苦恼的矛盾；人不能容忍过度紧张；他努力追求理智上的融惯性；他所寻求的快乐不是机械地满足欲望，而是具体地把实现他的潜能和

---

① 肖川：《教育的理想与信念》，岳麓书社 2002 年版，第 238 页。
② 刘宝存：《大学理念的传统与变革》，教育科学出版社 2004 年版，第 30 页。
③ 同上书，第 57 页。
④ 联合国教科文组织国际教育发展委员会编著：《学会生存——教育世界的今天和明天》，华东师范大学比较教育研究所译，教育科学出版社 1996 年版，第 193—194 页。

认为他自己和他的命运是协调一致的想法。总之，把自己视为一个完善的人。"① 因此，"教育要使人日臻完善；使他的人格丰富多彩，表达方式复杂多样；使他作为一个人，作为一个家庭和社会的成员，作为一个公民和生产者、技术发明者和有创造性的理想家，来承担不同的责任"②。1996年，由雅克·德洛尔（Jacques Delors）任主席的国际21世纪教育委员会向联合国教科文组织提交了题为《教育——财富蕴藏其中》的报告，该报告重申了一个基本原则："教育应当促进每个人的全面发展，即身心、智力、敏感性、审美意识、个人责任感、精神价值等方面的发展。应该使每个人尤其借助于青年时代所受的教育，能够形成一种独立自主的、富有批判精神的思想意识，以及培养自己的判断能力，以使由他自己确定在人生的各种不同的情况下他认为应该做的事情。"③ 该报告提出："教育应以学会认知、学会做事、学会共同生活、学会生存为支柱，培养全面发展的人。"④ 值得注意的是，提倡"全人"教育，培养"完整的人"，并不是反对学校的专业教育，只是对大学教育的专业化表示不满，要求纠正大学教育的过分专业化的倾向，培养真正全面发展的人。尽管不同历史时期，教育家们对"全人"即"完整的人"的具体表达还有些差别，但本质上他们都强调的是和谐与平衡，不仅是人与社会需要的和谐与平衡，宽厚的知识基础与精深的专业知识间的和谐与平衡，是高度发达的智力、高尚的道德、健康的审美、丰富的个性和强健体魄之间的和谐与平衡。

如何实现"全人"的培养目标，我国大学必须对专业设置、课程体系、教育教学方法、校园文化环境等多方面进行系列改革，而开展休闲教育也应当是这一系列改革中重要的一项，因为它同样是实现"全人"培养目标的一种努力和尝试。休闲教育是帮助学生从休闲的广阔天地里继续丰富个体的创造性，继续个体潜能的开发与拓展，帮助个体的生命更加的趋向完整与丰富。"大学本科教育是否成功与校园生活的质量有直接关系。"⑤ 这揭示了对学生的发展来说，休闲以及休闲教育可能蕴含的巨大

---

① 联合国教科文组织国际教育发展委员会编著：《学会生存——教育世界的今天和明天》，华东师范大学比较教育研究所译，教育科学出版社1996年版，第193—194页。

② 同上书，第193页。

③ 同上书，第85页。

④ 同上。

⑤ 刘宝存：《大学理念的传统与变革》，教育科学出版社2004年版，第258页。

价值与潜力，它在大学教育中的价值与实现不应当被忽视，应予以研究和实践的关怀。如果缺少对休闲教育的全面了解，缺少全面系统的休闲教育，学生是不可能自觉、有效地投入这项教育活动中去的，更不可能有真正的收获。因此，大学有组织、有系统地开展科学的休闲教育，传达这方面的基本知识是必要的。

3. 大学在开展休闲教育方面具有的优势

大学教育不仅负有休闲教育的使命，而且在许多方面具有其他阶段的教育或是其他形式的教育所欠缺的有利条件，这些条件不仅使休闲教育的可能性大大增加，而且也更能激发出休闲教育的良好效果，为休闲教育创造一片广阔的天地。

（1）大学具有丰富的休闲资源

休闲虽然是一项个人化的活动，却不仅仅是单纯依赖个人的喜好就可以实现的，它还需要各种资源的支持。良好的休闲氛围和环境、丰富的休闲资源，这些会有效地增加人们体验休闲的兴趣，创造更多的休闲机会，对于良好的休闲品质的形成与保持有积极的作用。

大学相比较于中小学或其他社会机构，拥有更为集中和丰富的休闲资源。它拥有相对轻松、自由的校园环境，丰富多彩的校园文化活动，各类最新咨询，不同类型的社团和学生组织，还拥有一定的体育、艺术、文化活动的场所，休闲的专业设施及其相关课程的设置，这些资源同时存在于大学中。若能根据休闲教育的需要，加以整合利用，能够在休闲环境、活动项目、知识技能培训等许多重要方面发挥巨大的作用，大学中丰富的休闲资源是比较有利于休闲教育的整体展开，它是休闲教育一个比较理想的支撑平台。

（2）大学教育具有科学性与优质性

大学是专门的、高层次的教育机构，其教育活动具有科学性，在教育内容、方法等各个环节上都以教育者的角度出发，精心选择与组织，以使其符合教育的规律。与一般社会机构的教育形式相比，更加系统、科学地体现出专门教育机构的优势。因此，由大学开展的休闲教育，在科学性、规范性、教育性等方面更具保障。另外，大学教育本身的性质与目的决定了它所开展的休闲教育的性质。大学教育不同于一般的社会休闲咨询与商业利益驱使的休闲诱导，作为一种正规的学校教育形式，大学教育有明确的教育目的，它的一切教育行为都围绕着"育人"的宗旨，因而在大学中开展休闲教育，首要是确定与自己教育立场相一致的休闲教育的目的,它们都是要帮助个体实现一种"好"的休闲品质,也就是我们说的"优质"。因此,大学所进行的休闲教育与其他社会机构所进行的休闲教育相比,以及与自发的、朴素的家庭式的休闲教育相比,更能保证休闲的品质。

(3) 大学是具有研究品质的教育机构

大学是一个具有综合品质的教育机构,它既是传播知识、培养人才的场所,也是科研的重要基地之一。大学"研究与教学相统一"的原则,要求大学把科研与人才培养结合起来,研究不仅要为教学服务,还要为国家和社会的发展服务。

借助于大学的这个特点,休闲教育在大学的价值与实现之中更多了一份意义,即休闲教育的课程设置及教学开展与休闲教育的研究两者相结合。在国内,休闲教育以及针对它的研究都是一个有待开发与探索的新领域,虽然国外的经验不少,但如何针对我国教育的具体情况,构建与推广适合我国国情的实用的休闲教育模式,目前仍是空白。大学所具有的专业人才、研究条件与环境很有可能在尝试休闲教育的同时,进行有关它的研究,在休闲教育的理论与实践两个方面都有所创造。可以说,大学能够赋予休闲教育双重生命,让它存在,更让它发展。

"完整的人"需要完整的教育,学校对于休闲教育虽然有不可推卸的责任,但是家庭和社会对个体的影响是不能忽视的。国外的休闲教育做到了三者间的协调与配合,但在我国,家庭与社会对于休闲教育仍然相当陌生。随着休闲教育的发展,三者间共同的价值沟通,并形成与家庭、社区教育沟通互动的机制,在方式方法上的互相支持与配合将是我国休闲教育今后需要努力的方向。休闲教育意味着人们应当尽早地参与家庭、学校和社区的休闲活动,帮助人们培养休闲技巧与休闲鉴赏能力,以使他们获得更多的自由时间并能得到充分的利用。

4. 休闲之"成为人"的价值

约瑟夫·皮珀(Josef Pieper)认为,"我们必须记住,休闲不是一个星期天下午的悠闲时光,而是对自由、教育与文化的维系,是对尚未消失的人性的维系"[①]。借助皮珀的观点,我们可以更好地理解休闲之"成

---

① [美] 约翰·凯利:《走向自由——休闲社会学新论》,赵冉译,云南人民出版社2000年版,第250页。

人"的价值,以及休闲与教育在这个意义上的结合。

(1)"休闲自由"的目标是成人

首先,自由是人的最高价值与终极目的,是衡量一个社会的文化文明程度的标志。自由以人的个性化的实现为前提,自由是创造的前提。自由的原则是积极性与创造性,其核心是智慧的发展。自由的价值根源于人对于物质与精神的需要,根源于从满足需要的可能性角度对事物进行评价。自由不等于没有约束或是放任自流。首先,自由是以高度发达的物质文明为内涵,内嵌着价值与文化的时代指向。自由是进行创造活动的政治和社会的空间。自由是认识问题,自由也指向休闲本体自身的问题。在自由中,人性的"成为"过程可以发生。自由不仅是一种理想,也是从异化到真实的存在,自由是人的基本生存价值之一,是人的本质的体现,是人类心灵的体验。自人类诞生以来,自由便被认为是人的基本生存价值之一,在马克思那里,自由始终是和人的全面发展联系在一起的。其次,休闲是以"成为"为目标的自由。现代社会是一个过分追求物质利益的社会,人性遭到遗弃,快节奏的生活步伐,使人丧失了来之不易的自由时间,异化越来越严重。作为自然人,为了满足生存与生理的基本需要,人们渴望了解自然,寻求自由;作为社会人,为了满足社会交往、成功、公平、尊重与安全等的需要,人们祈求获得自由。休闲强调以人为本,突出了人在万物中的主导地位,同时休闲也强调人的自由与尊严,每个人都有独特的价值,人与人之间应该平等和相互尊重。休闲具有包容人的特性,休闲是存在与成为的行动,而且它是改造行为者的解放之行动。

哲学家索伦·克尔凯郭尔(Soren Aabye Kierkegaard)写道:"当我注意自己的可能性时,我所体验的是一种'令人眩晕的自由'。"[1] 作为社会的人,我们往往习惯于生存于共性之中,忽略了自己内心世界的真实需要,掩盖了作为个体的自我的价值取向与选择。我们只是追随别人的脚步,而无法真正享受自己的生命过程。作为"人"应当珍视自己的生命的独特性,而珍视的关键在于"自我意识"。休闲能够帮助个体自由地表达一个真实的、真正的自我。"休闲不仅仅是一种个人意识状态或社会条件,它是一个可能进行创造的整体环境。它摆脱了必然性,却并不与有助

---

[1] [美]托马斯·古德尔、杰弗瑞·戈比:《人类思想史中的休闲》,成素梅等译,云南人民出版社 2000 年版,第 184 页。

于实现人类生存的生产分离；它是美学，但不仅限于狭隘的艺术；它是自由，但并不远离他人，而是益于他人；它是改造世界的开放空间，却不诉诸破坏的手段。休闲也是这种环境中创造的活动；它既有'成为'过程中的风险，又有助于至少部分地实现行为者的人性。"①

休闲强调以人为本，突出人在万事万物中的主导地位，正如普罗泰戈拉（Protagoras）所说，人既是万物存在的尺度，也是万物不存在的尺度。人从自然界中解放出来，人不是机器的附庸，人有智慧，有语言和思维，有技艺和发明的才能。马克思曾说，休闲是这种活动的一方面。"自由时间——不论是闲暇时间还是从事较高级活动的时间——自然要把占有它的人变成另一主体，于是他作为这另一主体又加入直接生产过程。对于正在成长的人来说，这个直接生产过程同时就是训练，而对于头脑里具有积累起来的社会知识的成年人来说，这个过程就是[知识的]运用，实验科学，有物质创造力的和对象物化中的科学。"②

休闲强调人的自由与尊严，在社会结构中，个人不是法律、权力或社会制度的被动产物，而是创造社会历史的主人。这种主人身份表明了每个人都有权追求自己的幸福，拥有自己的尊严与价值。休闲是存在与成为的行动，而且它是改造行为者的解放行动。通过行动，人们变得更加真实，更接近自己的本性。人们对他人的行为也更有效，因为大家一起行动，而非彼此对立。人们在休闲中变得更加自由，在真实的休闲中，人们总是愿意与他人分享一切。

（2）休闲体验的直接目的是"成为人"

"休闲可以作为直接体验来研究。从这种体验中可能提炼出某些使休闲成其为休闲的因素。两种最易识别的因素是自由感（a sense of freedom）以及内在（而非外在的）结果。"③ 心理学家通常将休闲作为一种体验来研究，在约翰·纽林格（John Neulinger）看来，人们休闲只是渴望体验本身，而不是体验以外的原因或目的。由此，他认为，休闲是一种精神状

---

① 肖川：《教育的智慧与真情》，岳麓书社2005年版，第9页。
② 《马克思恩格斯文集》第8卷，人民出版社2009年版，第204页。
③ [美]约翰·凯利：《走向自由——休闲社会学新论》，赵冉译，云南人民出版社2000年版，第24页。

态，而非活动或时间；休闲不是环境，不是行为，而是与之相伴随的态度①。

休闲体验的直接目的是"成为人"，原因如下。第一，休闲体验促使人们以智慧的态度对待人生。"思想需要经验的积累，灵感需要感受的沉淀，最细致的体验需要最宁静透彻的观照。累积、沉淀、宁静观照，哪一样可以在忙碌中产生呢？""闲暇，逗留确实是创造力的有机土壤，不可或缺。"② 懂得休闲的人，经历休闲的人必然能够以一种更积极的态度对待自己的人生。第二，休闲体验能够促进人的使命感、责任感。休闲强调的是一种内在的无忧无虑，一种平静，一种沉默，一种顺其自然的无为状态。约瑟夫·皮珀（Josef Pieper）认为，"休闲的沉默状态是一种接受现实世界的必要形式，在这种状态中，一个人和自己成为一体，和自己相互协调。在这种状态中，人不仅能更好地认识自己，也能更好地观察世界"③。第三，休闲体验能够促进人的精神文化品格的形成。人的精神文化品格即强调人的社会、精神、文化属性，人作为生命的一种形式，区别与其他生命本体，最根本的一点是在于他具有社会文化属性，在于他有精神上的追求和自我价值理念的实现。休闲体验是借助内在力量来维护和实现自我的连续过程。休闲是人类精神的自由和解放，它使得人们得以沉思默想并和外在世界和睦相处，心灵因而获得滋养与力量。休闲有助于人的本质的更好实现，能够促进人文精神文化品格的形成。第四，休闲体验是丰富自我的需要。有学者指出："休闲使人不断发展，扩展视野，加深认识。""它使人的身心和灵魂重新焕发活力——休闲给人以学习的机会，使人自由地成长，自在地表现；使人放心地休息，全面地恢复，使人完全地重新发现生活的意义"④，休闲体验是丰富自我的需要。

休闲教育旨在引领我们个体去体验休闲的真谛——心灵的自由。休闲教育的过程不仅是培养个体体验休闲生活之真谛能力的过程，其本身也是体验休闲的过程。因此可以说，在"成为人"这一点上，休闲教育的本

---

① [美] 约翰·凯利：《走向自由——休闲社会学新论》，赵冉译，云南人民出版社2000年版，第25页。

② 肖川：《忙碌是一种病毒》，《福建论坛》2006年第11期。

③ [德] 约瑟夫·皮珀：《闲暇：文化的基础》，刘森尧译，新星出版社2005年版，第40—41页。

④ Lee R. *Religion and Leisure in America*, New York, NY: Abingdon Press, 1964: 33.

质是使人"成为人",目标是实现人的自由全面发展。与此同时,休闲教育作为使人"成为人"的重要手段,就是要在丰富多彩的生活世界中提升个体生命的质量和生活品位。同样,休闲对大学来说具有重要的价值,休闲能够促使大学更好地履行休闲教育的职责,实现休闲教育培养"完整的人"的教育使命。

第七章

休闲教育的当代价值

从人学的视野来理解休闲教育，我们可以把人学作为休闲教育之实践活动所要求的一种理解方式。本文对未来中国教育的发展路向以及当前我国大学教育模式的选择和思考是立足于寻求"完整的人"的目标基础之上的。基于为促进人的自我完善与自我发展的立场，面对休闲教育的当代境遇，提出了休闲教育是践行现代大学教育发展的时代需要，探讨了现代大学休闲教育模式的选择以及新时代休闲教育的发展态势与当代价值。

第一节 休闲教育的当代境遇：诘难与回应

一 现代大学休闲的困境

1. 现代大学的休闲困境

由于受我国传统文化的影响，我国教育在很长一段时间内以"不休闲"和"不教育"两种方式排斥了休闲。随着社会经济的发展，大学教育市场化程度越来越高，忙乱和慌张的硝烟也开始在大学里弥漫着，大学失去了休闲的态度。从休闲态度的角度来分析，在"感知到自由"这一层面，大学常常是不自由的，它被市场左右，被行政力量控制，被金钱奴役；在内在动机和终极目标层面，大学更陷入休闲困境，大学的休闲加入了太多的功利因素。为了提高"就业率"，扩大知名度，大学降低标准招收一些"名人"到学校任教、学习。大学把感官的满足当成文化的最高指令，被庸俗的大众文化淹没，大学不再是真正的大学而沦为职业训练所。正如教育学家本杰明·布鲁姆（Benjamin Bloom）所控诉的，"大学课程目录的唯一贡献就是让学生无所适从，也常常使学生感到沮丧。他们能否遇到一两个教授给他们提供最优秀的教育，了解某一个文明民族最辉煌的部分，全凭他们的运气。大多数教授是专家，他们只关心自己的专业，从自己的角度关心自己领域的发展，关心个人的发展，因为他能获得的所有回报都与他的专业成就有关……在这种情况下，学生们只能穿梭于狂欢节的表演中，而每个表演者都在引诱他们来看自己的表演，举棋不定的学生让大多数大学感到尴尬，因为他们似乎在说'我是一个完整的人，请帮助我完整地发展我自己，让我开发我真正的潜能'。而大学对这样的学生无言以对"[①]，大学的休闲困境体现在大学缺少休闲文化的氛围。

2. 大学生的休闲缺憾

大学生在这样的氛围中感受到自己失去了自由和宁静，过分的忙碌对自己的创新热情和创新能力有极大的损害，要想真正地做出学问来，还是要"休闲"。当然，很多时候不是自己不想休闲，而是缺乏自己理想的休闲氛围。因受到一些社会不良风气的影响，学生也日渐浮躁，静不下心来学习，也静不下心来休闲，只能把为工作做准备这样的大事放在第一位，实用技能的学习远比人文知识的学习重要。为了增加竞争筹码，必须忙着考各种资格证书，至于人格修养等"虚"的东西根本顾不上来；有一些大学生可能会认为，即使"休闲"时间很多，也似乎找不到休闲的感觉，而且有时候自己并不愿意去参与那些低俗的休闲活动，但是周围的人们都那样，自己只好从众；还有一些大学生可能会认为，自己的休闲知识很缺乏，又很少受到休闲方面的教育和启发，于是潜意识里也认为休闲好像不入主流，那么地在意与不在意对自身来说似乎没有太大的影响。

受到社会上一些不良风气的影响，大学生的休闲也开始功利化。从本质上看，大学教育是人这一特殊的物种享受休闲的特殊方式。但是，受到传统文化"业精于勤，荒于嬉"的影响，我国大学以"不休闲"和"不教育"两种方式排斥了休闲。其实，忙碌是一种病毒，不懂休闲，或缺少休闲对大学生的长远发展以及对大学生的全面发展来说都是一种伤害。

3. 大学教育休闲困境的成因

第一，大学缺乏高品位的休闲文化。

中国是一个发展中国家，休闲生活起步较晚，休闲文化研究不发达，如今很多"休闲"其实都算不上休闲，只是一种娱乐而已。唐朝大学者

[①] [美]杰弗瑞·戈比：《你生命中的休闲》，康筝等译，云南人民出版社2000年版，第312页。

韩愈说过一句话"业精于勤，荒于嬉"，成为中国教育的口头禅，于是休闲一度被视为洪水猛兽，这也是导致休闲文化失落的重要原因。"传统中国社会中，其价值观念，思想理论不能给休闲赓续找到依据，其教育传承、方法手段不能支撑休闲的正常发育，最终休闲未能在中国这片大地上开花结果，而这片大地曾经创造了灿烂文明，这不能不说是中国文化的一个重大的遗憾，而这一遗憾直到今天还或明或暗地影响着我们。"① 这些原因导致了大家都不敢休闲，轻慢休闲。人们甚至认为休闲是不务正业的代名词，整个社会极端缺乏一种健康雅趣的休闲文化。人们缺少自由自在地生存的这样一种休闲的心态。

大学是社会文化潮流的引领者和文化创造传播的重要机构，但是大学自身就缺乏高品位的休闲文化，这既不利于大学教育休闲问题的解决，也将会使大学在引领社会休闲文化方面显得乏力。

第二，休闲知识的缺失和休闲价值观的扭曲。

不会休闲是因为人们缺乏必要的休闲知识。虽然我们的日常生活中到处可以见到休闲的影子，诸如"休闲书屋""休闲文化广场""休闲度假村"之类的宣传牌，人们都只是简单地把"休闲"等同于"娱乐"，存在误用休闲的情况，如前文所述，休闲并非一个简单的概念，而是一种复杂的社会现象，它也是文化的基础。"如果一个人由于别人的帮助能够欢悦地行动，获得直觉上的价值，并开始能够坚定自己的信仰的话，那么他就可能会感到自己对于这个世界及其中的生活的责任。但这一切并不是因为他们喜爱忍受，而是因为他们通过休闲开始能够这样思考生活和世界是有意义的。"② 所以从本质上来讲，休闲是对生命意义和快乐的追寻。若是人们简单化地理解休闲，降低休闲的品质，自然谈不上真正地享受休闲，休闲的价值也就没有充分地被挖掘。

休闲价值观的扭曲也是大学教育休闲困境的重要原因之一。现代社会流行这样一种价值观：把有用的和有效率的看成衡量一切事物的标准。这种价值观使人们的休闲理想和休闲观念遭到歪曲，休闲不再被想象为尽可能地减少受到外界干扰的一种精神状态；人们在闲暇时间里所从事的一系

---

① 卢元镇：《休闲的失落：中国传统文化的遗憾》，《体育文化导刊》2007年第1期。
② ［美］约翰·凯利：《走向自由——休闲社会学新论》，赵冉译，云南人民出版社2000年版，第281页。

列外显的活动：人们不再追求休闲所带来的宁静，快乐，美感和个性。结果，人们越来越不会休闲，很多休闲失去了休闲的意义，休闲越来越工作化和功利化了。这种扭曲的休闲价值观在大学生中也很普遍，成为学生休闲问题的一个重要原因。学生休闲价值观的扭曲也和学校的教育政策有很大关系。"学校的正规教育使年轻人脱离社会，对他人的生活和幸福漠不关心。在学校里强调的是要用理性来控制情感，只有勤奋学习，掌握知识才是正道。"[1] 大学在评价学生时通常用的是量化的标准，过分强调"有用的知识"，让学生们认为就业才是最重要的。但大学也是最科学、最正规、最有力量的教育场所，大学教育在传递休闲知识的同时，也引导学生树立正确的休闲价值观。

二 休闲教育的缺位与错位

1. 现今社会休闲之现状

休闲生活自古就有，其种类和内容因历史时代、社会形式的不同而存有很大的差异。随着工业时代的来临，物质生产节奏的加快，人们的工作与休闲生活逐渐分化，对多数人来说，工作占据了生活中绝大多数的时间，休闲在逐渐地减少，在某种程度上，休闲似乎变成了现代人的一种奢望。如今，随着生产力的发展，步入大众休闲时代，休闲已经成为衡量社会文明的重要尺度之一，它是社会全体成员的一种崭新的生活方式。休闲之余，当代社会的人们不仅仅是空闲时间增多了，更是人的一种精神态度和存在状态的变化：不仅是为了恢复体能，而且也为了有一个美好的精神家园——在休闲中获得精神的自由，从中享受生命的意义和寻找快乐的人生。但是今天的人们却未能领悟休闲的真谛，在休闲这个问题上存有不少缺憾。

随着社会经济的发展，闲暇时间的日益增多，人们已经不再需要不分昼夜地为生活而忙碌，但是激烈的竞争使整个社会陷入浮躁之中，人们普遍只关心成败，休闲被遗忘了。为了追求"成功"、避免"失败"，休闲时间便成为人们的假日工作时间，因为假日的"休闲"可能就意味着下一刻的被淘汰，个体的生存空间被各种社会利益缠绕，如职位晋升与学历

---

[1] [美]杰弗瑞·戈比：《你生命中的休闲》，康筝等译，云南人民出版社2000年版，第312页。

文凭的关系、岗位需求与业务技能水平的关系、社会劳务市场需求与个人生活劳动技能的关系等。个人无法摆脱种种利害关系去追求内心的自由与平衡，享受生命的自由与快乐，再多的闲暇时间也都是为工作做"准备"，但是人们又不知道自己忙碌的意义在哪里？杰弗瑞·戈比（Geffrey Godbey）认为："总是有事要做的心理表明一种文化的延迟。我们仍然觉得我们需要突击，需要消费，需要永久地保持忙碌状态。这诸多需要并非现实生活中真的有那么多事需要去做，而是我们对时间的畸形态度造成的。"[①] 在匆忙的步履中，休闲被人们以逃避的方式遗忘了。休闲不仅无助于个体提高生活与生命的质量，从某种程度上而言，休闲反而成为个体的精神负担。

2. 休闲教育的缺位

第一，休闲教育在教育研究中的缺位。

随着休闲越来越成为现代人生活的重要内容和方式，人们对休闲教育的认识也开始重视起来。但目前国内关于休闲教育的专门研究依然很少，虽然在我国部分高校设有休闲教育研究中心和研究机构，但纵观我国中小学以及高等教育的休闲教育的研究来看，教育学科对休闲教育的关注度不够。我们更需要教育研究相关部门和机构提供充分的智力和政策理论的支持。

第二，休闲教育在教育体制中的缺位。

虽然，美国早在 20 世纪初期就将休闲教育作为青少年教育的一条"中心原则"。在西方众多的发达国家之中，休闲教育早已融入学校教育的过程中，并成为休闲学或教育学课程目标的重要内容，并设置有相应的学分。当前我国的教育体制强调对学生的知识教育和职业教育的同时，往往忽略了对学生休闲生活和生命意义的关怀。尽管我国在中小学教育中推行审美教育、素质教育等与休闲教育相关联的课程，但具体的实施效果并未彰显出来，学生们喜欢的音乐、美术、体育等课程往往被主干课程"占用"。而且，国家现行的教育规划、制度、政策等并没有明确提及"休闲教育"的概念与理念。这与教育既要关注工作，又要关注休闲的应然性相违背，这不利于中小学生或青年学生的个性成长、人格健全与人的全面

[①] [美] 杰弗瑞·戈比：《你生命中的休闲》，康筝、田松译，云南人民出版社 2000 年版，第 69 页。

发展。

第三，休闲教育在生活教育中的缺位。

由于人们对休闲的价值认识还比较浅薄，家庭和社会在很大程度上忽视了休闲对个人成长的重要作用。大多数家长没有利用好孩子的休闲时间与孩子进行思想交流、开展家庭活动，而是按照自己的意愿设计孩子的休闲生活，使孩子的休闲生活趋向成人化，错失培养孩子生活情趣、塑造孩子个性和心灵的机会。同时，现实社会片面追求经济利益，缺乏为中小学生及青年学生营造适合其身心健康发展的文化环境，适合中小学生及青年学生的影视、文学作品乃"稀缺品"。这些都有碍中小学生及青年学生在日常生活中进行休闲体验和提升休闲素养。

3. 休闲教育的错位

休闲教育在中小学生及青年学生的成长过程中存在错位现象，主要是人们对休闲教育的认识存有误区，使休闲教育在高校学生的成长发展中失去应有的地位和作用。

首先，休闲教育的工具性遮蔽其合目的性。

在现实中，虽然随着素质教育和"减负运动"的实施，中小学生以及高校青年学生获得了更多的闲暇时间，但教育评价机制对分数的"倚重"和社会对劳动者知识水平的强调，又使中小学生及高校青年学生不得不将闲暇时间变为学习性时间。休闲教育此时成为学业教育的延续或为未来工作准备的训练教育，而不再关注当代学生的人性成长和全面发展的需要。休闲教育的错位使中小学生以及高校青年学生陷入了休闲时间越多，心反而越疲惫的两难境遇，使教育不再是"成为人"的教育，而是成"材"、成"器"的教育，休闲教育的合目的性被工具性遮蔽和代替。

亚里士多德在《政治学》中提出博雅教育和职业教育两种教育，并认为"善"的社会是两种教育的有机统一。因此，尤其是高校青年学生应要学会休闲，使休闲教育与职业（学业）教育相协同，不能用工具性的学习时间挤占了中小学生或高校青年学生的自由发展时间，而是要让他们在享受学习的乐趣的同时，实现休闲教育的合目的性。

其次，"休闲何以可能"的价值理念构建。

休闲就其本质而言是人们的一种生活方式，而生活方式的选择往往会受人们的价值观的影响。休闲教育既要传授休闲的技能，更要阐释休闲的人文意蕴，使人们树立正确的休闲价值观。人们常认为，只要教会孩子们掌握休闲的知识、技能，他们自然就学会休闲；只要为孩子们开展具体的休闲活动，他们就能从中形成正确的休闲观念。但是这种用"休闲何以可能"的技能教育替代"为何休闲"的价值观教育，只会使休闲教育在知识和技术的"利诱"下走向功利化、庸俗化，从而失去对中小学生及高校青年学生精神世界的观照和价值理念的构建。约翰·奈斯比特曾预言："21世纪是要我们必须学会把技术的物质奇迹和人性的精神需要平衡起来。"[①] 休闲教育要使青少年掌握休闲的本领，更要使他们体悟为何休闲，树立正确的价值理念。

第二节　休闲教育是现代大学教育发展的时代需要

一　休闲教育符合新时代人才成长的现实需要

马克思主义人学思想认为，以现实的人为出发点，以理想的自由而全面发展的人为归宿，这是马克思主义对待人的问题的基本观点。以人为本，就是以人为根本、核心、根基，以实现人的利益和价值为目的，充分地关怀人性。休闲教育强调以人为本，根据我们个人的学习能力和兴趣特长来因材施教，在发掘其真实个性的基础上，学会如何进行休闲，促进自身的全面发展。当今社会急剧变化，休闲生活化以及人们对休闲教育的认知为每个人的个性发展提供了广阔空间。当今个体休闲表现在独立性、多元性、差异性上明显增强，他们的主体意识强烈，更希望在平等交流中获得不同的休闲体验。发掘个性，注重个性的培养和发展，不但是现代人才成长的现实需要，也是现代休闲教育使人"成为人"的本质的要求。人之个性的发展，是全面发展的核心，全面发展是个性发展的基础，在个体全面发展的前提下鼓励创新，在合格达标的基础上鼓励个性发展，从而不断发掘个体的潜能，培养个体的创造力、意志力、判断力以及健全的人格。休闲教育坚持以人为中心的教育理念，就是要最充分地激发个体的创造力，最大限度地发挥他们的主观能动性，把他们当作有生命尊严、思想

[①] ［美］约翰·奈斯比特：《大趋势——改变我们生活的十个新方向》，梅艳译，中国社会科学出版社1984年版，第39页。

感情、独立人格的人。

二 高校肩负着休闲教育的历史使命

1. 大学休闲教育的内容

大学休闲教育的内容如教育家曼蒂（Jean Mundy）和奥杜姆（Linda Odum）所理解的那样，它包含了"提供信息以确保人们懂得抓住现有的和潜在的机遇；通过正式的和非正式的教育，帮助人们发展智力的、社会的和具体的技能，这对于一个人能否令人满意地参加任何一项活动来说都是至关重要的；通过阐明兴趣和价值的含义，向学生提供引导和劝告，以使个人的兴趣和价值能与那些最值得让人追求的活动相吻合"[1]。休闲教育的核心任务是"培养相关技能和知识，使受教育者能够有效地利用休闲来满足社会和自身的需求，掌握休闲技能的人能够通过休闲活动更好地实现自我和社会的融合。休闲教育就是教人学会合理、科学、有效地利用时间，学会欣赏生命和生活，学会各种形式的创造，学会对价值的判断，学会选择和规避问题的方法，学会能促进身心健康的各种技能，其目标是为了促进人在'成为人'的过程中获得自由而全面的发展，使整个人生充实、快乐且富有意义"[2]。

休闲教育并不是对学习的艰辛的一种逃避，而是教育过程中富有活力的一个组成部分。休闲教育不仅要使学生掌握一定的休闲技巧，也应该提高学生的智力。大学应该帮助学生明白在没有任何压力的时候，有哪些值得做的事情。而休闲教育却能够帮助学生找到这些问题的答案。

2. 休闲教育由现代大学承担

首先，大学需要开展休闲教育。

随着时代的发展，休闲已经越来越成为人类生活的重要组成部分。休闲需要有计划地进行，而这样的一个过程便是一个教育的过程。然而，虽有一些学者大力提倡大学休闲教育的开展，但是我国大学休闲教育才刚刚开始，休闲对于大学教育使命的实现具有不容忽视的人文价值，大学不仅能让自己首先要学会休闲，还应义不容辞地承担起引导学生认识休闲的价

---

[1] [美] 托马斯·古德尔、杰弗瑞·戈比：《人类思想史中的休闲》，季斌等译，云南人民出版社 2000 年版，第 173 页。

[2] 马惠娣：《我们为何要学会休闲》，《小康》2006 年第 1 期。

值，树立健康的休闲观念，提升休闲文化品位的责任。休闲是大学品质的有效保证。"任何一所志在成为真正大学的高校，都应该以宁静致远的心态，以放眼世界的博大的胸怀，扎扎实实地建设自己的学科和教师队伍，扎扎实实建设本校的教育文化和管理制度，真心诚意地引进和养育人才，真心诚意地尊师重教，使本校的进步和发展建立在坚实的逻辑基础之上，使大学像大学。"① "否则，社会所赖以取得的新的发现和明智判断的'涓细的智慧溪流'将会干涸。"② 大学要找回休闲态度，大学是需要休闲和应该珍视休闲的地方。

其次，大学在休闲教育方面具有独特的优势。

前文我们提到了在大学里聚集着众多知识层次和文化修养高的学者，他们能够最先接触和传播国际最新关于休闲方面的知识，而且能够及时根据现实情况的变化调整休闲教育的目标及对策。大学的环境相对自由和开放，这不仅符合休闲的内在要求，也有助于休闲这个"新事物"的成长。大学相对其他机构来说具有更丰富的休闲资源，包括相对轻松、自由的校园环境，丰富多彩的校园文化活动，各种最新的资讯，还拥有较好的开展休闲教育的场所、专业设施、相关课程，等等。另外，作为专门的、最高层次的教育机构，大学的教育活动具有科学性，更能保证休闲教育的品质。正是这些优势使大学成为休闲教育开展的一个理想平台。

3. 现代大学休闲教育的难点

前文关于休闲教育的主要内容我们可以概括为以下几方面。一是休闲观念或态度，包括以下内容：意识到休闲是生活的重要组成部分，明确休闲的意义等；理解休闲与学习的辩证关系，了解自己在休闲方面的爱好、兴趣和偏向；认识到自己有权利和能力去安排、利用好自己的休闲时间。二是休闲价值观与休闲行为的选择。三是休闲知识与技能，包括根据自己的休闲知识和技能，去设计有意义的休闲活动，并能顺利实施以获得休闲享受。四是要不断探索有新意的休闲方式，并能不断调整与创新。

我们认为，当前大学休闲教育的重点是帮助学生树立正确的休闲价值观和向学生传达更多的休闲知识并在此基础上形成正确的休闲观念和态

---

① 王长乐：《大学的要义》，《南京师范大学学报》（社会科学版）2003 年第 5 期。
② ［美］约翰·布鲁贝克：《高等教育哲学》，王承绪等译，浙江教育出版社 2001 年版，第 86 页。

度。从实践层面上来讲,大学必须放弃传统的隔离政策,将休闲教育列入大学教学计划。可以从以下两大方面努力。首先,尽可能多地开设休闲技能方面的选修课。在功利主义的误导下,能否成功地找到工作(尤其是报酬高的工作)成了衡量大学教育是否成功的标准,这直接导致音乐、艺术、文学、戏剧,社会交往和在每一个人那儿都培养出一种或多种爱好之类课程的缺乏。从一定程度上来说,休闲教育能够弥补这方面的缺憾。休闲教育是一个循序渐进的过程,我们可以先通过开设选修课的方式来培养受教育者的休闲鉴赏力,增强休闲知识,以使他们现在和将来的自由时间能够被很好地利用。其次,增设休闲辅导的专门机构。休闲辅导机构可以通过网络、讲座等形式为大学生的休闲活动提供咨询服务,帮助不知如何去休闲的大学生矫正不健康的休闲行为和休闲习惯,让学生在健康的休闲中充分地发展自我,实现自我。

然而,开展大学休闲教育的确颇为困难,我国大学在休闲教育方面由于受到传统文化的影响,教育对休闲存在双重排斥。因此,目前我国系统、科学的休闲教育理论还没有完全建立起来,许多休闲教育的社会支持系统还不够完善。尽管如此,目前在我国高等院校开展休闲教育还存在困难。但是,休闲作为生命存在的一种方式,是需要教育的涵养、提升与守护的,大学休闲教育一定会被接纳,它也能逐步走向完善,因为它将是高等教育的重要组成部分。

二 高等教育未来的创新发展模式

休闲是一种富有想象力的生活,它是开放的,充满了自由,让人感到舒畅,因而,休闲教育也应当遵循这种开放性,不固守一种模式,博采众长,开放地容纳并和参与者沟通,了解他们的需要与体会,只有在这种开放性中,休闲教育才能把休闲的魅力充分展现出来。

1. 学校休闲教育的基本模式

纵观国内外已有的休闲教育模式,学校休闲教育的基本模式大体可以分为两类:一类是课程模式,另一类是咨询模式。[1] 尽管在具体操作与内容方面,各国和各学校不完全相同,但这两类模式是从目前研究和实践中抽象和总结出来的比较清晰的休闲教育思路。大学休闲教育的实施同样没

---

[1] 参见赵宏《学校休闲教育研究》,硕士学位论文,华东师范大学,2004年。

有太多已有方案可供借鉴，所以对于休闲教育已经存在的两类基本模式的了解，是探讨与研究大学休闲教育模式的重要基础与参照。

（1）课程教学模式

①渗透式组织模式

休闲教育涉及的学科之广，几乎遍及生活的方方面面，不仅包括娱乐性学科，如音乐、绘画、体育、摄影等，还包括文学、心理学、社会学以及许多无法归入某科的内容。这样使休闲教育的内容和目标分散到学校现有的各科教学中去的理想成为可能。我们把这种组织模式称为渗透式组织模式（infusion model）也称多学科课程组织模式①，这是依据课程目的与目标，将适当的休闲教育内容（包括态度、技能等）渗透到各门学科之中，通过各学科的课程实施，化整为零地实现休闲教育的目的与目标。这一组织模式如下图：

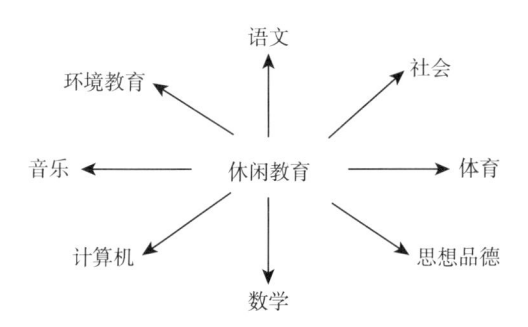

休闲教育之渗透式组织模式

这种组织模式将休闲教育领域的各方面内容分门别类地分散在各门学科之中，便于学习者在各学科中获得相应的休闲认知、休闲态度、休闲技能等。在该模式的实验中，无需专门的休闲教育的师资和教学时间。

②独立式组织模式

独立式教学模式又称单一学科模式②（single subject model），是把休闲教育作为一门单独的课程来开设。这种单一学科模式具有完整的结构体系，阐述问题具有系统性和深刻性，有其完整的课程目标、内容、评价等。

---

① 钟启泉、李雁冰：《课程设计基础》，山东教育出版社2000年版，第54页。

② 同上。

（2）休闲咨询模式

除了在课程里整合休闲内容的计划外，学校里还应当建立一个关于如何明智地使用休闲时间的咨询系统。一个训练有素的咨询人员可以给个人、组织甚至是一个系统提供咨询。学校应当通过心理咨询师（通过心理服务）来提供休闲咨询的服务和培训，使学生可以有针对性地进行自我休闲咨询，也可以对学校的教师进行恰当的培训，使学校的教师队伍能够掌握一套咨询的方法，运用工具能够完成一套咨询的过程。咨询过程应当包括方法[①]：

①讨论、交谈、倾听，使用简易的技术来发展自信

②做澄清态度的练习

③使用问卷了解兴趣和需要，转化纸笔和口头信息为可能的资源

④使用评价方法来评价休闲技能水平和有效学习

一般来说，有技巧地使用休闲的咨询涉及情感、行为和认知等方面内容。

2. 大学休闲教育的模式探讨

（1）现有的模式与可能模式的比较

在国外的大学中，一般都把休闲教育作为一门单独的课程来开设，主要采取独立式组织模式，它具有完整的结构体系，阐述问题有系统性和深刻性，有其完整的课程目标、内容、评价等。通过这样的课程，使学生受到专门、集中的休闲教育，同时也为社会休闲机构培养专门的休闲管理人才。在国内大学中，正式开展休闲教育的高校也为数不多，个别以旅游、休闲为方向的职业学院中虽然模仿国外开设了休闲教育的课程，但在规模、师资、影响力方面还没有达到一定的程度，只是照搬了国外的模式，层次尚浅。因此，我国大学开展休闲教育迫切地需要选择一种合适的模式，而选择的根本是要以学生的休闲生活需要为出发点，充分考虑大学生群体的特点，期望将休闲知识、休闲技能和休闲态度等的获取与实际运用相结合，从而使休闲教育的各方面内化于学习者自身，最终实现休闲教育的目标。

①采用单一学科模式

仿效国外的休闲教育模式，在大学中开设休闲课程，这的确能够以完

---

① Ruskin, H. & Spector, C. Implementation of serious leisure as part of leisure education in Israel, *European Leisure and Recreation Association Newsletter*（*ELRA Newsletter*），2000：6，1-3.

整的概念结构，比较系统的内容安排，有针对性地对大学生进行专门的休闲教育，与大学生的知识、能力水平相当，同时这种方式也是学生最熟悉的学习方式，较容易适应。但是，单一学科模式的建立需要专门受过休闲教育的教师，他们要有较高的学科知识与能力。此外，课程内容、教材选择都是非常谨慎和严格的，需要比较稳定的学科体系，才能长期延续下去。但目前我国基本上没有开展这方面的师资培训，国内关于休闲以及休闲教育的书籍、资料相当有限，因此，短期内在大学开设休闲教育的课程是不现实的，无法保证课程的科学性与稳定性，这必然影响到休闲教育的质量。

除此之外，单一学科模式自身固有的一些特点也并不是实现休闲教育目标的有利因素。比如，单一学科模式主要是采用课堂教学方式，以讲授法传授知识，对于休闲这种非常强调过程与个人体验的活动来说，它大大局限了休闲教育的广度和深度；单一学科模式所面对的是学生群体，教师难以顾及个体差异性，而我们所认同的休闲强调的是个性化、自我意识和自主选择，这些是单一学科模式非常欠缺的；单一学科模式主要以书本知识为载体，在调动学生兴趣与学习积极性方面显得力不从心，学生容易把它当成一种额外的负担，热情度不高，这种模式的评价方式多以书面考试进行，用一个固定标准来衡量学习效果，这多少有悖于休闲的精神以及休闲教育的基本原则。因此，这种模式在一定程度上并不是最理想的休闲教育的载体。

②采用渗透式模式

渗透式模式依据休闲教育的总体目标，将适当的休闲教育内容，包括态度、技巧、能力等各方面，渗透到大学教育的各相关学科之中，通过各学科的课程加以实施，化整为零地实现休闲教育的目标。

这种组织模式将休闲教育领域的各方面内容分门别类地分散在各门学科之中，便于学习者在各学科中获得相应的休闲认知、休闲态度、休闲技能等，无需专门的休闲教育的师资和教学时间。在我国，大多数中小学目前就是把休闲技能融入艺术、体育等科目中，或通过学生社团、兴趣小组、课外活动的形式来对学生进行休闲教育的。这种模式却不明白它与休闲生活有何关系，最终不能把自己所学的知识与休闲生活相融合，这样的休闲教育实质上是失败的和没有意义的。

另外，要做到把休闲教育的内容渗透到各学科之中是一项非常复杂的工作。选择哪些学科进行融合，如何在不打乱该学科结构的前提下增加休闲教育的内容，如何选择合适的时机渗透休闲教育，教师如何来协调与传达这门学科与休闲之间的关系，这些都不是容易解决的问题，还需要科学而细致的准备。因此，如果在大学之中直接采用单纯的渗透式模式开展休闲教育，目前来说几乎是不太可能，大学的课程紧密围绕专业设置，非常强调结构的稳定性，要融合休闲教育内容的空间非常有限。若是大规模地调整现有学科以实现休闲教育的目的，不仅严重扰乱了大学的教育、教学秩序，实质上，这样做也无法真正充分地开展理想的休闲教育，但这并不是说，渗透式模式完全不能在大学得以应用，大学中的主体课程是与专业紧密结合，但还有一定数量的公共课程，内容丰富、形式多样，这其中有相当多的课程具有为休闲生活服务的潜质，它们为休闲教育之渗透式模式在大学的应用提供了一定的空间。

③采用休闲咨询模式

休闲咨询模式是学校建立一个关于如何明智使用休闲时间的咨询系统，通过训练有素的咨询人员给学生提供休闲咨询，帮助学生有针对性地进行自我休闲咨询。目前很多大学都设有心理咨询室，有专业的心理咨询教师为学生和教师提供服务。因此，大学的确可以采取咨询的方式开展休闲教育。但是，这种模式的影响力相对比较弱。因为，能够有意识、自觉自愿、主动地进行咨询的人并不多，这使得休闲教育可能只能在很小的范围内实现，对很少一部分人产生影响，这对于实现休闲教育的整体目标来说是一个很大的遗憾。

此外，咨询毕竟只是一种语言沟通与间接指导，究竟能在多大程度上对个体的休闲生活品质真正发挥作用是很难得到证明的。个体单凭咨询也很难应对实际休闲生活中的各种具体的情境与需要，比如各种与活动相结合才能掌握的知识、技能，各种只有在参与过程中才能获得的体验，单凭咨询是无法获得的。

④采用"三位一体"的综合开放模式

事实上，单一学科模式、渗透式模式、咨询模式，这三种中任何一种单独发挥作用都无法理想地实现休闲教育的目标。它们各有所长，但是又有无法避免的自身局限。因此，我们自然地会取长补短，把这三种模式结合在一起共同承担休闲教育的任务，发挥各自的优势，找到各自与休闲教育的最佳结合点，形成一个相互配合与支持的休闲教育的综合模式。

若只是简单的这样设想"取长补短，互相配合"，实质上是没有任何意义的，关键在于"如何相互结合"，"如何具体操作"，这是休闲教育迫切需要解决的问题。理想的情况是：找到一个载体，它能够同时容纳这三种模式，并且能够与休闲生活密切结合，以它为核心，同时又可以发挥各种模式对休闲教育的效用。我们认为，在大学里，这个理想的载体是独具特色的大学校园文化活动，并且认为休闲教育在大学的实现能够通过大学校园文化活动来完成。

（2）大学校园文化活动是休闲教育的理想模式

大学阶段休闲教育的实现可以采取很多不同的模式。国外大学主要通过独立的休闲课程来实现，但根据我国目前的现实状况，直接开设休闲教育课程存在一定的困难，并且以课程模式进行休闲教育也有诸多不理想的地方。在分析各种模式优劣势的基础上，本研究将视野聚焦在大学校园文化活动层面上。根据大学校园文化活动本身的一些特性，认为它与休闲教育的结合具有比较理想的可行性。

①校园文化活动何以可能

大学校园文化活动是指以大学校园为活动中心，以培养全面发展的合格人才，丰富和活跃校园文化生活为目的的，为营造一种精神环境和文化氛围，由广大师生直接参与或组织的一系列活动，其实质是一种内在文化熏陶和外在的素质培养。大学校园文化活动由于自身独特而鲜明的特征，不仅能够担负起休闲教育的责任，而且可行性较强，主要表现为以下五个方面。

第一，校园文化活动具备休闲活动的特点，是休闲教育得以实施的前提。

有人把休闲定义为一系列不同的活动，根据人们日常的习惯，我们也很容易找出一些典型的休闲活动，这些活动是个体"自愿"和"愉悦"的活动。有人强调只有把"休闲"定义为一系列的活动忽视了心灵王国的存在，因为休闲并不仅仅是投身于一项活动，它还非常强调个体当时的内心体验，而我们认为这是一个休闲的外在与内在的问题。事实上，休闲并非活动本身，它是一种过程，只不过这一过程必然要涉及某种具体的活动，以活动为载体享受到休闲的体验，这是完整意义上的休闲生活。这种休闲体验给个体以自由感、享受、参与、挑战，并且富有教育性，处在与他人良好关系的互动中，没有外在压力的迫使，是一种自主选择、自我满足与享受的，具有创造性、自发性的活动，并且这些活动要与人们的休闲需求、休闲价值取向和休闲能力密切相关。

大学的校园文化活动充分体现了这种理想的休闲活动的特点，尤其是符合休闲的核心精神：自主和个性化。个体在校园文化活动这个领域完全可以根据自己的需要、爱好、特长，选择参与。因此，大学校园文化活动与休闲活动在基本精神与本质特点上有很大的相似性，这使得二者有自然结合的基础，校园文化活动也因此能够扮演休闲活动的角色，发挥休闲活动的功能，帮助个体获得良好的休闲体验，这就为休闲教育得以实施提供了最重要的前提，即在大学中找到可以与休闲相结合的载体。

第二，校园文化活动具有鲜明的教育性，符合休闲教育的基本原则。

休闲教育倡导的是一种健康、积极、有益于个体发展的优质休闲。它必须选择一条同样赋予教育性的途径，以保证所有的过程与教育行为都能有效地传达它的优质的休闲理念。因此，承载休闲教育的活动不能是随意和放任的，应当谨慎选择。那些健康、有益的活动才符合休闲教育的原则，才能对实现休闲教育目标有所帮助。

大学校园文化活动是大学内部有目的、有组织的活动，紧密围绕"育人"的根本目的，从获取知识、培养能力、陶冶情操、发展个性、创造文化氛围等各个方面都是有选择的、有限度的，它符合大学教育的价值规范。因此，能够保证活动的健康性、积极性。休闲教育可以直接通过它实施教育行为，不必担心活动的品质，也不必再次对活动进行选择。

第三，校园文化活动的丰富性，有利于实现休闲教育的整体目标。

以学科模式进行休闲教育的课堂教学，需要由政府颁布教学计划、制定教学大纲、审编教科书，并且严格规定学校的教学科目、教材纲领和教学进度。但在校园文化活动方面，并没有统一规定的活动项目和进程，而由学校自行选择决定。因此，在校园文化活动的内容和范围上都具有相对比较大的空间。它的活动内容十分丰富，组织形式多种多样，比如各种内容的专题讲座和报告会、各类知识和技能培训、各类文化竞赛活动、各类艺术活动、大学生社团活动以及大学生社会实践活动等。这些活动为休闲教育提供了极大的施展空间。它能够帮助休闲教育从各个不同的角度实现休闲认知、自我认知、休闲知识与技能以及休闲机会与资源的目标构成。

对于休闲教育来说，大学校园文化活动所能为它创造的休闲机会与资源是其他休闲教育模式所无法企及的。

第四，校园文化活动的敏感性有利于激发个体在休闲教育中的积极性、自觉性。

休闲教育的基本原则中最为强调的就是个体的自主性，因为休闲是最为个体化的行为与体验，个体想要获得品质良好的休闲生活，最主要的还是要自己积极、自觉地去创造。但是，人的惰性常常影响到人的自觉性的发挥，休闲教育应当创设需要，这样才能真正产生良好的教育效果。这其中关键在于激发个体的需要，在大学开展休闲教育必须先了解和考虑大学生目前的休闲需要，结合这些需要才能吸引他们积极参与和投入，有了受教育者的投入，才有教育的契机。大学校园文化活动接触社会新鲜讯息的能力很强，这能激发学生们的参与热情，以积极、自觉的状态投入，这对于休闲教育来说是最为宝贵的一种动力。

第五，校园文化活动的创造性是休闲教育追求的最高目标。

大学校园文化活动从内容到形式，不仅体现着组织者的创新灵感、思维和能力，更在活动中着力于激发个体大胆地创新，展现个体之个性的品质，在这一过程中个体实现着对自我生活的创造。休闲教育追求的最高目标正是引导个体更好地改造自己的生活，校园文化活动内含有这样的精神，这正是休闲教育所需要的。

②休闲教育的校园文化活动模式

休闲教育的校园文化活动模式，是指以校园文化活动为载体，依据休闲教育的目标，将适当的休闲教育的内容，包括休闲认知、自我认知、知识技能、资源环境等融入校园文化活动的实施过程当中，以校园文化活动为媒介，主题鲜明地对大学生实施全方位的休闲教育。在以校园文化活动为核心的同时，调动大学相关的课程资源予以支持，并且融合休闲咨询的方法，形成综合协调的大学休闲教育体系，帮助学生学会休闲，并最终在休闲生活中学会为更长久的生命，创造完善与发展的更大空间与可能性，实现生命原本丰富的价值与意义。

作为一种模式的阐述，目的在于对以校园文化活动为载体实施大学休闲教育这一过程做一个简化的描述，抓住其中关键的要素和成分，以概括性的语言帮助人们从整体上对它有所认识和了解，而对于整个实施的过程，它是一个相当复杂的系统，不可能用具体的语言描述每一个细节、每一项工作。研究尝试提出这样一个模式，以理论研究为基础，希望能为实践提供一些可供参考的思路与建议。但对于休闲教育在大学真正开展来说，仍然需要实践的证明，更多深入细致的问题还有待于进一步研究。

这一模式可用一个简图来呈现，主要有以下几个方面。

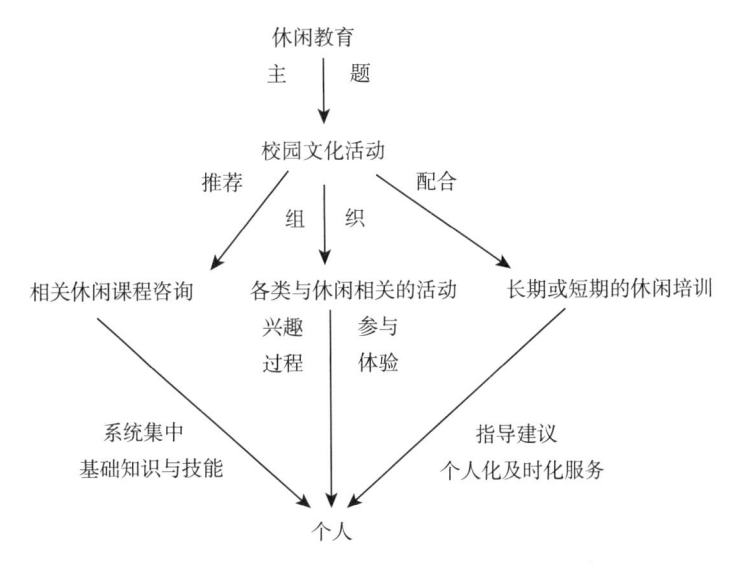

```
                    休闲教育
                  主    题
                      ↓
                校园文化活动
         推荐      组  织      配合
          ↓         ↓          ↓
   相关休闲课程咨询  各类与休闲相关的活动  长期或短期的休闲培训
                   兴趣   参与
                   过程   体验
      系统集中                    指导建议
    基础知识与技能                个人化及时化服务
          ↘         ↓         ↙
                    个人
```

休闲教育的校园文化活动模式

主题宣导：以校园活动为载体开展休闲教育，首先应当对"休闲教育"这个主题进行广泛深入的宣传，使个体了解什么是休闲教育，休闲教育的必要性和重要性，休闲教育有哪些内容等，这是一切休闲教育活动得以开展的必备前提。主题宣导要求影响面广，能够引起个体的注意，产生比较深刻的印象，通过主题宣导，实质上是对大学生休闲观念的一种集中引导，一般可以采取专题讲座和报告会的形式，集中明确地传达休闲教育的核心内容，同时在校园内以横幅、宣传栏、海报、宣传手册、广播、电视等分散的途径尽可能地使个体了解到将要在校园里开展一系列以"休闲教育"为主题的校园文化活动，以吸引个体主动地参与。

制订计划：由负责学生工作的部门，根据休闲教育的目的，选择参与这一主题的具体活动。确定形式、步骤、时间、地点等进行分工，同时调动大学丰富的社团组织，结合休闲教育主题积极设计与组织活动。

师资培训：以休闲教育为主题的校园文化活动，不同于一般临时性、零散性的校园文化活动，它不仅是以个别活动为目的，更重要的是对学生进行休闲教育，因此，各项活动的组织者应当对休闲教育有科学的认识。所以，在主题活动全面展开之前，应当首先对组织者进行休闲教育，使他们能够把各自组织的活动与休闲联系起来，并在各自的活动中融入休闲教育的相关内容，保证活动围绕休闲教育的主题，并真正为休闲教育服务。所有活动的组织者应当提供休闲教育在他们各自活动中的具体开展计划，阐明这项活动对于健康休闲的意义，以帮助个体把个体活动与休闲教育结合起来。

组织实施：校园文化活动将以"休闲教育"为主题在一段时间内围绕主题开展系列活动。这些活动之间并列独立，活动形式尽可能丰富多样，从各个角度与层次上实现休闲教育的整体目标、活动的内容和组织形式。比如，讲座、社团组织（棋类、书画、运动类等）、歌唱会、电影、选修课、体育娱乐活动、读书活动、音乐会、话剧、郊游等集体活动，各类比赛、艺术展、团体活动、培训休闲技能的协会（钢琴、国画等）、休闲书吧、条件比较好的舞场、价格适中的休闲场所（咖啡吧）、环境好价格便宜的电影院、专门的学生组织（负责旅游、聚会等事宜）、咨询、丰富的休闲活动展示、健身活动并传授健身、舞蹈等技能或知识、保健知识、趣味性而非比赛性的运动会、旅游风情展、休闲质量高的人物介绍和面对面交流、俱乐部、沙龙、创办相关刊物（宣传休闲的知识或经验等）、知名人士的报告、社会工作、专职人员的休闲指导。

我国当代大学教育模式的建设不是简单地从传统大学教育模式向绿色大学建设模式的转变，而是要通过对传统大学教育模式的超越向绿色大学教育模式的建设的转变，即继承、整合、创新，来建构一种符合新时代生态文明建设要求的"绿色大学休闲教育模式"。从马克思的实践人学以"人"的方式出发来还人以人的本来面目，休闲教育源自对人的自我生存和发展状态的深切关怀以及对人的未来良好发展的追求，我国高等教育未来应顺应新时代建设绿色学校的行动，寻找建设绿色大学的价值根源，从有限的实践中检验其经验效度，从而为丰富我国现代大学休闲教育模式的选择、提高我国生态休闲教育的认识水平，新时代高校肩负着重要的历史使命。

第三节 休闲教育的发展态势与当代价值

一 休闲教育的发展态势与时代选择

1. 休闲教育的发展态势

（1）休闲教育的发展态势

休闲教育具有鲜明的时代性，与时代的发展、变化息息相关。党的十九大报告指出，"倡导简约适度、绿色低碳的生活方式，反对奢侈浪费和不合理消费，开展创建节约型机关、绿色家庭、绿色学校、绿色社区和绿色出行等行动"[①]。休闲教育已经走入当代高等教育的视野之中，一些大学开设了专门为休闲领域培养人才的专业，现代基础教育所提出的让学生学会做人、学会学习或学会生活的基本任务也包含了休闲教育的内容，其中学会生活的一个重要部分就是学会如何休闲。然而，休闲教育也需要与时俱进并不断地发展，我们也要为休闲教育的开展创造条件。正如查尔斯·K.布赖特比尔（Charles K. Brightbill）所指出"休闲教育不仅要求我们改变教育的内容，也要求我们转变对教育的态度和培养用于探索新思想领域的精神。只有当其他生活条件改善了，社会各方面有动力积极采取行动时，休闲教育才能给人类以最高的回报。这些条件包括维持一个吸引人的、健康的自然环境……水越来越不适用于饮用、洗浴、泛舟和垂钓。噪声污染和视觉污染也是影响我们生活质量的问题……我们需要持续美化环境的公共计划及相应的加速休闲教育，包括自然保护的公共计划"[②]。诚然，现代休闲应该承担相应的生态责任，现代高等教育的休闲教育也应包含关于休闲生态伦理道德的内容，正是在这样的时代需求下生态休闲教育应运而生。

（2）生态休闲教育的时代诉求

生态休闲教育是指当代高校以生态休闲理论与实践教育为主，以创建生态文化意境为辅，兼备与统筹其他教育渠道的形式，帮助当代大学生内

[①] 习近平：《决胜全面建成小康社会，夺取新时代中国特色社会主义伟大胜利——在中国共产党第十九次全国代表大会上的报告》，人民出版社2017年版，第51页。

[②] [美] 查尔斯·K.布赖特比尔：《休闲教育的当代价值》，陈发兵等译，中国经济出版社2009年版，第68页。

化生态休闲理念,外化生态休闲方式,以增强当代高校大学生生态休闲的自主性与自觉性,实现当代大学生各种休闲能力与素质的全面提升与人的自由全面发展。当代高校大学生的生态休闲教育的主要内容是理论教育、实践教育和生态环境教育三者相结合,其主要任务是内化大学生生态休闲理念,外化大学生生态休闲方式,其目标是增强当代大学生倡导生态休闲的自主性,提高当代大学生尊重"自然自愈能力所需"的自由自觉性,加强当代大学生自我定义的科学性,其实质是促进大学生自由全面的发展,为建设新时代社会主义生态文明的现实需要,创建新时代绿色学校发展的需要提供保障。也正是在这样的生态诉求下,生态休闲教育才显得尤为重要,它理应也必须成为当代全面发展高等教育的一部分。生态休闲教育是生态文明时代对休闲教育提出的新要求,是以生态休闲[①]理念为基础,以生态文明建设的现实需求为导向,对传统休闲教育在内涵、目标、内容、形式等方面的拓展与深化,帮助人们将生态休闲理念内化于心,外化于行,自主、自觉地践行生态休闲的理念,在践行人与自然的和谐中实现生态休闲能力的提升与自我自由全面的发展。

2. 休闲教育的时代选择

由于休闲教育具有提升人们休闲主体能力和素质的作用,与国民休闲生活质量密切相关,因此在我国已经引起相关部门的重视,并得到了一定的发展。但是,随着民众休闲需求的急剧增加,以及人们对休闲质量要求的提升,休闲教育的发展却显得捉襟见肘,滞后于时代的发展与人们的现实需求。特别是伴随人们休闲生活水平的提高,人们的精神文化消费与需求与日俱增,具有科学、文明、健康价值导向的生态休闲悄然成为人们自发的选择,加强生态休闲的培育和指导成为休闲教育紧迫的现实需要。新时代建设绿色学校是当前我国建设生态文明的时代背景下对休闲教育提出的新要求。生态休闲教育反映了休闲教育对新时代生态问题的积极回应。传统休闲教育更多关注的是人们个体休闲生活质量、休闲活动体验,以及相关休闲知识的学习,相应休闲技能的培养,而生态休闲教育是对当下人

[①] "生态休闲是指人的生态化休闲与发展的生态空间,是为不断满足科学、文明、健康休闲的需要而处于的生态文明创造,就是欣赏、建构的一种高层次、高品位和高质态的生存状态和发展状态,它既是人类着力建造的生态环境物质文化家园和生态享受精神文明家园,亦是人的一种崭新的生活方式和生活态度。"(参见马惠娣《中国学术界首次聚焦休闲理论问题研究》,《自然辩证法研究》2003 年第 2 期)

们非常关心的生态环境问题的积极回应,将其关注的视域拓展到休闲教育实施所在的高校一个更大的空间环境。诚然,实施生态休闲教育是对休闲教育的拓展与深化,是创新和完善我国休闲教育体系的重要环节。生态休闲教育作为休闲教育的一个重要有机组成部分,是一个长期建设、践行的系统工程,我国有必要充分调动多方面力量,构建一个互为补充,各有侧重,协调发展的生态教育系统,这是休闲教育在新时代生态文明建设中创建绿色学校的时代选择。

二 走向生态休闲教育的人学启迪

随着人们对美好休闲生活的向往以及全面建成小康社会进程的推进,休闲越来越走向人们生活的中心,休闲教育也必然成为人们的一种现实需要。生态休闲教育是在大力推进生态文明建设的新时代背景下对休闲教育的深化与拓展。开展生态休闲教育对于促进当今休闲教育的深入发展,正确认识和处理休闲过程中人与自然的关系,促进人与自然关系的和谐共生,实现人的自由全面发展具有重要的人学启迪。

第一,生态休闲教育是新时代生态文明建设对休闲教育提出的新要求。

生态休闲教育是实现我国全面建成小康社会奋斗目标的现实需要,也是人们对美好休闲生活的向往,以及生态文明时代休闲教育自身发展的内在要求。休闲是美好生活的重要内容,发展休闲是小康社会建设的必然要求。由国务院办公厅颁布实施的《国民旅游休闲纲要(2013—2020年)》提出我国国民旅游休闲发展的目标:"到2020年,职工带薪年休假制度基本得到落实,城乡居民旅游休闲消费水平大幅增长,健康、文明、环保的旅游休闲理念成为全社会的共识,国民旅游休闲质量显著提高,与小康社会相适应的现代国民旅游休闲体系基本建成。"[①] 该目标体现了生态休闲的理念,进一步丰富了小康社会休闲生活的内涵。开展生态休闲教育,发展生态休闲,引导人们健康、文明、环保地休闲是建设小康社会,以及人们对美好生活向往的现实需要。与此同时,大力建设生态文明是全面建成小康社会的内在要求。休闲生活方式作为一

---

① 《国民旅游休闲纲要 (2013—2020年)》, http://www.gov.cn/zwgk/2013-02/18/content_2333544.htm。

面镜子反映着社会文明进步的状况，发展生态休闲也是生态文明建设的客观要求，而生态休闲教育是生态文明时代对休闲教育提出的必然要求。

第二，生态休闲教育是当代休闲教育发展的重要组成部分。

在现实的休闲实践中，休闲的质量会受到多种要素的影响。而随着休闲时间的不断增多与物质生活条件的不断改善，自然环境因素对休闲质量的影响越来越得以凸显。如果生态自然环境很污秽，休闲就难以进行或变得没有意义，只有在健康的自然环境下进行的休闲才能带给人们以最高的休闲体验回报。休闲体验与自然生态环境息息相关，因此休闲与生态文明建设的相关内容理应成为休闲教育关注的重点。

生态休闲教育是时代发展的需要，也是休闲教育自身发展的内在要求。在大众视野中，休闲更多被理解为一种娱乐、放松活动，也常常被认为是一种随意性很大，较少受到外界严格约束，偏私人化的行为。然而这种将休闲等同于娱乐、放松，忽视休闲应承担的社会责任的观点恰恰是对休闲的一种不成熟、不全面的认识。这也是休闲教育当代发展的重要原因之一，休闲教育能帮助人们正确认识休闲的价值，为人们更好地享受休闲做出充分的准备。

第三，生态休闲教育有利于促进人的全面发展。

休闲已逐步成为人们日常生活的重要组成部分，日趋多样化的休闲也呈现出多种价值取向。例如，以缓解体力疲劳为价值取向，以获得精神愉悦为价值取向，以追求奢华享受为价值取向，以追求新奇刺激为价值取向，等等。在多种价值取向中，既有体现出生态属性的价值取向，也有呈现出非生态的异化价值取向。休闲教育的目标之一就是引导人们树立科学的休闲价值观，生态休闲就是具有文明、健康、环保等积极价值取向的科学的休闲价值观，因为其价值旨归是实现人的自由全面发展。正如我们所知，人的自由全面发展离不开人类赖以生存的生态自然环境，良好的自然生态环境为人的自由全面发展的实现提供了可能的条件。然而现实世界中自然资源被严重消耗，自然环境惨遭破坏，自然生态的可持续性面临严峻挑战的状况需要我们深刻反思。面对这样的生态困境，人类休闲受到限制，人的自由全面发展也无从实现，而生态休闲教育正是从这种反思入手，引导人们正确地看待人与自然环境的关系，认识到良好的自然环境对于人类休闲活动开展的重要性，良好的生态环境对于人的自由全面发展的重要作用。正如马克思所说的："人终于成为自己的社会结合的主人，从而也就成为自然界的主人，成为自身的主人——自由的人。"① 生态休闲教育帮助人们在休闲生活中实现人与自然的和谐共生，在与自然的协调共存中实现自我的全面发展。

三　休闲教育的当代价值

1. 休闲教育对我国生态文明建设的方法论的启迪

21世纪，人类社会面临着严重的生态危机。美国著名休闲学者杰弗瑞·戈比曾感慨："休闲领域在不久的将来要发生的所有变化都将与我们对这个问题的认识有关，那就是，我们延续多年的生活方式并不是可持续发展的。"② "在不久的将来，休闲可能要接受税收、教育和休闲政策的改造。休闲政策将是会鼓励那些在不对个人和环境造成严重伤害的情况下可反复进行的活动。"③ 党的十九大报告指出："实行最严格的生态环境保护制度，形成绿色发展方式和生活方式，坚定走生产发展、生活富裕、生态良好的文明发展道路，建设美丽中国，为人民创造良好生产生活环境，为全球生态安全作出贡献。"④ 新时代生态文明建设不单是对绿色学校创建的行动提出新的时代要求，从一定意义上来讲，生态休闲教育是休闲教育在生态文明时代背景下的一种学校教育存在形态，生态休闲教育也是休闲教育对学校休闲教育绿色发展的时代回应。

2. 我国生态文明建设需要休闲教育理念的引领

如果说休闲为人的高品质生活提供了可能，那么生态休闲就是为可持续性的休闲提供了可能。当前，我国的生态环境状况有所改变，但不当的公众休闲正加速着生态环境的恶化。生态休闲教育的实施与发展成为当务之急。生态休闲教育的实施与协调发展离不开相关部门的组织与规划，更离不开休闲教育的正确理念引导。各级政府要发挥主导作用，制定生态休闲发展规划，有计划地推进生态休闲文化生活发展，明确生态休闲教育的

---

① 《马克思恩格斯文集》第3卷，人民出版社2009年版，第566页。
② [美]杰弗瑞·戈比：《你生命中的休闲》，康筝、田松译，云南人民出版社2000年版，第404页。
③ 同上。
④ 习近平：《决胜全面建成小康社会，夺取新时代中国特色社会主义伟大胜利——在中国共产党第十九次全国代表大会上的报告》，人民出版社2017年版，第24页。

具体实施方案。与此同时，大力加强对生态休闲教育的宣传，让人们充分认识到生态休闲教育实施与发展对个人成长与社会进步的重要意义和价值。

3. 休闲教育的发展优化了学校生态休闲教育的内容

学校是实施生态休闲教育的一个重要场所。发展学校生态休闲教育有助于提升校园休闲文化内涵，提高教育整体效益，也是为国家培养高素质公民的必然要求。但发展学校生态休闲教育也存在一些限制性因素。一方面，学生的生态伦理素质不高，对生态休闲价值认识不到位，缺乏生态休闲的自觉性和自主性。另一方面，学校里的教育者对学生的休闲需要关注不够，尽管"休闲比工作对成年人的生活质量更有帮助"，休闲教育可以帮助学生"获得更令其满意的未来经历的可能性"[1]，相对于学生学习能力、与升学相关的应试能力、与就业相关的工作技能培训，教育者们对休闲教育几乎是不闻不问，更遑论生态休闲教育。而要解决这些问题，除了要加强宣传教育，让学生自觉认识生态休闲的重要性，国家相关部门也要给予政策引导，鼓励各级学校主动承担起实施生态休闲教育的责任。

（1）学校践行生态休闲教育的路径选择

当代大学生的生态休闲限制性因素主要表现在大多数大学生自然伦理素质不够高，生态休闲自觉性和自主性不强，对参与休闲活动的反思能力和选择能力不足，休闲技能和休闲体验的选择能力不足，休闲时间和可利用资金相对有限，休闲动机不够高尚，休闲消费异化现象严重等。其原因有大学生内部自身因素影响，也有客观外部教育环境、文化环境、社会舆论等影响。而这些问题的解决要靠当代大学生自身素质的提高，要靠国家相关部门给予重视以及社会协同合作创造良好的生态休闲环境，更重要的是要靠各高校承担起对当代大学生进行生态休闲教育的责任。

首先，培养当代大学生生态休闲理念。

培养大学生生态休闲理念是大学生生态休闲教育首要的实践选择。有学者提出："生态问题的产生并不是源于人对自然的'支配'，而是由于人对待自然的不正确的方式引起的，更多的是源于人自身的价值观、自然

---

[1] [美]艾泽欧·阿荷拉：《休闲社会心理学》，谢彦君等译，中国旅游出版社2010年版，第145页。

观的内在因素的影响。"① 有些大学生在体验自然的过程中所产生的生态环境破坏、资源浪费等有失生态伦理的现象是由他们不正确的价值观、自然观以及休闲观所造成的。大学生的价值观、自然观与休闲观关系到人与自然的可持续发展与当代大学生的自由全面发展。因此，高校需要加强生态休闲理论的教育与研究，合理科学地安排课程资源，以便对大学生进行生态休闲技能的相关知识教育，帮助当代大学生们树立科学的自然观与休闲观，提升他们生态素养，增强他们生态休闲的自觉性与自主性，以内化大学生生态休闲理念。培养大学生生态休闲理念应着力让大学生深刻认识到生态休闲是人的身心向自然的复归，是对人与自然和谐共生的理性思考，也是新时代倡导人与自然和谐发展、绿色发展的一种方式。

其次，科学开展当代大学生生态休闲实践活动。

科学开展生态休闲实践活动是大学生生态休闲教育重要的途径之一。"休闲教育强调以休闲活动的参与为基础，从最本质和最贴切的意义上理解休闲——一种思考和学习的过程。"② 可见，休闲活动本身就是一种实践教育。科学开展生态休闲实践活动一方面是引导当代大学生强化生态休闲理念，践行生态休闲方式，让大学生在实践中领悟生态休闲的价值；另一方面是尽最大可能让大学生参与体验自然活动，感知休闲的愉悦与"畅"（flow）的体验，感受不同群体间交往带来的快乐，充分展现自我个性与创造力。因此，高校要将野外生态休闲与校内生态休闲活动相结合，引领大学生有组织地、有目的地、有规划地参加以生态休闲为主题的休闲实践活动，打破时间、金钱、休闲方式单一等因素对大学生生态休闲的限制。大学生有较强的内在生态休闲意识转化为外在生态休闲行为的能力，鼓励大学生体验自然的同时，还要倡导大学生创新积极的休闲方式美化生态环境活动的实践。

最后，创建校园生态休闲文化氛围。

创建校园生态休闲文化氛围是践行当代大学生生态休闲教育必要的路径。创建校园生态文化氛围就要加强校园生态休闲环境建设，营造和谐人文氛围。校园生态休闲环境建设是利用大学生对生态自然生命的领悟、对

---

① 徐艳梅：《生态学马克思主义研究》，社会科学文献出版社2001年版，第101页。
② 于光远、马惠娣：《于光远马惠娣十年对话——关于休闲学研究的基本问题》，重庆大学出版社2008年版，第90页。

人类文明的思考以培养大学生文明的休闲观，树立理想的人生目标。校园生态休闲环境可以使主体所发挥的内在积极的潜能与外部自然环境相互作用而形成互为的效果。因此，绿色校园生态休闲环境布局既要融合自然本身的先天美，又要渗透着和谐的人文气息、时代文明精华、生命伦理关怀等文化底蕴，达到自然之美与文化底蕴之美相统一。大学生通过游憩，漫步，静思等休闲方式让自己的身心沉浸在自然与人文相结合的大学校园环境氛围里，可以坚定理想信念，提高自我评价和学习认知，科学控制客观外部环境对自己身心的影响。校园的生态环境建设致力于打造物质文明和精神文明家园，内化人与社会、人与自然和谐共生意识，让大学生体验人与自然和谐一体的自我存在状态与发展状态。校园生态休闲环境的积极性存在是和谐校园人文氛围不可缺少的重要因素。

当代大学生生态休闲教育可以帮助大学生寻找积极的"成为状态"与"成为人"的途径，使他们获得自由而全面的发展，这也是构建人与自然和谐共生的需要。同时，正如休闲学家告诫人们的那样"正是世界各地的历史遗迹和自然区域被保留和保护起来，才使得人们可以直观地获得对自然、文化或历史的意识并加以欣赏"①。大学生生态休闲教育可以让当代大学生充分认识到人是自然界的存在物，不能凌驾于自然界之上，要时刻树立人与自然和谐共生的价值观与休闲观。

（2）学校践行大学生生态休闲教育的现实意义

首先，当代大学生生态休闲教育有利于大学生更好地"成为人"。

正如休闲的自由是一种成为状态的自由一样，休闲本身也是一种精神体验和享受，是人在进行休闲活动时，感受到自身与周围休闲环境融合的一种心理体验。"成为状态"和"成为人"都是对休闲作用于人的确证。"成为状态"是一个动态过程，是人们发挥潜能让自己成为自己认为的那个样子的过程，是人们内在潜能的发挥。生态休闲无论是作为一种休闲理念还是一种休闲方式，当其被作为休闲教育的内容的时候，它都可以帮助大学生寻找积极的"成为状态"和"成为人"的途径。"成为人"在特殊的历史阶段里曾被马克思这样解释道："只有当对象对人来说成为人的对

---

① ［美］艾伦·奥萨利文等：《休闲与游憩：一个多层级的供递系统》，张梦译，中国旅游出版社2010年版，第3页。

象或者说成为对象性的人的时候,人才不致在自己的对象中丧失自身。"①"成为人"是当代大学生自我本真的存在,即自己是自己的主人,相对地能控制外部环境,而不是失去了自我,被外部环境控制。大学生生态休闲教育的重要任务是引导那些休闲方式异化的大学生们理性地走入大自然,走出时间、技术、金钱、权力、休闲异化等陷阱,让大学生在更自由而广阔的空间里思考人生,从而引领大学生在生态休闲的过程中走向积极的、健康的"成为状态",找到"成为人"的途径和意义。

其次,倡导生态休闲教育有利于大学生形成科学的思维方式和生活方式。

大学生生态休闲教育彰显的是大学生解决问题的适度性,思考问题的辩证性,即大学生在考虑好"自己所需"之后,还要考虑"他人所需"和"自然自愈能力所需",认真地审视人与自身、人与社会和人与自然的关系,以及这"三个关系"之间的辩证关系,这为大学生形成科学的思维方式提供了可能。同时,高校向大学生传授生态休闲技能是为了让他们享受一种高品质的精神愉悦感、自我身心的放松感和满足感,体验生态休闲过程的忘我性,崇尚生态环境的和谐性等,这为大学生形成科学的生活方式提供了可能。因此,大学生生态休闲教育在主观思维上追求的是大学生至上的自我本真的存在;在客观生活上则不以污染环境,破坏生态平衡和消耗大量的物质资源为代价,这将有利于大学生形成科学的思维方式和生活方式。避免庸俗的思维方式导致人与自然关系、人与自身关系以及人与他人关系的异化。

最后,生态休闲教育有利于促进大学生自由全面的发展。

高校大学生生态休闲教育以大学生这一特殊群体为教育对象,以内化生态休闲理念和融入生态自然环境为主要方法。所以,它可以最大可能地直面大学生多方面、全方位和各层次的需要,塑造他们健康的心理,帮助当代大学生消除学习的紧张情绪,缓解生活的压力,指导他们融入大自然,融入群体,拓展人际关系,陶冶情操,彰显个性,增长见识,培养团队精神等。总而言之,在自由发展方面,大学生生态休闲教育可以使大学生能够按照自己的意愿相对自由地发挥自身思维意识创造力。就像马克思所说:"人终于成为自己的社会结合的主人,从而也就成为自然界的主

---

① 《马克思恩格斯文集》第 1 卷,人民出版社 2009 年版,第 190 页。

人，成为自身的主人——自由的人。"① 在人的全面发展方面，高校大学生生态休闲教育可以使大学生生命有机体的各种构成要素均衡协调发展，即他们认知、情感、意志等心理素质与生理健康素质的发展和完善，思想道德水平、科学文化水平以及其他方面能力的提高。

4. 休闲教育引导人们健康休闲

国民休闲生活的开展离不开休闲教育的引导和休闲技能的培养。特别是面对当今自然环境被污染，资源被浪费，生态平衡遭遇破坏的严峻挑战，休闲教育本身不仅聚焦于休闲本身，而且关切休闲与环境的互动关系。如何在满足人们休闲需要的同时维护生态环境的可持续性发展，实现人与自然的和谐共生，是休闲教育在新时代追求美好生活的实践向往。引导居民自觉参与各类休闲活动的实践，推行生态休闲教育，可采取以下几个途径。其一，要有意识地通过社区的宣传栏、墙报、社区动态小报、讲座等来宣传健康休闲，让居民正确理解休闲的价值，认识到良好的自然生态、人文生态、精神生态对于提升休闲生活质量，促进个体全面发展的积极作用。其二，社区要有目的、有计划、有组织地开展多种形式的休闲技能培训，如社区园林绿化管理、环境保护知识、户外游憩技能、书画、音乐等相关知识讲座。其三，引导社区居民积极参与休闲实践，鼓励居民在闲暇时间走进社区学校、运动场、图书馆、博物馆、公园、大自然中，开展文明、健康、环保的休闲活动，获取娱乐、放松、愉悦的机会，提升休闲生活质量，促进个人身体、精神、情感、智力、社交的健康发展和家庭的团结与幸福。

---

① 《马克思恩格斯文集》第3卷，人民出版社2009年版，第566页。

结　　语

从马克思人学视野来看，休闲教育是人的一种重要的存在方式，其目的在于提升人之存在。休闲教育是人占有自身本质和完善人性的重要途径，其目的在于促进人对自身本质的占有和人性的完善。休闲教育是人获得发展的重要方式，其目标在于促进人的自由全面发展。不论是人之存在的提升、人对本质的占有、人之发展的实现都体现为人不断获得"完整的人"的过程。因为，人之存在、人之本质、人之发展是内在统一的，它们同人之成为"完整的人"从根本上说也是一致的。

"休闲被理解为一种'成为人'的过程，是一个完成个人与社会发展任务的主要存在空间，是人一生中一个持久的、重要的发展舞台，是自我和社会的和谐统一与美的生活创造。"① 休闲的获得是需要一个学习和教育的过程，对于"人"，总有一种使命般的关怀和理想化的期待，"完整的人"是现代学校休闲教育实现之目的。休闲教育是以何种方式继续存在，它是人的一种实践方式之一，它为人所需要、由人所创生、为人所推动，这决定了我们对休闲教育的本体追问必须借助于人学的方法。从马克思人学的视野来审视休闲教育，它成为人之存在的重要方式，成为人之本质生成和人性完善的重要推动力量，成为人之发展的重要手段和途径。因此，引领人之存在、促进人对自身本质的占有和人性的完善，促进人之发展，休闲教育之本质为人之"成为人"目标的实现。休闲教育指引着人们实现人之全面发展的过程，把人的自由全面发展作为人之发展的最高阶段。

当代高等教育应有长远的责任意识，培养当代大学生正确的休闲观和

---

① ［美］杰弗瑞·戈比：《你生命中的休闲》，康筝、田松译，云南人民出版社2000年版，第5页。

休闲行为。我国休闲教育之发展需结合本国国情，在借鉴港澳台地区以及西方国家休闲教育成功经验的基础上，吸取精华，去其糟粕，循序渐进地开展。从马克思人学的维度出发，立足我国休闲教育实践的现状，凝聚休闲教育的社会共识，遵循建设新时代中国特色社会主义生态文明的需要，从马克思人学的实践性出发，以实现生态文明时代的我国现代大学休闲教育的使命为出发点，更好地发展学校生态休闲教育，在实施学校生态休闲教育的过程中主动承担起创建绿色学校的责任，以实现新时代生态文明建设中高校休闲教育之理论与实践的对接。着眼于现代大学教育使命的要求，我们需要加强休闲教育，以完成现代大学教育使命对人的关注与成全。

参考文献

中文文献

(一) 著作类

[加拿大] 埃德加·杰克逊：《休闲与生活质量》，刘慧梅等译，浙江大学出版社2009年版。

[法] 保尔·朗格朗：《终身教育引论》，周南照、陈树清译，中国对外翻译出版公司1985年版。

[法] 保罗·朗格让：《终身教育导论》，滕星译，华夏出版社1988年版。

[美] 查尔斯·K.布赖特比尔：《休闲教育的当代价值》，陈发兵等译，中国经济出版社2009年版。

陈礼江：《建国简师乡村教育及民众教育》，正中书局1938年版。

陈志尚：《人的自由全面发展论》，中国人民大学出版社2004年版。

陈志尚：《人学原理》，北京出版社2004年版。

《辞海》（第三册），上海辞书出版社2002年版。

《辞海》（缩印本），上海辞书出版社1999年版。

《辞源》（正续编合订本），商务印书馆1939年版。

戴本博主编：《外国教育史》（上），人民教育出版社1989年版。

单中惠、杨汉麟：《西方教育学名著提要》，江西教育出版社2000年版。

《邓小平文选》第2卷，人民出版社1994年版。

董渭川：《欧洲民众教育概观》，中华书局1939年版。

冯增俊：《教育人类学》，江苏教育出版社2001年版。

甘豫源：《新中华民众教育》，新国民图书社1931年版。

高德胜：《生活德育论》，人民出版社2005年版。

顾明远：《教育大辞典》（简编本），上海教育出版社 1999 年版。

顾明远：《教育大辞典》（增订合编本），上海教育出版社 1998 年版。

关世雄：《成人教育辞典》，职工教育出版社 1990 年版。

郭湛：《主体性哲学——人的存在及其意义》，云南人民出版社 2002 年版。

国际 21 世纪教育委员会报告：《教育——财富蕴藏其中》，联合国教科文组织总部中文科译，教育科学出版社 1996 年版。

韩庆祥、亢安毅：《马克思开辟的道路——人的全面发展研究》，人民出版社 2005 年版。

韩庆祥：《马克思人学思想研究》，河南人民出版社 1996 年版。

韩庆祥：《哲学的现代形态——人学》，黑龙江教育出版社 1996 年版。

韩庆祥、邹诗鹏：《人学：人的问题的当代阐释》，云南人民出版社 2001 年版。

郝德永：《课程与文化：一个后现代的检视》，教育科学出版社 2002 年版。

贺来：《辩证法的生存论基础——马克思辩证法的当代阐释》，中国人民大学出版社 2004 年版。

［英］赫伯特·斯宾塞：《教育论》，胡毅译，人民教育出版社 1962 年版。

［英］赫伯特·斯宾塞：《斯宾塞教育论著选》，胡毅、王承绪译，人民教育出版社 1997 年版。

黄楠森：《人学的足迹》，广西人民出版社 1999 年版。

黄楠森：《人学原理》，广西人民出版社 2000 年版。

黄楠森、夏甄陶、陈志尚：《人学词典》，中国国际广播出版社 1990 年版。

黄向阳：《德育原理》，华东师范大学出版社 2000 年版。

黄振兴：《休闲教育理论与课程设计》，新文京开发出版有限公司 2008 年版。

黄政杰：《青少年休闲教育的重要课题》，台湾师范大学公民训育学系（主编）：《青少年休闲生活教育研讨会会议手册》，台湾师范大学出版社 1996 年版。

［美］杰弗瑞·戈比：《21 世纪的休闲与休闲服务》，张春波等译，云

南人民出版社 2000 年版。

［美］杰弗瑞·戈比：《你生命中的休闲》，康筝、田松译，云南人民出版社 2000 年版。

［美］J. 曼蒂、L. 奥杜姆：《闲暇教育理论与实践》，叶京等译，春秋出版社 1989 年版。

［德］卡尔·西奥多·雅斯贝尔斯：《什么是教育》，邹进译，生活·读书·新知三联书店 1991 年版。

［美］卡拉·亨德森：《女性休闲》，刘耳等译，云南人民出版社 2000 年版。

［英］克里斯·布尔等：《休闲研究引论》，田里等译，云南大学出版社 2006 年版。

［美］克里斯多弗·R. 埃廷顿等：《休闲与生活满意度》，杜永明译，中国经济出版社 2009 年版。

［美］克里斯多弗·爱丁顿、陈彼得等：《休闲：一种转变的力量》，李一译，浙江大学出版社 2009 年版。

［英］克里斯·罗杰克：《休闲理论：原理与实践》，张凌云译，中国旅游出版社 2010 年版。

李超：《社会市场经济的人学底蕴》，人民出版社 2004 年版。

李春生主编：《中国小学教学百科全书·教育卷》，沈阳出版社 1993 年版。

李曼丽：《通识教育——一种大学教育观》，清华大学出版社 1999 年版。

李德顺：《道德价值论》，云南人民出版社 2005 年版。

李学勤主编：《十三经注疏》整理委员会整理：《礼记正义》（十三经注疏标点本），北京大学出版社 1999 年版。

李中华主编：《中国人学思想史》，北京出版社 2005 年版。

李仲广、卢昌崇：《基础休闲学》，社会科学文献出版社 2004 年版。

联合国教科文组织国际教育发展委员会编著：《学会生存——教育世界的今天和明天》，华东师范大学比较教育研究所译，教育科学出版社 1996 年版。

联合国教科文组织著：《教育的使命——面向 21 世纪的教育宣言和行动纲领》，赵中建编译，教育科学出版社 1996 年版。

廖申白：《亚里士多德友爱论研究》，河南人民出版社 2000 年版。

林东泰：《休闲教育与其倡导策略之研究》，师大书苑 2002 年版。

刘宝存：《大学理念的传统与变革》，教育科学出版社 2004 年版。

刘晨晔：《休闲：解读马克思思想的一项尝试》，中国社会科学出版社 2006 年版。

刘海春：《生命与休闲教育》，人民出版社 2008 年版。

刘黎明等：《教育学视阈中的人——基于马克思主义人学的思考》，科学出版社 2010 年版。

刘志生：《马克思主义人学理论与思想政治工作研究》，黄河出版社 2004 年版。

楼嘉军：《休闲新论》，立信会计出版社 2005 年版。

鲁洁：《道德教育的当代论域》，人民出版社 2005 年版。

[法] 罗歇·苏：《休闲》，姜依群译，商务印书馆 1996 年版。

[德] 马丁·海德格尔：《存在与时间》，陈嘉映等译，生活·读书·新知三联书店 2006 年版。

[德] 马丁·海德格尔：《林中路》，孙兴周译，上海译文出版社 1997 年版。

马惠娣、宁泽群主编：《中国休闲研究学术报告 2011》，旅游教育出版社 2012 年版。

《马克思恩格斯全集》（第 2 版）第 1、3、42、49 卷，人民出版社 1995 年版、2002 年版、2016 年版、2017 年版。

《马克思恩格斯文集》第 1、5、8、9、10 卷，人民出版社 2009 年版。

[德] 马克斯·韦伯：《新教伦理与资本主义精神》，彭强等译，陕西师范大学出版社 2002 年版。

《毛泽东同志论教育工作》，人民教育出版社 1992 年版。

庞桂美：《闲暇教育论》，江苏教育出版社 2004 年版。

庞世伟：《论完整的人——马克思主义人学生存论研究》，中央编译出版社 2009 年版。

[法] 让·波德里亚：《消费社会》，刘成富、全志钢译，南京大学出版社 2000 年版。

舒志定：《人的存在与教育——马克思教育思想的当代价值》，学林出版社 2004 年版。

孙鼎国、李中华：《人学大辞典》，河北人民出版社1995年版。

孙鼎国：《世界人学史》第4卷，河北人民出版社2003年版。

[韩]孙海植等：《休闲学》，朴松爱、李仲广译，东北财经大学出版社2005年版。

[美]索尔斯坦·凡勃伦：《有闲阶级论》，蔡受百译，商务印书馆2009年版。

陶富源、张传开：《马克思主义哲学论集》，安徽人民出版社2006年版。

陶富源：《终极关怀论——人的哲学之悟》，安徽大学出版社2004年版。

[美]托马斯·古德尔、杰弗瑞·戈比：《人类思想史中的休闲》，季斌等译，云南人民出版社2000年版。

[瑞典]托尔斯泰·胡森：《闲暇教育》，《国际教育百科全书》第5卷，中央教育科学研究所比较教育研究室编译，贵州教育出版社1990年版。

万光侠等：《思想政治教育的人学基础》，人民出版社2006年版。

万光侠：《市场经济与人的存在方式》，中国人民公安大学出版社2001年版。

王啸：《教育人学：当代教育学的人学路向》，江苏教育出版社2003年版。

王雅林、董鸿扬：《闲暇社会学》，黑龙江出版社1992年版。

魏义霞：《生存论——人的生存维度及其哲学回应》，黑龙江人民出版社2002年版。

吴文新：《唯物史观视域中的休闲》，中国农业大学出版社2013年版。

武天林：《马克思主义人学导论》，中国社会科学出版社2006年版。

武天林：《实践生成论人学》，中国社会科学出版社2005年版。

夏甄陶：《人是什么》，商务印书馆2000年版。

项贤明：《泛教育论》，山西教育出版社2000年版。

肖川：《教育的理想与信念》，岳麓书社2002年版。

肖川：《教育的智慧与真情》，岳麓书社2005年版。

辛继湘：《体验教学研究》，湖南大学出版社2005年版。

徐宏明：《休闲城市》，东南大学出版社 2004 年版。

（汉）许慎：《说文解字》，上海古籍出版社 1981 年版。

许义雄：《休闲生活与伦理建设：为青年开拓更广阔的休闲天地》，《青年辅导研讨会专辑》，行政院青年辅导委员会 1989 年版。

［古希腊］亚里士多德：《尼各马可伦理学》，廖申白译，商务印书馆 2009 年版。

［古希腊］亚里士多德：《政治学》，吴寿彭译，商务印书馆 2009 年版。

［德］伊曼努尔·康德：《论教育》，任钟印主编：《世界教育名著通览》，湖北教育出版社 1994 年版。

阴景曙等：《国民学校休闲教育》，商务印书馆 1948 年版。

于光远、马惠娣：《休闲·游戏·麻将》，文化艺术出版社 2006 年版。

于光远、马惠娣：《于光远马惠娣十年对话——关于休闲学研究的基本问题》，重庆大学出版社 2008 年版。

俞庆棠：《民众教育》，正中书局 1935 年版。

袁贵仁：《对人的哲学理解》，东方出版中心 2008 年版。

袁贵仁：《马克思的人学思想》，北京师范大学出版社 1996 年版。

［美］约翰·凯利：《走向自由——休闲社会学新论》，赵冉译，云南人民出版社 2000 年版。

［德］约翰·克·弗·席勒：《审美教育书简》，张玉能译，译林出版社 2009 年版。

［荷］约翰·赫伊津哈：《游戏的人》，何道宽译，花城出版社 2007 年版。

［德］约瑟夫·皮珀：《闲暇：文化的基础》，刘森尧译，新星出版社 2005 年版。

曾水兵：《走向"整体人"的教育——人学视野下现代教育路向之探索》，中国社会科学出版社 2012 年版。

张曙光：《生存哲学：走向本真的存在》，云南人民出版社 2001 年版。

张澍军：《德育哲学引论》，人民出版社 2002 年版。

张同善：《马克思主义关于人的学说与教育》，教育科学出版社 1991

年版。

章辉、陆庆祥：《民国休闲教育文萃》，云南大学出版社 2018 年版。

赵敦华主编：《西方人学观念史》，北京出版社 2005 年版。

郑永廷：《人的现代化理论与实践》，人民出版社 2006 年版。

钟明华等：《马克思主义人学视域中的现代人生问题》，人民出版社 2006 年版。

周国平：《人文演讲录》，上海文艺出版社 2006 年版。

朱立元：《美学》，高等教育出版社 2001 年版。

朱平：《马克思人生本体论》，中国科学文化出版社 2004 年版。

邹诗鹏：《生存论研究》，上海人民出版社 2005 年版。

（二）期刊类

陈志尚：《人学——21 世纪的显学》，《北京大学学报》（哲学社会科学版）1995 年第 3 期。

崔新建：《从开拓走向深化——人学研究的回顾与展望》，《河北学刊》1998 年第 1 期。

邓蕊：《休闲教育与中国高等教育的应对》，《自然辩证法研究》2002 年第 6 期。

樊月培：《目前各地实施休闲教育概况》，《山东民众教育月刊》1932 年第 3 卷第 4 期。

冯建军、万亚平：《闲暇及闲暇教育》，《教育研究》2000 年第 9 期。

高清海：《人学研究与哲学》，《江海学刊》1996 年第 1 期。

郭元祥：《论教育的生活意义和生活的教育意义》，《西北师范大学学报》（社会科学版）2000 年第 6 期。

韩庆祥：《个性概论分析》，《求是学刊》1993 年第 1 期。

韩庆祥：《马克思人学的总体图像（上）》，《中共珠海市委党校珠海市行政学院学报》2007 年第 3 期。

韩庆祥、庞井君：《马克思的人学理论——对马克思思想体系的一种新解释》，《中共中央党校学报》1997 年第 1 期。

韩庆祥：《世纪之交的中国人学思潮——评当代中国的人学研究》，《上海社会科学院学术季刊》2000 年第 1 期。

韩庆祥：《我的人学观》，《江海学刊》1996 年第 1 期。

韩庆祥：《重新解读马克思的思想体系——〈马克思的人学思想〉等

著评介》,《哲学动态》1998年第2期。

贺来:《辩证法与人的存在——对辩证法理论基础的再思考》,《哲学研究》2002年第6期。

黄爱:《劳动、闲暇与自由》,《哲学研究》2005年第5期。

黄富顺:《如何加强文化建设人才的培训及专业人力之充实》,《成人教育双月刊》1991年第2期。

黄克剑:《"个人自主活动"与马克思历史观》,《中国社会科学》1988年第5期。

黄楠森:《人学与哲学》,《江海学刊》1996年第1期。

黄艺农、苏策:《老年大学休闲教育功能探析》,《湖南师范大学教育科学学报》2008年第6期。

季国清:《休闲——生命的权力》,《自然辩证法研究》2001年第5期。

江畅:《和谐社会与优雅生存》,《哲学动态》2005年第3期。

江畅:《优雅生存与人类幸福》,《伦理学研究》2002年第2期。

乐爱国、冯兵:《〈礼记·学记〉的教育伦理思想及其现代启示》,《西南民族大学学报》(人文社会科学版)2009年第8期。

李杰:《改革开放以来中国学者关于马克思人学研究综述》,《理论探讨》2010年第5期。

李文英、续润华:《日本闲暇教育的发展及其启示》,《日本问题研究》1998年第3期。

廖小平、孙欢:《论大学生休闲教育》,《现代大学教育》2011年第1期。

林剑:《论马克思实践唯物主义人学理论的深刻革命》,《哲学研究》2006年第9期。

林剑:《马克思人学四辩》,《学术月刊》2007年第1期。

林剑:《人学研究若干问题综论》,《江海学刊》1997年第1期。

刘海春:《论马克思的人本思想与休闲教育目标》,《自然辩证法研究》2005年第12期。

刘海春:《休闲教育的伦理限度》,《学术研究》2006年第5期。

刘海春:《休闲教育:构建和谐社会的一种路径》,《华南师范大学学报》(社会科学版)2009年第1期。

刘兴汉：《台湾地区国民休闲需求调查研究》，《教育与心理研究》1992年第15期。

刘宇文、张鑫鑫：《素质教育视野下的大学休闲教育》，《高等教育研究》2009年第1期。

刘子利：《台湾休闲教育初探》，《社会教育学刊》2000年第29期。

刘子利：《休闲教育的意义、内涵、功能及其实施》，《户外游憩研究》2001年春季号第14卷第1期。

柳平：《美国关于闲暇教育的研究》，《比较教育研究》1986年第5期。

鲁洁：《通识教育与人格陶冶》，《教育研究》1997年第4期。

吕建政：《休闲教育的发展》，《台湾教育》1994年第523期。

罗明东、扶斌：《论闲暇、闲暇素质与闲暇教育》，《学术探索》2002年第6期。

马惠娣、刘耳：《西方休闲学研究述评》，《自然辩证法研究》2001年第5期。

马惠娣：《文化精神之域的休闲理论初探》，《齐鲁学刊》1998年第3期。

马惠娣：《我们为何要学会休闲》，《小康》2006年第1期。

马惠娣：《闲暇时间与"以人为本"的科学发展观》，《自然辩证法研究》2004年第6期。

马惠娣：《休闲——文化哲学层面的透视》，《自然辩证法研究》2000年第1期。

聂淑华：《马克思"自由时间"理论与我国就业问题的解决》，《社会科学家》2007年第6期。

聂淑华：《休闲教育与和谐就业》，《青海社会科学》2008年第1期。

庞桂美：《论闲暇教育与学生个性全面发展》，《现代中小学教育》1999年第3期。

钱利安、黄喆：《加强大学生休闲教育的必要性分析》，《现代教育科学》2012年第1期。

宋幸蕙：《台湾地区国民中学教师对休闲教育课程期望之研究》，《公民训育学报》2000年第9期。

孙瑞祥：《科学素养教育大众化与传媒责任》，《科学新闻学术专刊》

2006 年第 2 期。

唐芳贵：《闲暇教育刍议》，《基础教育研究》2002 年第 6 期。

万光侠：《人的本质新解》，《山东师范大学学报》（社会科学版）1998 年第 3 期。

王能东：《闲暇教育及其教育学意义》，《理论月刊》2003 年第 10 期。

肖川：《忙碌是一种病毒》，《福建论坛》2006 年第 11 期。

谢恩皋：《休闲教育问题》，《教育杂志》1925 年第 17 卷第 12 期。

颜妙桂：《休闲与教育》，《台湾教育》1994 年第 523 期。

叶澜：《教育创新呼唤"具体个人"意识》，《中国社会科学》2003 年第 1 期。

衣俊卿：《人的实践与人的世界的多重对应关系——对实践范畴的微观思考》，《江汉论坛》1992 年第 9 期。

佚名：《上海进修补校扩大图书馆提倡休闲教育》，《中华图书馆协会会报》1941 年第 16 期第（1—2）版。

于光远：《论"玩"》，《消费经济》1997 年第 6 期。

袁贵仁：《论马克思人的全面发展观》，《高等师范教育研究》1992 年第 3 期。

袁贵仁：《人的哲学导论》，《北京师范大学学报》（社会科学版）1988 年第 4 期。

张广瑞、宋瑞：《关于休闲的研究》，《社会科学家》2001 年第 5 期。

张军：《近年来我国人学研究述要》，《哲学动态》1997 年第 5 期。

张新平：《关于闲暇教育的几个问题的思考》，《教育研究》1987 年第 2 期。

赵家祥：《马克思关于人的本质的三个界定》，《思想理论教育导刊》2005 年第 7 期。

赵军武：《人的本质研究简述》，《哲学动态》1996 年第 11 期。

周凤琪：《国中适应不良学生参与探索谘商团体之效益研究》，《公民训育学报》2002 年第 2 期。

邹广文、崔唯航：《如何理解马克思的哲学革命》，《天津社会科学》2003 年第 1 期。

学位论文

陈俊豪：《南投县国小学童休闲态度及教育需求之研究》，硕士学位论文，台湾体育学院体育研究所，2001年。

马立红：《学会生活——休闲教育的缺失及应对策略》，硕士学位论文，南京师范大学，2007年。

宋萌荣：《人的全面发展：理论分析与现实趋势——中国特色社会主义的现实选择》，博士学位论文，华中师范大学，2005年。

王燕：《学会自由地生活》，硕士学位论文，湖南师范大学，2003年。

赵宏：《学校休闲教育研究》，硕士学位论文，华东师范大学，2004年。

外文文献

Albrechtsen, S. J. Technology and lifestyles: Challenges for leisure education in the new millennium. *World Leisure Journal*, 2001: 43, 11-19.

Beard, J. G. & Ragheb, M. G. Measuring leisure attitude. *Journal of Leisure Research*, 1983: 14 (2), 128-140.

Bedini, L. A. & Bullock, C. C. Leisure education in the public schools: A model of cooperation in transitional programmingfor mentally handicapped youth, *Journal of Expanding Horizons in Therapeutic Recreation*, 1988: 3, 5-11.

Bedini, L., Bullock, C. & Driscoll, L. The effects of leisure education on factors contributing to the successful transition of students with mental retardation from school to adult life. *Therapeutic Recreation Journal*, 1993: 27 (2), 70-82.

Bender, M., Brannan, S. A. & Verhoven, P. J. *Leisure Education for the Handicapped: Curriculum Goals, Activities and Resources*, San Diego, California: College-Hill Press, 1984.

Brightbill, C. *The Challenge of Leisure*. Englewood Cliffs, NJ: Prentice Hall, 1960.

Brightbill, C. *Educating for Leisure-Centered Living*. Harrisburg, PA: Stackpole Company, 1966.

Brightbill, C. & Mobley, T. A. *Educating for Leisure-Centered Living* (2nd ed.), New York: John Wiley & Sons, 1977.

Caldwell, L. L., Baldwin, C. K., Walls, T. & Smith, E. Preliminary effects of a leisure education program to promote healthy use of free time among middle school adolescents, *Journal of Leisure Research*, 2004: 36 (3),

310-335.

Carter, M. J., Nezey, I. O., Wenzel, K., et al., Leisure education with caregiver support groups, *Activities, Adaptation & Aging*, 2001: 24 (2), 67-81.

Charters, J. & Murray, S. Design and evaluation of a leisure education program for caregivers of institutionalized care recipients, *Topics in Geriatric Rehabilitation*, 2006: 22 (4), 334-347.

Cohen - Gewerc, E. & Stebbins, R. A. *The Pivotal Role of Leisure Education: Finding Personal Fullfillment in This Century*, State College, PA: Venture Publishing, 2007.

Corbin, D. & Tait, W. J. *Education for Leisure*, Englewood Cliffs, N. J., Prentice-Hall, 1973.

Corijn, E. Leisure education and emancipation in today's context, *European Journal of Education Research, Development and Policies*, 1987: 22 (3-4), 265-274.

Csikszentmihalyi, M. *Flow: The Psychology of Optimal Experience*, New York: Harper Collins, 1990.

Csikszentmihalyi, M., Rathunde, K. & Whalen, S. *Talented Teenagers: The Roots of Success and Failure*, New York: Cambridge University Press, 1993.

Damazediter, J. Current problems of the sociology of leisure, *International Social Science Journal*, 1960: 12 (4), 522-531.

Dattilo, J. *Leisure Education Specific Programs* State College, PA: Venture Publishing, 2000.

Dattilo, J. *Inclusive Leisure Services: Responding to the Rights of People with Disabilities* (2nd ed.), State College, PA: Venture Publishing, 2002.

Dattilo, J. *Leisure Education Program Planning: A Systematic Approach* (3rd ed.), State College, PA: Venture Publishing, 2008.

Dattilo, J. & Murphy, W. D. *Leisure Education Program Planning: A Systematic Approach* (2nd ed.), State College, PA: Venture Publishing, 1999.

Dattilo, J. & St. Peter, Susan. A model for including leisure education in transition services for young adults with mental retardation, *Education and Training in Mental Retardation*, 1991: 26 (4), 420-432.

Dattilo, J., Guerin, N., Cory, L., Williams, R. Effects of computerized leisure education on self-determination of youth with disabilities, *Journal of Special Education Technology*, 2001: 16, 5-18.

De Grazie, S. *Of Time, Work and Leisure*, New York: The Twentieth Century Fund, 1962.

Dunn, J. K. Leisure education: Meeting the challenge of increasing leisure independence of residents in psychiatric facilities, *Therapeutic Recreation Journal*, 1981: 15 (3), 17-23.

Edginton, C.R. & Jordon, D.J. *Leisure and Life Satisfaction: Foundational Perspectives*, Madison: Brown & Benchmark, 1995.

Editors of Merriam-Webster. *Webster's Third New International Dictionary of the English Language Unabridged*, Springfield Massachusetts: Merriam-Webster Publishers, 1993.

Editors of the American Heritage Dictionaries. *The American Heritage Dictionary of the English Language, Fourth Edition*, Boston: Houghton Mifflin Company, 2000.

Faché, W. Making explicit objectives for leisure education, *European Journal of Education*, 1987: 22 (3-4), 291-298.

Farrell, P. & Lundegren, H. M. *The Process of Recreation Programming: Theory and Technique* (3rd ed.), State College, PA: Venture Publishing, 1991.

Fitzgerald, G. B. Education for Leisure, *Review of Educational Research*, 1950: 20 (4), 294-298.

Freysinger, V. J. & Kelly, J. R. *21st Century Leisure: Current Issues* (2nd ed), State College, PA: Venture Publishing, 2004.

Gary, Kevin. Leisure, freedom and liberal education, *Educational Theory*, 2006: 56 (2), 121-136.

Godbey, G. *Leisure in Your Life: An Exploration* (6th ed.), State College: PA: Venture Publishing, 2003.

Goodale, T. L. & Godbey, G. C. *The Evolution of Leisure: Historical and Philosophical Perspectives* (2nd ed.), State College, PA: Venture Publishing, 1995.

Gunn, S. L. & Peterson, C. A. *Therapeutic Recreation Program Design: Principles and Procedures* (2nd ed.), Englewood Cliffs, NJ: Prentice-

Hall, 1984.

Gunn, S. L. & Peterson, C. A. Therapy and leisure education, *Parks and Recreation*, 1977: 12 (11), 22-25.

Heyne, L. A. & Schleien, S. J. Leisure education in the schools: A call to action. *Leisure Ability*, 1996: 23 (3), 3-14.

Hughes, S. Keller, M. J. Leisure education: A coping strategy for family caregivers, *Journal of Gerontological Social Work*, 1992: 19 (1), 115-128.

Iwasaki, Y. Pathways to meaning-making through leisure like pursuits in global contexts, *Journal of Leisure Research*, 2008: 40 (2), 231-249.

Janssen, M., The effects of leisure education on quality of life in older adults, *Therapeutic Recreation Journal*, 2004: 38 (3), 275-289.

Keller, M. J. & Hughes, S. The role of leisure education with family caregivers of persons with Alzheimer's disease and related disorders, *Annual in Therapeutic Recreation*, 1991: 2 (2), 1-7.

Kelly, J. R. *Leisure* (3rd ed), Boston: Allyn and Bacon, 1996.

Kelly, J. R. & Godbey, G. *Sociology of Leisure*. State college, PA: Venture Publishing, 1992.

Kleiber, D. A. Developmental intervention and leisure education: A lifespan perspective, *World Leisure and Recreation*, 2001: 43, 3-10.

Knoll, J. H. From leisure education to lifelong learning: 50 years of the UNESCO Institute for education, *Adult Education and Development*, 2002: 58, 159-166.

Krause, R. G. *Recreation and Leisure in Modern Society* (8th ed.). Jones & Bartlett Publishers, 2008.

Krause, R. G. *Recreation Today: Program Planning and Recreation*. Santa Monica, California, Goodyear Publishing Company, 1977.

Lancaster, R. A. & Odum, L. L. LEAP: The leisure education advancement project, *Journal of Physical Education, Recreation and Dance*, 1976: 47, 47-48.

Mactavish, J. & Mahon, M. Leisure education and later-life planning: A conceptual framework, *Journal of Policy and Practice in Intellectual Disabilities*, 2005: 2 (1), 29-37.

Mahon, M. J. & Searle, M. S. Leisure education: Its effect on older adults,

Journal of Physical Education, *Recreation and Dance*, 1994: 64 (4), 36-41.

Mahon, M. J., Bullock, C. C., Luken, K. & Martens, C. Leisure education for persons with server and persistent mental ills: Is it a social valid process? *Therapeutic Recreation Journal*, 1996: 30 (3), 197-212.

Mundy, J. *Leisure Education: Theory and Practice* (2nd ed.), Champaign, IL: Sagamore Publishing 1998.

Mundy, J. & Odum, L. *Leisure Education: Theory and Practice*, John Wiley and Sons, 1979.

Neulinger, J. *To Leisure: An Introduction*, Boston Allyn & Bacon, 1981.

Neumeyer, M. H. & Neumeyer, E. S. *Leisure and Recreation: A Study of Leisure and Recreation in Their Sociological Aspects*, Publisher: Literary Licensing, LLC, 2012.

Packer, Jan M. & Ballantyne, Roy R. Is educational leisure a contradiction in terms? Exploring the synergy of education and entertainment, *Annals of Leisure Research (Special issue on interpretation)*, 2004: 7 (1), 54-71.

Pierce, R. C. Dimension of leisure Ⅲ: Characteristics, *Journal of Leisure Research*, 1980: 12 (3), 273-284.

Robertson, B. J. Leisure education as a rehabilitative tool for youth in incarcerated settings, *Journal of Leisurability*, 2000: 27 (2), 27-34.

Robertson, B. J. The leisure education of incarcerated youth, *World Leisure Journal*, 2001: 43 (1), 20-29.

Ruskin, H. A conceptual approach to education for leisure, *European Journal of Education*, 1987: 22 (3-4), 281-290.

Ruskin, H. & Sivan, A. *Leisure Education towards the 21st Century*, Provo, Utah: Brigham Young University, 1995.

Ruskin, H. & Sivan, A. *Leisure Education in School Systems*, Jerusalem: Magness Press, The Hebrew University of Jerusalem, 2002.

Ruskin, H. & Spector, C. Implementation of serious leisure as part of leisure education in Israel, *European Leisure and Recreation Association Newsletter (ELRA Newsletter)*, 2000: 6, 1-3.

Ryan, C. A., Stiell, K. M., Gailey, G. F., Makinen, J. A. Evaluating a family-centered approach to leisure education and community reintegration following a stroke, *Therapeutic Recreation Journal*, 2008: 42 (2), 119-131.

Searle, Mark S., Mahon, Michael J., Iso-Ahola, Seppo E., et al., Examining the long term effects of leisure education on a sense of independence and psychological well-being among the elderly, *Journal of Leisure Research*, 1998: 30 (3), 331-340.

Sibthorp, J., Paisley, K., Gookin, J., et al. Addressing response-shift bias: Retrospective pretests in recreation research and evaluation, *Journal of Leisure Research*, 2007: 39 (2), 295-315.

Sivan, A. Leisure education in educational settings: From instruction to inspiration, *Society and Leisure*, 2008: 31 (1), 49-68.

Sivan, A. & Ruskin, H. *Leisure Education, Community Development and Population with Special Needs*, New York: CABI Publishing, 2000.

Strom, R. Education for a leisure society, *The American Biology Teacher*, 1975: 37 (8), 496-499.

Stumbo, N. J. & Thompson, S. R. *Leisure Education: A Manual of Activities and Rresources*, Peoria, IL, Venture Publishing, 1986.

Stumbo, N. J. *Leisure Education Ⅱ: More Activities and Resources*, State College, PA: Venture, 1992.

Stumbo, N. J. *Leisure Education Ⅲ: More Goal-Oriented Activities*, State College, PA: Venture, 1997.

Stumbo, N. J. *Leisure Education Ⅳ: Activities for Individuals with Substance Additions*, State College, PA: Venture, 1998.

Stumbo, N. J. *Leisure Education Ⅰ: Leisure Education: A Manual of Activities and Rresources* (2nd ed.), State College, PA: Venture, 2002.

Stumbo, N. J. *Leisure Education Ⅱ: More Activities and Resources* (2nd ed.), State College, PA: Venture, 2002.

Taskforce on Leisure Education in the Schools. *The American Association for Leisure and Recreation (AALR)*, 2003: 19-20.

Theeboom, M. & Bollaert, L. Leisure education and the school, *European Journal of Education*, 1987: 22 (3-4), 299-308.

Williams, R., Dattilo, J. Effects of leisure education on self-determination, social interaction, and positive affect of young adults with mental retardation,

Therapeutic Recreation Journal, 1997: 31 (4), 244-258.

World Leisure and Recreation Association. International position statement on leisure education and youth at risk, *Leisure Sciences*, 2001: 23, 201-207.

Yang, H. & Chun, T. J. Leisure education programs for children and adolescents with bullying behavior, *Expanding Horizons in Therapeutic Recreation*, 2007: 13, 54-65.

后　　记

本书是在笔者博士学位论文基础上拓展和深化而成。

在攻读博士学位过程中，有幸获得众多良师益友的帮助。

首先，感谢导师庞学铨先生，他宽广的理论视野、深厚的学术功底、上善的治学品位和独特的人格魅力，给我甚多的教益、启迪和熏陶。

其次，感谢多年来关心、帮助我学习生活的亲友师长。本书的写作过程中参考了诸多学术界前辈的研究成果，这些研究拓展了我的思维，为此我也表示诚挚的谢意。我要衷心感谢浙江树人大学马克思主义学院周光迅院长和学校各位关心我的领导和同事，他们的帮助和关心也深深地激励着我！

最后，诚挚感谢中国社会科学出版社宫京蕾老师为本书得以顺利出版所给予的支持！深深感谢我的家人多年来对我无私的关爱和奉献，他们的支持是我顺利完成本书的重要动力。

本书力图从马克思主义人学的视角，通过对古今中外关于休闲教育的哲学审视，尝试为构建马克思人学视野中的休闲教育提供一点自己的意见。我深知这是一项艰巨而复杂的工程，休闲教育研究涉及人文社会科学与思想政治教育的众多领域，而我的思考还不成熟。希望在以后的工作和学习中继续受教于学术界的前辈们，使我以后的研究能有所进步。

金雪芬

2019 年 11 月 31 日